U0450121

本书为武汉大学自主科研项目（人文社会科学）研究成果，得到"中央高校基本科研业务费专项资金"、国家社会科学基金一般项目"地方人大促进代表性别平等制度与机制实证研究"（项目批准号：21BZZ031）的资助。

珞珈政管学术丛书

地方人大代表结构及代表性研究

A Study on the Composition and Representation of the Local People's Congress in China

楼笛晴 牟 念 ◎著

中国社会科学出版社

图书在版编目（CIP）数据

地方人大代表结构及代表性研究 / 楼笛晴，牟念著. —北京：中国社会科学出版社，2023.9

（珞珈政管学术丛书）

ISBN 978-7-5227-2614-4

Ⅰ.①地… Ⅱ.①楼…②牟… Ⅲ.①地方各级人民代表大会—研究—中国 Ⅳ.①D624

中国国家版本馆 CIP 数据核字（2023）第 184698 号

出 版 人	赵剑英
责任编辑	郭曼曼
责任校对	胡新芳
责任印制	王 超

出　　版	中国社会科学出版社
社　　址	北京鼓楼西大街甲 158 号
邮　　编	100720
网　　址	http://www.csspw.cn
发 行 部	010-84083685
门 市 部	010-84029450
经　　销	新华书店及其他书店
印　　刷	北京明恒达印务有限公司
装　　订	廊坊市广阳区广增装订厂
版　　次	2023 年 9 月第 1 版
印　　次	2023 年 9 月第 1 次印刷
开　　本	710×1000　1/16
印　　张	19.5
插　　页	2
字　　数	281 千字
定　　价	106.00 元

凡购买中国社会科学出版社图书，如有质量问题请与本社营销中心联系调换
电话：010-84083683
版权所有　侵权必究

《珞珈政管学术丛书》
出版说明

自 2013 年党的十八届三中全会提出"国家治理体系和治理能力现代化"的重大命题以来,"国家治理"便成为政治学和公共管理的焦点议题。相比于"政府改革""政治发展"和"国家建设","国家治理"是一个更具包容性的概念,也是内涵本土政治诉求的概念。改革开放以来尤其是近十年来,中国在此领域的自觉追求、独特道路、运作机理和丰富经验,成为中国政治学和公共管理研究的富矿所在。对此主题展开自主挖掘和知识提纯,是政治学者和公共管理学者义不容辞的责任。

武汉大学政治与公共管理学院由政治学和公共管理两个一级学科构成,每个一级学科的二级学科较为完备,研究方向也比较齐全,形成了颇具规模的学科群。两个一级学科均学术积累深厚,研究定位明确,即始终注重对政治学和公共管理基本问题的理论探讨与实践探索。从内涵上讲,不管是政治学,还是公共管理,探讨的问题都属于"国家治理"的范畴,也无外乎理念、结构、制度、体系、运行、能力和绩效等不同层面。在此意义上,持续探索国家治理现代化的理论与经验问题,也就成为学院人才培养、科学研究和学科发展的主旨。

对社会科学学者而言,专著相比于论文更能体现其长远的学术贡献。对科学研究和学科建设而言,代表性著作和系列丛书更是支撑性的评价维度。为迎接武汉大学 130 周年校庆,更为了集中呈现学院教师十余年来学术研究的最新进展,激励老师们潜心治学、打磨精品,同时也为了促进学院的学科建设，推出有代表性的学者和作品，学院经讨论后决定启动《珞珈政管学术丛书》出版计划，并与长期以来与学院多有合作的中国社会科学出版社再续前缘。经教师个人申报，学院教授委员会把关，2023年共有十份书稿纳入此套丛书。

这套丛书的内容，大体涉及政治学、国际关系和公共管理三大板块。既有国内治理，也有国际关系；既有经验挖掘，也有理论提炼；既有量化研究，也有质性研究；既有个案呈现，也有多案例比较。但大都围绕国家治理现代化的重大现实议题展开，因此初步形成了一个涵盖问题较为丰富的成果集群。需要说明的是，这次的丛书出版只是一个开端。《珞珈政管学术丛书》是一套持续展开的丛书，今后学院教师的学术书稿在经过遴选后，仍可纳入其中出版。相信经过多年的积累，将会蔚为大观，以贡献于政治学界和公共管理学界。

学者靠作品说话，作品靠质量说话。这套丛书的学术水准如何，还有待学界同行和广大读者的评鉴。而从学术角度所提的任何批评和建议，都是我们所欢迎的。

武汉大学政治与公共管理学院院长

刘伟

2023年8月24日

前　言

本书成稿始于课题组对于地方人大工作及地方人大代表的关注与敬意。在对于地方人大工作的关注中，课题组获得了湖北省 C 市地方人大十余年的代表工作的意见和建议档案。课题组很快发现这些档案记录着一批关注城市进步、倾听民众呼声、关心选区问题、着眼民生福祉、聚焦行业发展的一群地方人大代表的工作。这群代表来自不同的选区，有着不一样的职业背景，并兼具不同的政治身份，但是他们在推动城市的经济与社会发展中所表现出的是相似的风雨兼程与不遗余力。正是这样一群人大代表，在所在选区和当地的政府主管部门之间充当着沟通的桥梁，也是这样一群代表，从行政的角度关注着行业的发展与未来，并因着自身身份及对生活的了解，关注着城市的发展和社会的未来。

本书成稿也始于课题组对于地方人大发展历程的关注。在课题调研的过程中，课题组接触到了几十年前的地方人大档案。在这些尘封的档案中，课题组开始了解到 C 市地方人大最早期的工作。这里有工人群体第一次登上政治舞台时的由衷喜悦，有对于劳动人民的政治权利的肯定和高举，还有中华人民共和国成立初期在共产党的领导和团结之下，来自不同社会阶层的民众平等协同参政议政的记录。也是因着这些记录，课题组对于地方人大开始有进一步的了解，对于地方人大的工作也开始有进一步的敬意。这个成立不久的国家，从战争的疮痍中走出来并开始重建，正是因着地方人大的建立与工作，不同的社会阶层和政治团体开始有一个参政议政的广阔平台，人民当家作主在国家的政治舞台上进一步得到彰显。同时，这个参政议政的平台也成了新建立的政权团结各方政治力量，倾听不同阶层和社会团体呼声的重要载体。在地方人大初创的年代里，中国民众第一次以主人翁的姿态投入国家的公共事务管理当中，在这个新成立的国家里，表达着翻身成为主人的欣喜。同时，人大参政议政也兼顾着来自不同社会阶层和政治身份的人群的利益，比如青年，妇女，等等。

　　本书成稿还始于一群年轻学子的共同努力。正是在对地方人大的关注中，一群年轻的学子展开了学术之旅。本书稿记录的是一群年轻学子在地方人大这个主题上所展开的探讨。他们有的关注了地方人大的结构变迁，有的关注了地方人大代表的地域代表性和行业代表性，还有的关注了地方人大代表的党派代表性。本书的第三章、第四章和第五章是和研究生同学田肖肖、杨惠及刘颖的合作。对本书做出了贡献的武汉大学政治与公共管理学院的研究生同学也包括李艳丽、孙静竹、刘莉和柳少华。这里也再次对这些年轻学子对于文稿的贡献予以肯定。

　　谨以本书致敬中国地方人大和地方人大代表对于社会发展和民生福祉的关注，以及他们殚精竭虑与尽心尽力的工作。

目 录

第一章　绪论 / 1
　第一节　研究背景与意义　/ 1
　第二节　文献回顾与相关概念　/ 4
　第三节　案例选取及研究方法　/ 17
　第四节　篇章结构　/ 22

第二章　理论基础与文献综述　/ 24
　第一节　理论基础　/ 24
　第二节　西方代议制研究　/ 30
　第三节　中国人大制度研究　/ 47
　第四节　文献总结与研究切入　/ 56

第三章　地方人大代表结构组成的历史变迁　/ 57
　第一节　引言　/ 58
　第二节　文献综述　/ 64
　第三节　案例来源与数据概述　/ 69
　第四节　湖北省 C 市人大代表的结构变迁　/ 79
　第五节　结构变迁讨论　/ 88
　第六节　人大代表结构与履职绩效关联　/ 92

第七节　本章小结　/ 103

第四章　地方人大代表的行业代表性和地域代表性　/ 105
　第一节　引言　/ 106
　第二节　文献综述　/ 108
　第三节　背景描述　/ 117
　第四节　研究设计　/ 121
　第五节　实证结果　/ 132
　第六节　影响机制及行动机理　/ 149
　第七节　本章小结　/ 162

第五章　地方人大代表的党派代表性　/ 165
　第一节　引言　/ 166
　第二节　文献综述　/ 170
　第三节　研究设计　/ 178
　第四节　实证结果　/ 190
　第五节　本章小结　/ 207

第六章　地方人大女性代表的政策偏好　/ 215
　第一节　引言　/ 215
　第二节　文献回顾　/ 217
　第三节　研究假设、数据及测量　/ 229
　第四节　实证策略与实证结果　/ 240
　第五节　本章小结　/ 247

第七章　研究结论与政策建议　/ 255
　第一节　研究结论　/ 255
　第二节　政策建议　/ 261

附　录　／273
　　附录Ⅰ：访谈提纲一　／273
　　附录Ⅱ：访谈提纲二　／275
　　附录Ⅲ：访谈提纲三　／278

参考文献　／280

第一章
绪　论

第一节　研究背景与意义

自近代以来，人民主权及代议制理论就已成为政治学的公理。不同的国家也通过直接或间接的方式践行着这一政治原则，将人民的权利落到实处。全国人民代表大会制度正是中国将人民主权落地生根的根本政治制度，作为民意代理者的人大代表，其实质代表性的发挥直接体现人大制度的优越性。人大代表要如何代表人民、代表哪部分人民、用何种方式代表人民等问题，一直是政治学、行政管理领域持续探究的议题。

政治行为一方面要追求效率的最大化，另一方面要兼顾一定的政治价值，这一理念可以追溯到管理主义与宪政主义的交锋。实际上，立法机关与行政机关同为政治体制中权力配置的重要组成部分，其在政治实践中也应兼顾政治价值和政治效能最大化。在人大代表选举制度设计之初，中国就充分考虑了选举的效率问题，如划分选区及选举单位以实现更方便快捷的选举流程，甚至专门对特定代表提出一定的比例要求，但这些制度设计是否能够体现代表性这一政治价值，不仅关乎中国人民代表大会制度的民主化和科学化，还关系到整个立法机构的合法性。

全国人民代表大会制度在中国已经走过了60多年的光辉历程，尤其是改革开放以来,在中国特色社会主义民主法治建设中发挥了非常重要的作用。但就目前而言,人大制度的理论优越性并没有完全体现在政治实践中。如果人大代表的代表性能够得到证实,这也就意味着中国的人大代表以实际行动践行着组织所期望其发挥的作用,人民代表大会制度的优越性得到了真正发挥,例如,党的十八大报告指出,提高基层人大代表特别是一线工人、知识分子代表比例,如果证明此类群体的人大代表能够发挥好其代表性,积极回应行业诉求,那么增加这类行业人员的比例就具有理论上的支持;反之,如果人大代表行业代表性未得到证实或代表性不足,就说明人民代表大会制度设计和实际运行出现了不一致的情况,找到这种不一致,才能更好地促进人大制度改革和完善,充分发挥其功能和作用,发展全过程人民民主,建设中国特色社会主义民主政治。本书通过对人大代表地域和行业代表性的研究,在一定程度上能够把握哪些人大代表能够发挥实质代表性,这对于完善人大代表的结构、健全选举和连任机制以及绩效考核机制都有十分重要的意义。

中国人大代表的代表性一直是国内外学者关注的重点。欧博文等认为在1976年以前,中国人大代表在立法实践中几乎不存在对政策、分配以及服务选民的回应性。面对强大的党委和政府机构,人民代表大会更多的是"橡皮图章"。[①] 也有不少西方学者批评人大代表的履职,如McCormick等在20世纪80年代后期至90年代初对人大代表的访谈中发现,当选的代表们都不愿意成为代表,这就更不要指望其积极履职了。[②] 即使存在积极履职的代表,也不过是国家代理人,并不是真正意义上的选民代表。[③] 然而,越来越多的研究者指出,人民代表大会不再是行政机构的附庸,更多地表现为"挑战者",巧妙地采用"磨合"策

---

① O'Brien, Kevin J., *Reform without Liberalization: China's National Congress and the Politics of Institutional Change*, New York: Cambridge University Press, 1990, pp. 157 – 179.

② Barrett L. McCormick, Jonathan Unger, et al., *China after Socialism: In the Footsteps of Eastern Europe or East Asia?*, New York: M. E. Sharpe, 1996, pp. 29 – 53.

③ O'Brien, Kevin J., "Agents and Remonstrators: Role Accumulation by Chinese People's Congress Deputies", *The China Quarterly*, Vol. 18, No. 1, February 1994, pp. 365 – 372.

略，与其他权力主体建立网络关系，促进自身的制度化。① 并成为地方治理体系中不可或缺的政治权力主体之一。② 而其主体人大代表的代表性也正在逐步增加，尤其是地方人大代表，他们已经否决了越来越多的政府部门工作报告及人事决定。③ 赵英男基于 20 世纪 90 年代早期以来地方人大代表在监督地方政府和官员中影响力的扩大，认为地方人大已成为地方权力角逐中相当重要的政治主体之一，并已经从"橡皮图章"变成"钢印"。④ 这也就意味着人大代表的代表性萌芽。与此同时，国内也有越来越多的学者开始关注并致力于人大的研究，但整体来看关于人大代表的代表性问题的研究系统性较为欠缺，更多的是从某一特定的视角进行理论描述或介绍性探讨，抑或零星地分布于章节中。不过，随着中国民众公民意识的觉醒，中国政治民主化进程的不断推进，人大代表的代表性问题已经成为理论与实务界共同关注的重点，且在不同层面获得丰硕成果。

一方面，人大代表的代表行为，非常重要的功能之一是提供一个利益冲突及矛盾得以缓和、消解的场所和制度平台，不仅可以使得各种利益诉求得到充分表达，实现需求"输入"的同时也为执政者自下而上获取信息开辟了渠道；还能通过不同身份背景的代表在中国各级人大中的"博弈"来实现各地域、各行业、各群体的利益均衡，进而协调群际关系，维护和促进社会公平正义。不同的地域、行业的选民有着多元化的利益需求与价值导向，要在公共决策中表达各自诉求，人大把中国民众的共同利益和共同意志有机转化为国家治理的方针政策和目标任务

---

① Xia, Ming, "China's National People's Congress: Institutional transformation in the process of regime transition (1978 – 1998)", *Journal of Legislative Studies*, Vol. 4, No. 4, 1998, pp. 103 – 130.

② Manion, Melanie, *Information for Autocrats: Representation in Chinese Local Congresses*, New York: Cambridge University Press, 2015, pp. 16 – 17.

③ MacFarguhr, Roderick, "Reports from the Field: Provincial People's Congresses", *The China Quarterly*, No. , 155, September 1998, pp. 656 – 667.

④ Cho, Young Nam, "From 'Rubber Stamps' to 'Iron Stamps': The Emergence of Chinese Local People's Congresses as Supervisory Powerhouses", *The China Quarterly*, No. 171, September 2002, pp. 724 – 740.

实现了全过程人民民主的价值追求。如果不同的人群无法在利益与价值分配的过程中实现其利益需求，就很有可能埋下不稳定的种子，甚至导致潜在的不稳定因素显性化，引发冲突与矛盾。①

另一方面，国家立法体制机制的成熟抑或衰退，是考察一个国家政治变迁的关键因素。各级人大常委会对人大代表的结构做出正式或非正式的规定，通过保证描述代表性，来促进实质代表性，即政策假定吸纳不同选区、单位、党派、民族、性别以及各行各业的代表能够为所在地域、行业、性别、民族和党派开辟影响议事日程的渠道，然而，关于相关政策规定能否完全落地执行，发挥出人大代表为所在群体争取利益的实质代表性，这是需要实证来检验的。这也是评估代表结构政策的方式之一。近年来，对全国人民代表大会及人大代表方面的研究成果丰富，但在这些研究中，立足于人大代表的代表性这一视角，对代表履职实质代表性和绩效进行分析的著述分析较少，且缺乏系统深入的研究。从实证的角度探寻人大代表的代表性现状及影响因素，能更好地了解人民代表大会制度实际运行的逻辑，从而更好地捕捉制度设计和实际运行之间存在的差距。此外，通过对人民代表大会制度理论的研究，提供与西方代议制理论进行对比研究的基础，在丰富人民代表大会制度理论研究的同时，为比较政治研究提供一定可能性。

第二节 文献回顾与相关概念

人大之根在选民，其魂在于代表民意。人民代表大会制度的核心就是保证中华人民共和国的一切权力属于人民，人民则通过人民代表大会这一组织形式来参与管理国家事务，当家作主、行使国家权力。《中华人民共和国宪法》规定：全国人民代表大会和地方各级人民代表大会都由民主选举产生，对人民负责，受人民监督。即人大代表作为中国民

---

① 王浦劬：《选举的理论与制度》，高等教育出版社2006年版，第79页。

众的意志表达者和利益捍卫者，应充分发挥桥梁纽带作用，密切联系人民群众，接受人民监督。

人民代表大会制度是代议制民主在中国的生动实践。代表是什么？其权利来源于何处？代表与选民的关系是什么？在实践中，人大代表充当着何种角色？代表的结构如何？代表的背景与履职存在何种关系？这都是学术界与实务界所关注的问题，也是本书研究的起点。

一 代表与选民之间的关系

人民主权通过代议制形式实现，所谓代议制，主要是指"一种政治统治形式，在这种形式中，国家或社会的主要立法与行政决策由少数代表制定，这些受到信任的代表在某种程度上代表了全体居民或其中的重要组成部分"①。代议制作为分配国家政治权力的一种重要形式，对当代民主政治环境产生了重大影响。

"代表"一直是政治生活中的关键词之一，关于代表的起源，最早可以追溯到古典西方民主理论，作为西方民主的启蒙，亚里士多德的《政治学》阐释了在小国寡民的城邦，公民作为主人，通过议事会、公民大会等方式直接参与政治社会管理的实践尝试。在古希腊时代，有着城邦和家庭这一公与私领域的分野，为实现城邦的"善"，作为天然"政治动物"的公民就需要以直接民主的方式参与到城邦政治生活中，但后来随着国家规模越来越大、人口越来越多，直接民主已经不能适应国家民主大业的实现。正如孟德斯鸠谈道的："在一个自由的国家里，原则上每个人都应该是自己的统治者和代理人，立法权也是全民共享的。但这在有一定规模的大国是无法实现的，即便在小国也可能存在诸多困难，在这种情况下，最好的方式是选举自己的代表，让这些代表来替自己处理不能亲自处理的事务。"② 至此，为实现人民主权这一最高

---

① 《美国百科全书》第2卷，第387页，转引自周叶中《代议制度比较研究》，武汉大学出版社1995年版，第8页。

② Charles Louis de Secondat, Baron de Montesquieu, *The Spirit of Laws*, Promotheus Books, 2002, p. 220.

理想追求，间接民主诞生，并很好地继承了民主的辉煌，代表就此走入人们的视野。

由于"代表"有着复杂的起源和历史，早期学者们从不同的角度对其概念进行了阐述。霍布斯从授权过程这一角度出发，要求人们关注代表者，关注代表对权力的转化能力，认为代表是"授权者"的"行动者"，其权力须经授权人的同意，"代理人是根据授权而行动的"[1]，与此同时，代表具有绝对权威。总的来说，霍布斯的代表观是一种建立在君权人授基础上的整体主义代表观。卢梭将代表分为主权代表和治权代表，即主权再分配和行政权力授权之间的区别，卢梭较为同意后者，认为主权者与政府之间是一种行政上的委任关系，而非主权的转移或契约。[2] 麦迪逊所倡导的代议制与正义原则和人民主权原则相一致，即由人民直接或间接选举出的代表对国家事务进行管理。他较为认同精英主义，认为受过良好教育、具有更高智慧和美德以及更准确的政治判断力的社会精英更易成为人民的代表，从而可以依据自己的价值来进行政治决策。虽然代表不受委托人意志的束缚，但是需要通过分权制衡的方式来对权力进行规范。[3] 密尔认为主权归人民集体所有，但具体行使"最后控制权"的则是人民选择的代表机构，因此他主张由全体人民或一大部分人民定期选出的代表行使控制权的代议制政府，同时他认为代表本人代表的是选民的个人利益，但是代表所组成的代表机构——代议制政府是跨越阶级、代表社会整体利益和全民意愿的。[4] 柏克从责任论的角度出发，认为代表必须对其代表行为承担责任，需要在其任期内对被代表者的诉求和利益做出回应，代表需要负责任的原因在于代表可以凭借自身的能力和经验，独立履行代表职责，为选民做对其真正有

---

[1] [英] 托马斯·霍布斯：《利维坦》，黎思复、黎廷弼译，商务印书馆1985年版，第125页。

[2] 刘华云、陈炳辉：《代表制与人民主权——卢梭代表理论探析》，《厦门大学学报》（哲学社会科学版）2018年第5期。

[3] 郭起飞：《詹姆斯·麦迪逊多元主义政治思想研究》，博士学位论文，大连理工大学，2012年。

[4] 周建明：《卢梭与密尔代表理论比较研究》，博士学位论文，中国政法大学，2011年。

利的事。① 托克维尔则将关注点放在对公共事务的参与本身，主张现代代议制民主下的直接参与式政治自由，从而描述了乡镇自治和公民结社这两种非主权的自由的具体形态。② 总之，这一时期的学者在对政治秩序的描述中，既涉及对代表理念的研究，也涉及对代表制度的研究。

随后，皮特金等学者也对代表进行了一系列探讨，而且在代表概念领域，学界普遍认为皮特金的代表研究较为经典。皮特金在其开创性研究《代表的概念》一书中对"代表"概念进行了划分，主要从形式维度和实质维度进行阐释。从形式维度来看，代表主要涉及授权和问责两个层面，据此将代表分为授权型代表和责任型代表。所谓授权型代表，主要是强调代表与选民之间的委托—授权关系，在授权的范围内，代表可以做他想做的任何事情，而无须承担责任，相反责任由被代表者承担；而责任型代表则正好相反，认为代表不是享受某种权利或权力，而是承担一种新的、特殊的义务。同时，皮特金认为，形式维度的代表无法告诉人们谁应该成为代表以及代表的实际职责是什么，于是就涉及实质维度的代表。从实质维度来看，代表主要包括象征和行动两个层面。其中象征层面可以分为描述型代表和象征型代表，前者强调代表的自然及社会属性必须与其所代表的群体相同，代表自身必须具有某一类群体的主要特征，这样才能真正理解并代表该群体的利益；后者则认为代表与选举无关，而是被视为一种"符号"，具有非理性的特点，能够激发人们的情绪与情感，例如，国家元首是一个国家的象征，有助于国家的完整和统一，也有利于国民向心力的形成。行动层面则主要是指行动型代表，反映了代表与被代表者之间的一种动态关系，它告诉我们代表实际上做了什么以及应该如何行事，认为代表就是代替被代表者去进行某种行为，增进后者的利益，并尊重后者的意愿。皮特金认为，上

---

① [英]埃德蒙·柏克：《自由与传统》，蒋庆、王瑞昌等译，译林出版社2012年版，第147—148页。
② 罗轶轩：《论托克维尔的政治自由观及其局限》，《华中科技大学学报》（社会科学版）2018年第5期。

述几种代表关系不是单独存在的,而是在不同环境下,不同代表行为的分类。① (见图1-1)

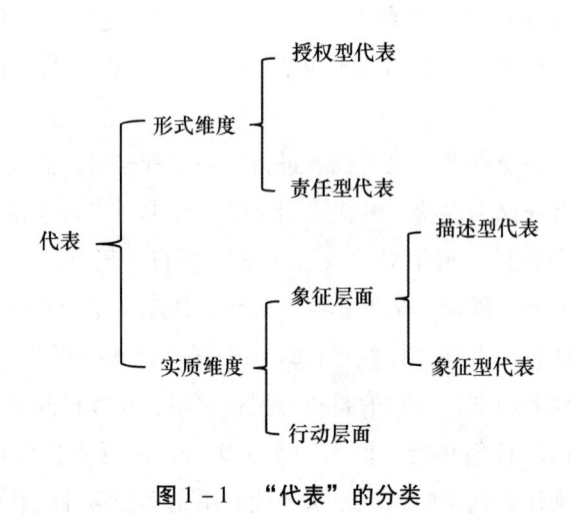

图1-1 "代表"的分类

```
             ┌─ 授权型代表
      ┌ 形式维度 ┤
      │       └─ 责任型代表
代表 ─┤
      │              ┌─ 描述型代表
      │       ┌ 象征层面 ┤
      └ 实质维度 ┤       └─ 象征型代表
              └─ 行动层面
```

形式维度主要依据是否授权、是否需要负责两个问题展开,其本质是霍布斯、洛克、卢梭等思想家所倡导的授权论和以柏克、密尔等为代表的责任论的交锋,授权型代表必须完全按照被代表者的授权范围行事,遵循其指示履行自己的代表职责;责任型代表可以凭借自身的能力和经验,独立履行代表职责。描述型代表和符号型代表围绕"谁是代表"进行分类,体现为静态的代表结构形式。行动层面的代表则关注"代表做了什么",将代表看作一个政治行动者,更强调与选民之间的互动关系,本书就主要关注这一类型的代表。

代表概念内在的矛盾属性,使得代表理论在实际的操作层面还存在一个争论:代表和选民之间的关系问题——"委托与独立之争",即"选举产生的代表是选民的代理人,还是选民的受托人?"② 其中"独立代表观"的代表人物是密尔,提倡代表和选民相对独立,认为代表只

---

① [美] 汉娜·皮特金:《代表的概念》,唐海华译,吉林出版集团有限责任公司2014年版。

② [加] 弗兰克·坎宁安:《民主理论导论》,吉林出版集团有限责任公司2008年版。

需要在基本政治原则上忠于选民,但对具体政治事务方面有自由决断权,可不受选民的直接影响和支配。① 这种观点认为代表虽然是由选民选举产生,但是代表不需要在具体事务上依赖选民,他们可以根据自己的能力与智慧开展行动。在独立代表观下,代表是为国家整体的公共利益审慎思考,不会因为其行使自主独立判断而遭到选民的罢免。"委托代表观"的代表人物则是皮特金,她主张代表应真正代表选民本身的利益和意志,成为选民意见和观点的转述者、"传声筒",除了一些必备的自主性之外,基本上不能表达和追求代表自身的观点和利益。② 委托代表观认为代表要严格听从选民的意见,要为选民的利益行使其权力。如果违背选民的利益,代表将会受到选民的制裁,委托只是替代而不是代替。综合考虑上述两种代表观,我们可以发现争论的焦点主要是选民选出的代表是否能够独立行使判断权,其代表的是全民利益还是选民利益。虽然目前学界对"独立"还是"委托"没有一致的说法,但是其争论的最终目的是探讨代表和选民之间的关系——代表如何代表选民的利益,如何更好地发挥作用,还需要学者们进行更多的探讨研究。

皮特金之后,曼斯布里奇提出了四种代表模式:承诺型代表、期望型代表、陀螺型代表和替代型代表。③ 随后,雷菲尔德提出了另一种概念化代表,它沿着三个不同的维度展开:(1)对制裁的敏感性;(2)代表行为源于自我判断还是他人判断;(3)以整体利益为目标还是以部分利益为目标。雷菲尔德还区分了与这些类别相对应的八种不同的理想代表类型(与曼斯布里奇相反,雷菲尔德描述的是代表,而不是代表的形式)。分别是柏克式受托人(Burkean trustees)、公仆(civil serv-

---

① 刘向东:《如何面对"委托与独立之争"?——密尔与皮特金的代表理论回应及其分析》,《平顶山学院学报》2015年第1期。

② 刘宝辉:《由西方"独立"与"委托"之争谈中国人大代表的逻辑》,《河北学刊》2016年第2期。

③ Jane Mansbridge, " Rethinking Representation", American Political Science Review, Vol. 97, No. 4, November 2003, pp. 515–528.

ants)、麦迪逊式立法者（Madisonian lawmakers）、反联邦主义者（anti-federalists）、志愿者（volunteers）、大使（ambassadors）、专业人士（professionals）和简约式代理人（pared-downdelegates）。① 萨沃德则从根本上打破了受托人和委托人的二分法，甚至背离了代表关系通常采取委托—代理关系的形式。在萨沃德的理解中，代表本质上是一种由行为人提出的宣称，即宣称自己是某人的代表，而宣称所代表的人可能接受也可能不接受。②

沃尔肯施泰因和拉蒂尔在"Multidimensional Representation"一文中认为代表制应该被视为一种由代表和被代表者双方创造和塑造的关系。因此，从"公民希望如何被代表以及代表们是否满足这些期望"这一角度提出了四种可操作的代表概念：（1）代理性（声称和选择选民和代表）；（2）正当性（提供和要求行动的理由）；（3）个人化（将代表的角色视为个人而非政党代理人）；（4）回应性（出于对选举制裁的敏感而采取行动）。他们认为评价代表制质量的最合理的规范性标准就是，公民对代表应该如何行动的看法与代表在代表制的四个方面的实际行动相一致。③ 费诺通过实地观察发现，代表和未来的代表都会考虑他们的选区（即选民），因为他们在那里寻求政治支持，他们希望获得提名和选举，然后再被提名和连任。因此，费诺认为代表问题和支持问题是不可分割的，与注重培养选民支持的过程导向的观点相比，传统的代表制观点在某种程度上更加静态和结构化。④

二 人大代表的代表性

"代表性"的实质在于代表和选民之间的关系，主要包括两个方

---

① Andrew Rehfeld, "The Concepts of Representation", *American Political Science Review*, Vol. 105, No. 3, August 2011, pp. 631–641.
② Michael Saward, *The Representative Claim*, Oxford: Oxford University Press, 2010, p. 36.
③ Wolkenstein Fabio, Wratil Christopher, "Multidimensional Representation", *American Journal of Political Science*, Vol. 65, No. 4, October 2021, pp. 862–876.
④ Richard F. Fenno, "U. S. House Members in Their Constituencies: An Exploration", *American Political Science Review*, Vol. 71, No. 3, 1977, pp. 883–917.

面:"谁是代表""如何代表"。前者概括为描述代表性,后者为实质代表性。描述代表性属于静态的代表性,其着重强调代表的身份,其代表性的好坏取决于代表是否能够成为选民的微缩图景,是否每一类型的选民都有与其特征及数量相对应的样本代表,直接可根据代表的数量来界定,考察某种类型的代表在人口构成中所占的份额。这里体现的逻辑在于,共同的人口统计学特征和相似经历的选民和代表往往有着共同的政策偏好,因此同样类型的代表能够更好地代表所在群体。相比描述代表性,皮特金认为实质代表性是更为重要的一种代表性体现,因为描述代表性更多地强调代表的身份,而非实质代表性所重视的代表行为。实质代表性强调代表行为所代表的内容,为选民争取利益,并对其负责。综上所述,可以看出实质代表性包含三个方面的内容:其一,关注代表的实际行为,而不是身份;其二,要实实在在为被代表者争取利益;其三,必须对被代表者负责。相较于描述代表性更多地受身份的影响,影响实质代表性的因素更为复杂,可能取决于多种因素,如教育程度等代表个体的描述性因素,选区特征等客观因素,乃至选举、连任等制度性因素。

人大代表的代表性的实质体现了代表与选民之间的关系,一部分学者从授权论的角度来阐释选民和代表之间的关系,这一视角强调的是,选民授予代表权力的行为发生在代表人代表行为之前,从授权交易开始,代表的代表功能才真正有效发挥。且就责任而言,一旦选民完成了向代表的授权,代表者不需要为自己的代表行为承担责任,一切责任由选民,即授权者承担,因为代表完全按照被代表者的授权范围行事,遵循其指示履行自己的代表职责。因此,此类代表被称为授权人的奴仆(servant)、代理人(agent)。柏克等人则从责任论的角度出发,认为代表必须对其代表行为承担责任,需要在其任期内对被代表者的利益诉求做出回应,需要代表负责任的原因在于代表可以凭借自身的能力和经验,独立履行代表职责,办选民挂心的事情。[1] 尽管学者们从不同的视

---

[1] [英]埃德蒙·柏克:《自由与传统》,蒋庆、王瑞昌等译,译林出版社2012年版,第147—148页;陈志瑞、石斌:《埃德蒙·柏克读本》,中央编译出版社2006年版,第79页。

角对代表和选民之间的关系进行了探讨,但在一点上达成了共识,即选民将政治权利让渡给他们信任的代表,同样,作为代理人的代表也必须以实际行动代表选民的利益,对选民的利益诉求做出回应。这种代表性不仅是代议制民主的关键性特征,也成为衡量民主质量的标准之一。

人民代表大会制度具有鲜明中国特色、巨大制度优势和内在自我完善能力。其主体人大代表代表性的发挥、履职的水平,不仅关系到中国特色社会主义民主政治的发展,更重要的是意味着人民的利益和意志在多大程度上得以实现。人大代表是全过程人民民主的重要一键、关键一环。

三 人大代表结构

人民当家作主是社会主义民主政治的本质和核心。人民民主是社会主义的生命。基层人民群众首先直接选举产生县、乡两级人大代表,再通过县级以上人大代表逐级推选上级人大代表及本级人大常委会组成人员,各级代表在国家事务中代行人民职权,从而直接或间接实现人民当家作主。人民代表大会制度的推行是人民当家作主的重要途径和实现形式,人大代表结构的优劣与质量的高低直接影响着人民当家作主的实现程度。

在人大代表结构方面,《中华人民共和国全国人民代表大会和地方各级人民代表大会选举法》第7条规定,"全国人民代表大会和地方各级人民代表大会的代表应当具有广泛的代表性,有适当数量的基层代表,特别是工人、农民和知识分子代表;有适当数量的妇女代表,并逐步提高妇女代表的比例"。党的十八大报告也明确指出,"提高基层人大代表特别是一线工人、农民、知识分子代表比例,降低党政领导干部代表比例"。党的十九届四中全会再次提出要"适当增加基层人大代表数量"。由此可以看出,社会主义民主政治的发展也要求人大代表更具广泛性和代表性。

随着社会发展,关于人大代表结构的研究逐渐增多。陈斌探讨了县级人大代表的履职状况,发现积极履职的代表多为中共党员、中年人、受过大专、大学教育,是基层组织负责人。① 黄冬娅和陈川慜的研究发现专职代表较领导干部代表履职更为积极。② 何秋燕对广东省阳江市六届人大代表议案与履职情况进行分析发现,年龄在41—49岁,拥有高中及以上学历的女性共产党员、企事业单位负责人或基层组织负责人,通常为履职积极型人大代表;30岁以下或70岁以上,拥有研究生或大学本科学历的男性干部,通常为履职消极型人大代表。③

人大代表结构的合理与否,对人大代表能不能更好地代表民意、人民当家作主的权力能不能有效实现和人民代表大会制度能不能充分发挥作用,都有举足轻重的影响。为了更好地发挥人大代表的作用,有效实现代表构成广泛性和代表性二者的有机统一,优化代表结构、明确不同类别代表比例关系成为学界的关注焦点。

四 人大代表履职

在人大代表履职制度建设方面,蔡定剑从代议制观点出发,分析了人民代表大会制度的科学性。④ 胡凤玲和张力通过对人民代表大会制度的历史回溯,指出坚持和完善人民代表大会制度,要始终坚持中国共产党的领导。⑤ 秦前红和张演锋系统梳理新时代人民代表大会制度的运作逻辑,认为必须坚持"以人为中心"这一根基。⑥ 蒋劲松在系统研究《中华人民共和国宪法》《中华人民共和国全国人民代表大会和地方各级人民代表大会代表法》《中华人民共和国地方各级人民代表大会和地

---

① 陈斌:《县级人大代表身份属性与履职状况研究》,《人大研究》2015年第3期。
② 黄冬娅、陈川慜:《县级人大代表履职:谁更积极?》,《社会学研究》2015年第4期。
③ 何秋燕:《地方人大代表议案建议履职研究——基于广东省阳江市六届人大代表分析》,硕士学位论文,华南理工大学,2018年。
④ 蔡定剑:《中国人民代表大会制度》,法律出版社2003年版。
⑤ 胡凤玲、张力:《从人民代表大会制度的发展史看中国共产党的坚强领导》,《人大研究》2021年第7期。
⑥ 秦前红、张演锋:《新时代人民代表大会制度发展的演进逻辑》,《甘肃行政学院学报》2021年第3期。

方各级人民政府组织法》后指出了改革开放以来人大代表履职的主要发展变化，认为可以从职责明确分类、经济待遇的改善以及责任心的激励三个方面来完善人民代表大会制度。① 肖金明指出实现人民代表大会制度创新发展则需要更多关注制度能力建设，并强化制度优势和制度效能之间的联系，使制度优势向治理效能切实转化。② 郎友兴和吕鸿强在对浙江人大代表履职服务平台的实践创新研究中，提出要切实推进人大制度建设与现代信息技术的深度融合与应用，创新人大代表履职新方式，构建"互联网+人大制度"新格局。③ 杨曙亮从人大代表履职制度的角度提出要实行人大代表专职化，为进一步完善人大代表履职制度开辟新路径。④

在人大代表履职实效方面，李伯钧认为改革开放40多年来，中国人大决策民主化与科学化水平在党中央及地方各级党委有力的领导下，得到不断提高，这充分显示出人大代表参与决策能力和程度的同步增长。⑤ 席文启认为代表履职呈现出"家站化"、网络化、专业化、联动化、评价精确化的趋势，这种趋势对于如何提升代表履职能力、促进代表工作创新发展、更好发挥代表作用，具有重要的启示意义。⑥ 邱晶对H市代表进行研究，发现该市人大代表存在履职意识不强、代表活动形式化、代表建议质量不高、代表监督效果弱化等问题，在一定程度上制约了该市人大代表作用的有效发挥。⑦ 颜政对山东省泰安市的市级人大代表的履职情况进行了深入的研究后发现，行使权力成效不明

---

① 蒋劲松：《改革开放以来人民代表大会制政体的成长》，《湖南社会科学》2009年第2期。
② 肖金明：《新时代人民代表大会制度的创新发展》，《新疆师范大学学报》（哲学社会科学版）2020年第5期。
③ 郎友兴、吕鸿强：《政治制度的技术嵌入："互联网+"地方人大制度——基于浙江人大代表履职服务平台的实践创新》，《华中师范大学学报》（人文社会科学版）2018年第4期。
④ 杨曙亮：《我国人大代表履职制度研究》，硕士学位论文，郑州大学，2009年。
⑤ 李伯钧：《改革开放40年来人大代表工作的进展和启示》，《吉林人大》2018年第12期。
⑥ 席文启：《近年来代表履职和代表工作发展的新趋势》，《人大研究》2020年第2期。
⑦ 邱晶：《H市人大代表履职的问题与对策研究》，硕士学位论文，兰州大学，2017年。

显、履行义务不够主动、发挥作用不够到位等问题仍广泛存在于地方人大代表履职过程中。① 郎友兴和路曼指出代表的实际履职情况，尤其是闭会期间的履职情况与人民的期望还存在一定差距，意识不强、同选民联系松散等问题还广泛存在。②

在人大代表履职能力建设方面，傅琴以K市B镇第十九届人大代表为例，对其进行履职能力分析，认为乡镇人大代表目前存在学习贯彻能力与贯彻执行政策要求存在差距、联系群众能力与深入联系群众期望尚有不足、民意表达能力与准确科学反映民意有所差异、调查研究能力与调研实际成果质量仍需提升、依法监督能力与法律法规相关要求不相匹配等问题，并从职权定位、制度建设、服务保障、人大宣传等方面对K市B镇提出改进措施。③ 王平、王群指出地方各级人大及其常委会要强化和代表之间的联系，有计划地安排代表参加执法检查、调研等活动，努力扩大代表对常委会工作的参与。④ 刘昕诺以延安市五届人大为例，认为要通过强化履职意识、创新联系机制、畅通知政渠道、加强履职考核，优化代表结构、健全体制机制，完善履职保障等措施来提升地方人大履职能力建设。⑤

在人大代表履职监督方面，胡松等指出当前人大代表监督工作存在不平衡不充分的问题，具体表现为监督议题选择不够精准、监督重形式轻内容、监督重过程轻效果、对代表履职监督不够、监督措施力度不够等。⑥ 雷

---

① 颜政：《地方人大代表履职问题及对策研究——以泰安市为例》，硕士学位论文，山东财经大学，2016年。
② 郎友兴、路曼：《人大代表工作站提升代表履职的有效性研究》，《中共浙江省委党校学报》2015年第5期。
③ 傅琴：《乡镇人大代表履职能力提升研究——以K市B镇第十九届人大代表履职为例》，硕士学位论文，苏州大学，2021年。
④ 王平、王群：《关于人大代表履职能力建设问题的思考》，《山东人大工作》2018年第5期。
⑤ 刘昕诺：《地方人大代表履职能力提升研究——以延安市五届人大为例》，硕士学位论文，延安大学，2021年。
⑥ 胡松、王雪锋、周淑芳：《新时代加强地方人大"两个机关"建设研究》，《人大研究》2019年第4期。

伟红认为应落实责任追究，建立健全从人大代表产生到履职过程再到履职结果的系统化、全方位监督制约机制。[①] 郝冬梅则提出应建立代表述职评议制度，完善人大代表履职绩效管理，实行代表罢免、诫勉制度，从而不断提高人大代表的履职能力和水平。[②] 于丽丽认为要从立法以及人大代表的产生环节和履职环节等方面来防止代表履职过程中所存在的"不作为"和"滥作为"现象。[③] 孙浩指出当前代表职务履行中的保障与监督制度建设缺失导致了人大代表的职务履行虚化，提出推行代表履职公开化、健全代表述职评议制度、增加代表承担责任的方式，建立候补代表制等建议。[④]

综上所述，目前人大代表履职还存在意识不强、能力不足、监督不够、作用发挥不充分等问题，致使人大代表的职务履行效果不佳，距离人民期待尚有差距。因此要从健全法律法规、完善人大代表履职制度、优化代表结构、完善履职保障等方面来督促人大代表主动履行职责，提高人大工作的质量与水平。

五 小结

代表制是现代民主政治的重要部分，虽然目前学界对代表理论起源及其演变具有较为统一的看法，但是作为其核心话题的代表和选民之间的关系，还存在较多争论，而且由于政治制度、社会发展水平等的不同，使得不同地区所面临的困境也有所不同。

通过以上国内外文献梳理我们可以发现，中国人民代表大会制度无法脱离代议制民主的框架，国外学者关于代表理论的研究为中国人民代表大会制度的建设提供了借鉴参考。同时，人民代表大会制度在实际工

---

① 雷伟红：《对人大代表履职的监督和制约存在的问题及对策》，《理论界》2008年第6期。
② 郝冬梅：《试谈如何对代表履职情况进行监督》，《吉林人大》2005年第3期。
③ 于丽丽：《监督人大代表：思想基础与操作性机制研究》，硕士学位论文，华中师范大学，2008年。
④ 孙浩：《人大代表履职的保障与监督问题研究》，硕士学位论文，中国海洋大学，2007年。

作中表现出的强大生命力与巨大优越性启示我们：中国必须坚持中国共产党的领导，坚持人民代表大会制度，与时俱进健全人民代表大会制度。在中国人大制度中，除了订立法律规范、监督政府工作、重大事项决策外，各级人大代表还要倾听基层民众的意见和建议，反映民情民意，保持同人民的密切联系，积极回应人民关切。因此，如何进一步完善人民代表大会制度，促进人大代表积极履职，加强同人民群众的联系，了解实际情况，反映人民诉求，有待进一步探讨研究。

第三节 案例选取及研究方法

一 案例选取及依据

为探讨人大的结构及代表性等问题，提出促进地方人大结构完善、履职积极的对策，本书主要选取 C 市第十届（1998—2002 年）和第十一届（2003—2006 年）两届人大代表作为研究对象。C 市所属的湖北省地处中国华中地区，人口规模和经济发展水平均处于全国中上游。根据 C 市统计年鉴，2017 年底常住人口 1091 万人，下辖 13 个区。选取该市人大作为研究对象，及选取 1998—2006 年的代表提案数据，主要基于以下原因。

第一，在中国的人民代表大会五级划分体系中，市（辖区市）人民代表大会处于人大体系中的中间层次，具有承上启下的独特优势。此外，相比全国人民代表大会以及省（直辖市）人民代表大会而言，市级人大拥有更大的自主性和专业性，并且具备更大的制度成长空间，这可以为我们利用中微观视角剖析和展现地方政治的丰富性和复杂性提供帮助，具有履职角度全面性的特点。

第二，现有对于人大的关注或基于翔实的资料分析，集中于最高权力机关全国人大，或投注于基层人大，探讨直接选举的代表行为和人大工作，对处于中间层间通过间接选举产生的市级人大关注不够。必须指出,各个层级之间人大机构设置差别甚大,全国人大和基层人大的研究结果并不适用市级人大研究,本书选择市级人大可以弥补现有研究空缺。

第三,C市为中国中部城市,经济发展、人口数量、人均受教育水平均处于中上水平。人大代表的换届选举与其他城市存在一定共性,不会因为经济因素和地理位置受到特殊影响。此外,在全国性的调查和抽样中,C市往往作为典型样本被纳入调查范围,具有一定的代表性。利用该市数据透视中华人民共和国成立以来的人大代表结构,可以从侧面观察中国经济发展浪潮下地方人大代表结构的演化。

第四,《选举法》自1979年颁布以来,至今一共经历了7次修改。① 其中,《选举法》在1995年进行了第三次修订,在2004年进行了第四次修订。本书的研究对象是C市第十届和第十一届人大代表,其中第十届人大代表是在1998年选举产生,第十一届人大代表在2003年选举产生。两届人大代表均处于选举法第三次修订之后,第四次修订之前的时间段选举产生,这避免了选举法的修改变动对样本中的代表构成可能造成的影响。选举法的修改变动与城乡是否按照相同比例选举人大代表密切相关。1995年的《选举法》第13条规定:"直辖市、市、市辖区的农村每一代表所代表的人口数,应多于市区每一代表所代表的人口数。"这一规定直到2010年城乡"同票同权"才得到改变。也就是说,本书的研究对象——C市第十届和第十一届人大代表——应当符合在从农村选区选出来的代表所代表的人数多于从城市选区选出来的代表所代表的人数这一规定,且在1998—2006年均遵循这一规定。

第五,基于数据的可得性,目前能够收集到C市第十届和第十一届人大代表的个体属性信息。众所周知,人大研究的最大难度之一是资料获取。C市档案馆和该市人大常委会为本书提供了重要的信息资料,

---

① 中华人民共和国成立后不久,就制定了全国人民代表大会和各级人民代表大会选举法,后于1979年进行了全国修订,并在此之后分别于1982年、1986年、1995年、2004年、2010年、2015年和2020年进行了7次修订。

使笔者的研究具备可操作性。C市档案馆可查阅资料中公开了第一届至第六届人大代表的个体资料，详细标注了职业、年龄和党派等信息。同时，笔者所在的课题组跟踪研究C市人大多年，他们为我们提供了第十届、第十一届、第十二届、第十三届的代表个体信息资料以及第十届、第十一届人大代表会议资料，数据较为翔实。课题组结合读秀知识数据库、百度百科等网站，对代表的个体属性和履历信息进行了完善，从而较好地完成了该数据与1998—2006年一共9年的代表提案和建议信息数据库的匹配工作。但令人遗憾的是，由于历史原因和数据公开情况，笔者未能获取第五届、第七届、第八届、第九届当选人大代表的完整资料，仅仅摘录了部分片段。

二 研究方法

本书是关于地方人大代表结构组成的历史变迁与履职绩效的实证研究，拟采用混合研究方法，通过收集数据、分析数据，并配合访谈来研究问题。

（一）定量分析法

本书主要选取C市第十届和第十一届人大作为研究案例，并对代表日常履职方面的数据，比如，人大代表在开会期间提出的议案，闭会期间提交的建议等，以及人大代表个体属性数据，比如人大代表的年龄、性别、学历、党派等进行数据收集。

在收集相关数据的基础上，本书将对人大代表的总体情况进行描述性统计分析，并且用Stata软件对得到的人大代表职业背景资料以及人大代表履职信息等相关数据进行回归分析，以回答研究问题。在实证方法方面，对于地方人大代表履职绩效和角色的考察，我们采用了泊松回归模型。泊松回归是基于事件的计数变量（事件变量发生的次数）建立的回归模型，其在处理离散型数据方面具有较强的优势。同时，由于人大代表履职角色（具体测度为各角色所对应的议案建议数目）不是连续的，也非正态分布，因而相较于传统的OLS回归模型，泊松回归更适用于本书的研究。

在变量选择上,不同的研究根据需要选择不同的变量进行测量。例如,在对地方人大代表履职绩效的考察中,模型的因变量是人大代表的履职绩效,主要自变量是人大代表的职业背景,控制变量包括人大代表的性别、党派、年龄、教育背景、民族等个人信息。在对人大代表的职业背景和履职角色关系考察的模型中,因变量是人大代表的履职角色,主要自变量为人大代表的职业背景,控制变量包括人大代表的履职绩效以及人大代表的个人信息等。

(二)访谈法

访谈法在调查研究中被广泛使用,它是通过与调查对象进行面对面的沟通来加深对调查对象的了解,从而获得第一手数据和资料的一种调查分析方法,具有灵活、准确、深入等优点。首先,访谈目的不同,方式也不同。总的来说,访谈分为正式访谈和非正式访谈,结构访谈、半结构访谈和无结构访谈,深度访谈和一般访谈,集体访谈和个体访谈等。[①] 各种访谈方式并无优劣之分,只需访谈者根据访谈目标,选择合适的访谈方式。其次,与其他调查方法相比,访谈法的优势之一是具有较强的灵活性,访谈者在访谈过程中可以把控交流的时间和走向,"取其精华去其糟粕",从而提炼核心内容;二是访谈是采访者与受访者之间相互作用的过程,因而采访者可以通过和受访者之间的深入交流,多角度了解事实真相,可有效避免量化分析由于调查对象自身理解不到位等因素而导致的信息偏差问题;三是访谈由于其开放式问题使得回答较为灵活,从而在交流的过程中可为研究人员提供新的想法和观点。再次,虽然访谈法方式较为灵活,但是并不意味着可以随心所欲地交谈。访谈不仅需要提前设计访谈提纲,而且在访谈过程中也需要一定的技巧,既尊重受访者,让其能够敞开心扉提供与访谈主题相关的信息,也要不偏离核心走向,提高访谈效率。最后,访谈结束后需要对访谈材料

[①] 王远新:《访谈法在语言田野调查实践中的运用》,《民族教育研究》2021年第6期。

进行整理和分析,并进行积极的反馈。

总之,访谈法是获取信息最直接的途径,具有众多优点。在本书中,作为分析数据的重要来源,课题组也与多位地方人大代表以及地方人大的工作人员展开了访谈,以进一步充实研究内容,进一步加深对人大代表结构和人大代表工作的内在理解。访问内容将围绕人大代表的角色认知及履职职责展开,主要包括:(1)当选人大代表的途径;(2)人大代表认为自己代表谁的利益;(3)人大代表的工作内容和履职动机;(4)人大代表和选民的联系情况;(5)人大代表的提案产生过程;(6)如何看待代表结构等。访谈是通过课题组在官方网站查找代表联系方式,事先通过邮件或电话预约。在接受访谈的人大代表中,民主党派和知识分子代表所占比例较高。访谈通过一对一进行,出于对访谈者隐私的保护,没有对回答进行录音。在征得访谈者同意后在现场进行手写记录,每场访谈结束后立即整理访谈资料。

三 研究存在的不足

本书对地方人大代表的结构及履职绩效进行研究,对人大代表的行业、选区、党派、性别的代表性研究在理论和实践上都具有重大意义。虽然本书以 C 市第十届和第十一届人大代表为例,对该议题进行了实证方面的探究,但由于样本限制以及其他方面的原因,研究还存在一些不足。首先,本书主要是以 C 市人大代表作为研究对象,其结论对 C 市在人大代表履职优化方面有一定的参考意义,是否能推广到全国其他地区的人大代表履职还有待进一步研究;其次,本书主要是对 C 市第十届和第十一届人大代表进行了研究,从人大代表工作发展的历史进程来说,时间跨度较小,在纵向发展分析上还有一定的局限性;最后,本书主要是通过人大代表的议案建议资料以及对部分人大代表的访谈来进行履职研究,因此对人大代表的履职绩效的测量相对来说还不够系统和全面。

第四节 篇章结构

　　本书一共有七章。第一章是绪论，包括研究背景与意义、文献回顾与概念界定、案例来源与研究方法，以及篇章结构几个部分。第二章是理论基础与文献综述，首先梳理与代议制相关的理论，在此基础上分别对西方代议制与中国人大制度进行综述，引出本书研究。

　　第三章至第六章是研究的主体部分，每一章均包含了文献综述、背景和数据、变量描述、实证模型、实证结果等部分。具体安排如下。

　　第三章首先勾勒了地方人大代表结构组成的历史变迁，具体包括 C 市人大从第一届以来，人大代表在年龄、性别、民族、党派、学历和职业结构上的历史变迁。本章以 C 市为例透视中国地方各级人大代表的静态组成结构，分析人大代表结构的历史演变；并以 C 市为例分析地方各级人大代表的履职绩效，并进一步探讨代表结构和履职绩效的关联。我们发现，从纵向维度来看，青年代表逐步退出，工农代表逐步消失，高层干部呈现增加趋势，企业代表也在不断壮大。更进一步，研究通过泊松回归分析，揭露了性别、年龄、党派、民族、学历和职业对人大代表履职绩效的影响。

　　第四章从政策所塑造的代表结构现状出发，探究地方各级人大代表在实际履职中的代表行为偏好现状，通过审视履职中所体现出的实质代表性，评估现有代表结构政策的合理性和科学性，旨在提出促进地方各级人大结构完善的对策。基于地方各级人大代表的行业代表性和选区代表性这两种代表模式的表现形式和法定依据，本章分别用描述性统计分析和泊松回归分析对 C 市人大代表履职中的地域和行业代表性现状进行探究，并进行稳健性检验。此外，本章还对 C 市人大代表地域和行业代表性的影响机制及行动机理进行了探索。基于访谈资料和议案建议进行文本分析，阐释了人大代表视角下的地域和行业代表性，并探讨他们是如何为地域和行业争取利益的。

第五章有关地方人大代表的党派代表性。本章首先对C市从第一届到第十三届人大代表的党派构成进行了描述性分析，发现民主党派人大代表在C市人大中的占比大概为10%。然后，基于C市第十届和第十一届人大代表的履历信息，挖掘基于党派这一变量的描述代表性。在实质代表性方面，发现民主党派身份的人大代表在代表市级利益、要求资金分配和政策供给这几个有关人大参与的指标方面，显著高于共产党和没有党派身份的人大代表，即民主党派身份对于人大代表的人大参与产生了积极影响。为了进一步检验这一假设，通过关联C市第十届（1998—2002年）和第十一届（2003—2006年）的代表建议和C市这两届人大代表的履历信息，利用第十届、第十一届两个样本，采用混合OLS、组间回归和随机效应模型这三个模型，利用人大代表的党派身份对人大参与做回归分析，发现在控制人口统计学变量、职业背景变量、参政经验变量以及地域背景变量后，民主党派身份仍然对代表的人大参与产生了正面影响。

第六章探讨地方人大女性代表的政策偏好。通过对C市地方女性人大代表参与人大的原始数据收集，试图窥探女性代表特殊的政策偏好。研究发现，尽管女性立法者在数量上代表不足，但她们在人大参与方面更加积极，也更有可能关注民生、社会保障、环境、健康和社会弱势群体权利保护等公共政策领域。此外，女性立法者更有可能行使人大监督权，对地方治理的各个环节提出谏言。在中国，女性的描述代表可能会导致立法政治中的实质代表，而女性立法者作为一个代表数量不足的群体，确实将一系列独特的公共政策问题带入了立法议程。她们更加积极，并且关心一系列不同的公共问题。同时，我们也应意识到，时至今日，女性人大代表的数量仍然十分有限。可以说，我们不仅忽略了女性人大代表的存在，也忽略了地方政治中的重要公共政策。

第七章是结论与讨论，再次阐明了本书的结论，并提出了一系列建议，以期优化中国的人民代表大会制度。

第二章

理论基础与文献综述

人民代表大会制度是在吸收西方的代议民主制、马克思列宁主义的代议制理论、效仿苏联苏维埃代议制模式等基础上，立足中国国情建立起来的具有中国特色的、根据民主集中制原则实行人民民主专政的工具，也是体现了社会主义国家性质、保证人民当家作主、保障实现中华民族伟大复兴的好制度。人大代表在人民代表大会中处于主体地位，他们通过人民代表大会将人民意志上升为国家意志，从而促进中国人民共同利益的实现。

代议制度是现代大型复杂社会实现民主理想的一种方式，而"谁是人大代表""是谁的代表""人大代表如何发挥作用"，是代议制民主永恒的课题，这些问题涉及人大代表的合法性和人大代表的履职能力。因此，本章将在梳理理论的基础上，总结与人大代表相关的研究文献，为后续实证研究奠定基础。

第一节 理论基础

一 人民主权理论

"人民是国家的主人"是人民代表大会制度的内涵，为了保证人民的地位，《宪法》明确规定"中华人民共和国的一切权力属于人民"。国家"一切权力属于人民"的论述最早可以追溯到人民主权理论，而这一理论最早孕育于卢梭社会契约论的精髓。

卢梭的人民主权学说建立在自然法理论和社会契约论基础上，作为人民主权理论的集大成者，卢梭认为一开始人们都处于一种"自然状态"，在这种状态下人人生而自由、平等。随着生产的进步和私有制的出现，平等和自由的自然状态被打破，进而导致了大量的暴力、战争。为了摆脱这种灾难性的状况，人们"要寻找一种结合形式，使它能以全部共同的力量来卫护和保障每个结合者的人身和财富，并且由于这一结合而使每一个与全体相联合的个人又只不过是在服从自己本人，并且仍然像以往一样的自由"①。要形成这一目标，人们只有通过订立契约的方式将某些自然权利让渡给社会，形成共同意志，即"公意"，而"公意"在现实社会的具体形态就是国家。因此，国家的权力来源于人民，一旦其违背人民的"公意"，人民就有权推翻它。由于这个契约是基于自愿并出于为实现每个人的幸福而订立的，由此产生的国家就是一个放大了的"每个人"，与个人"小我"所对应的国家便是"大我"，二者的利益就应完全一致。因此，每个人都应该把自己的全部权利让渡给国家，向国家让渡权利就是向自己让渡权利。"每个人既然是向全体奉献出自己，他就没有向任何人奉献出自己；而且既然从任何一个结合者那里，人们都可以获得自己本身所让渡给他的同样的权利，所以人们就得到了自己所丧失的一切东西的等价物以及更大的力量来保全自己的所有。"② 国家存在的唯一目的就是为民众服务，除此之外没有任何私利，"公意"和国家永远都是公正的。③

中国的人民代表大会制度与西方的议会制度都承认人民主权的原则，并且以间接民主的代议制为特点。基于卢梭的理论贡献，马克思、

---

① [法] 让·雅克·卢梭：《社会契约论》，何兆武译，商务印书馆1980年版，第23页。
② [法] 让·雅克·卢梭：《社会契约论》，何兆武译，商务印书馆1980年版，第24页。
③ 李拥军：《卢梭人民主权理论的内在逻辑及其警示》，《社会科学辑刊》2010年第3期。

恩格斯在这一基础上进行了唯物史观的改造，使之成为无产阶级的人民主权理论。通过巴黎公社运动，从实践的角度将马克思恩格斯的人民主权思想提升到无产阶级革命的高度，并使之成为无产阶级斗争的重要思想武器。马克思认为，只有使国家的一切权力属于人民，才能从根本上保证人民享有广泛的民主权利，而巴黎公社的组建遵循了权力在民的原则，它是人民主权的完备形式，实行人民民主专政。而中国的人民代表大会代表正是践行了人民主权理论，其由人民选举产生并代表其行使权力，人大代表必须维护人民的利益，对人民负责，受人民监督，此外，人民有权罢免其所选代表。可见，人大代表的代表性发挥是人民主权理论的本质要求。

二　代表性理论

代表理论伴随着代议民主的发展和变迁而发展。相关学者关于代表理论的争论，其实一直都围绕一个中心议题，即代表和选民之间的关系问题。西方对代表理论的研究可以分为两个时期：第一个时期是17世纪以前集中在对代表观念的研究，研究围绕霍布斯、麦迪逊、托克维尔、柏克、密尔、卢梭等人提出的现代政治秩序概念，抽离出有关代表的思想内涵；第二个时期是随着英美国家的建立，宪法从法律层面规定了代表及代议制度的设计，对代表及代议制度的研究从思想观念逐渐演变为以特定的概念划定理论边界。皮特金、布奇等学者开始对代表的概念、类型、功能等进行界定与讨论。

著名的英国学者密尔就曾经提出这样一些问题："议会议员应该受选民对他的指示约束吗？他应该是表达选民意见的机关，还是表达他自己意见的机关呢？应该是选民派往议会的使节呢，还是选民的专职代表，即不仅有权代替选民行动，而且有权代替选民判断该做的事情呢？"由此，代表理论所研究的问题主要有：代表是否得到了被代表者的授权，代表是否须对被代表者负责？代表所代表的是选民的利益还是意见？怎样做才是一个尽职尽责的代表？在代表当选之后，他们的行为是否受到特定规则的约束?① 其中,代表性理论存在两种主要模式,即精英主义和多元主义。精英主义的代表性理论赞同立法机关由人民的重要组成部分,即人民中的优秀分子组成;而多元主义的代表性理论则力主立法机关的代表应来自全体人民,即由社会的各个阶层共同构成代表。

(一) 精英主义的代表性理论

《美国百科全书》对代议制度所作的定义是:"代议制政体是一种政治统治形式。在这种统治形式中,国家或社会的主要立法和行政决策是由少数代表来制定的;这些受到信任的代表在某种程度上代表了全体居民或其中的重要组成部分。"② 在西方的政治哲学思想中,起初就对平民主导的民主制抱有怀疑甚至敌视的态度。在雅典直接民主时代,苏格拉底曾放言"民众没有任何关于善的知识",他决不"附和民主原则和民众主权",他本人也以牺牲生命为代价向世人昭示平民民主的反智。柏拉图将人分为三等:监护者(统治者)、护卫者和生产者(被统治者);生产者与护卫者服从统治者,建立分工之上的和谐。基于对民众的不信任,柏拉图提出了混合政体说。而在亚里士多德眼中,平民的统治是以牺牲智慧和财产为代价的。亚里士多德也把人分为三个阶层:极富者、极贫者和两者之间的中产阶级,并认为中产阶级执掌政权是最适合城邦的政体。

议会产生后,代议制作为民主的新形式走上历史舞台。在理解和诠释代议民主时,政治思想家们继承了前人对平民统治的疑虑和对贤人治国的向往。代表理论的精英主义思想要义包括:(1)参政的资格(议会民主制下,选举和被选举成为代表的资格)取决于人的身份、能力,只有符合身份、能力超群者才适合进入代议机关。(2)民众通过选举等民主制度的运行来控制统治者阶层,是一种控权型民主。(3)代表凭个人的学识、经验、良知履行代表职责,而不受选民意志的约束,持

---

① 崔英楠:《代表理论与代表组成结构问题分析》,《法学杂志》2012年第9期。
② 《美国百科全书》第2卷,第387页,转引自周叶中《代议制度比较研究》,武汉大学出版社1995年版,第8页。

独立代表说。①

(二) 多元主义的代表性理论

多元主义代议民主是对古典民主"全民参与"精神的一种承继，认为制度和社会应该具有并且本来就具有多样性，② 而不同阶级、集团、群体抑或个体之间的冲突，构成了民主的生命力。多元主义民主假定各阶层、每个人在参与政治的权利上是平等的，身份、地位、能力等维度的差异不应导致政治上的不平等。而代议机关活动过程的主线，就是"调和利益冲突，解决各种矛盾，正确处理好国家整体利益和议员或代表的局部利益间的关系"③。多元主义具有以下几点特征：（1）公民在参政资格上一律平等，都得以进入代议机关，因此代议机关由社会各阶层的代表组成，代表组成要完全符合并对应社会阶层的组成。（2）公民通过选举等政治参与形式获得自我发展，是一种发展型民主。（3）代表的履职行为应严格遵照选民的意志，持强制委托说。

西方代议制从精英主义模式的代表制演进到多元主义模式的代表制。在中国，从理论渊源和法律制度的角度上看，人民代表大会制度可以被清晰简单地认为符合多元主义代表模式，然而从实际操作的层面来分析人大代表的结构比例，却没有那么容易得出结论。④

三 委托—代理理论

委托—代理理论产生于 20 世纪 60 年代末 70 年代初，由威尔逊、罗斯、莫里斯等学者开创，最初孕育于微观经济学中企业管理的范畴。它源于当时部分经济学家对于阿罗—德布鲁（Arrow-Debreu）体系中企业"黑箱"理论的不满。经过几十年的发展，委托—代理理论研究从

---

① 孙莹：《论我国人大代表结构比例的调整优化——以精英主义和多元主义代表模式为分析框架》，《中山大学学报》（社会科学版）2013 年第 4 期。
② [英] 帕特里克·邓利维、布伦登·奥利里：《国家理论：自由民主的政治学》，欧阳景根等译，浙江人民出版社 2007 年版，第 9 页。
③ 周叶中：《代议制度比较研究》，商务印书馆 2018 年版，第 16—17 页。
④ 孙莹：《论我国人大代表结构比例的调整优化——以精英主义和多元主义代表模式为分析框架》，《中山大学学报》（社会科学版）2013 年第 4 期。

最初的单代理人、委托人和单任务委托代理理论，拓展至多代理人、多委托人、多层次、多任务委托代理理论等方向。①

经济学中的目标不一致和信息不对称是委托代理研究的出发点，以此产生一定的"代理成本"。委托—代理理论主要指基于一定的契约关系，委托代理人基于委托人的根本利益而从事特定活动。从20世纪70年代开始，随着公共选择等理论的不断成熟，委托—代理理论逐渐被运用到公共行政领域，开始被用于研究公共官僚与其委托人（议会）的关系。进入20世纪90年代以后，委托—代理理论研究在公共行政学中有了突破性发展，研究将控制的重点从单向的代理人模型转向双向的委托人和代理人模型，并在质疑传统委托—代理基本假设的基础上发展出了多种委托代理关系模型，极大地丰富了民众对公共部门委托代理关系的理解，并对公共政策的执行提供了理论指导。

按照公共行政委托—代理理论，政治领域中存在着内外两种委托—代理关系和三层基本的委托—代理模式：即公民与政党之间的委托代理、公民与官僚之间的委托代理、政党与官僚之间的委托代理。其中，公民与政党之间委托代理的实践机制是民主问责，公民与官僚之间委托代理的实践机制是法律问责和政治问责，政党与官僚之间委托代理的实践机制是等级问责和专业问责。在现代民主政治中，委托—代理关系实现的基础性条件是选举制度，它使得公民与政府之间的主从关系成为可能，并从法制上保证了公民对政府的选择权和对行政人员的监督权，要求政府及其行政人员必须对公民负责和承担责任。在此过程中，公民与政府之间的委托—代理关系存在周期性和重复性。②

在人民代表大会制度中，人民作为委托方选举人大代表，委托其作为代理人行使管理国家的权力，委托—代理关系得以成立。这一关系在公共管理领域的体现完全符合委托—代理理论的三大基本假设。首先，

---

① 陈奇：《项目支出预算激励机制：多任务委托代理视角》，《地方财政研究》2019年第11期。

② 谷志军：《委托代理矛盾、问责承诺与决策问责》，《江海学刊》2015年第1期。

即在公共政策执行过程中，作为代理人的人大代表和委托人的选民都会追求利益最大化，声誉、地位和权力都是代理人（人大代表）在履职过程中所追求的，而对于作为委托人的选民来说他们希望人大代表能够为自己发声，解决自己的实际困难。这与委托人和代理人皆为"理性经济人"的理论假设相符。其次，在公共管理领域也存在信息不对称问题，并容易出现逆向选择和道德风险问题。就逆向选择而言，选民在选举人大代表时，代表候选人只会向选民展示自己的优势，选民的信息匮乏从契约产生之前就已经存在，导致其无法对代表候选人进行准确评估。而道德风险在于，在成功当选人大代表后，作为公共决策者之一，代表们拥有权力和政治联系，对于政策的发展有着充分的知情权和监督权，因此其所获得的信息远多于选民，但由于信息公开制度尚待完善、公开渠道有限及一些非正式的规定，普通选民缺乏自上而下的信息获取，因此容易导致人大代表隐瞒真实情况。这与"信息不对称"假设吻合。委托—代理理论的第三个假设为委托人由于主客观条件的限制必须由代理人代其经营，受制于自身教育程度、时间、精力、对政策的认知等主观条件，以及信息公开不足、选举成本、人口规模等客观缺陷，选民必须通过让渡权利的方式委托人大代表管理国家和社会事务，但保留监督人大代表行为的监督权。

第二节 西方代议制研究

政府多大程度上代表了人民？政府如何代表人民？代表性问题一直以来都是代议政治领域的经典问题，[1] 也是公共行政领域的主要议题。[2] 自代议制度诞生以来，描述代表性与实质代表性就是其中的重要

---

[1] Pitkin, Hanna F., *The Concept of Representation*, University of California Press, 1967.
[英] 约翰·密尔：《代议制政府》，汪瑄译，商务印书馆1997年版。

[2] Meier, Kenneth John, "Representative Bureaucracy: An Empirical Analysis", *American Political Science Review*, Vol. 69, No. 2, 1975, pp. 526-542.

议题。① 描述代表性强调立法机关应是社会的"一面镜子",旨在精确反映社会构成,以及政治生活中多样化的利益。② 早期对描述代表性的研究,集中体现在对于代表结构组成的关注,及其与社会结构的比较。比如,有学者对代表结构的界定进行了全面的描述和解读,③ 或对代表结构的合理程度进行重新思考,④ 对代表结构比例的调整优化提出建议。⑤ 目前,对描述代表性的研究逐渐细化,对性别、种族和阶级代表性的变迁以及跨国别的比较做了更深入的分析。⑥ 描述代表性的合法性也在实证研究中被进一步验证。⑦ 当前,国内外代议制理论中持续争论的一个话题集中在讨论描述代表性与实质代表性之间的关系,即正式代议制度中的描述代表性是否能有效转化为实质代表性。换句话说,合理的代表结构以及代表来源的广泛性是否能够有效转化为议员的实际政治参与,即代表的描述代表性是否能够有效转化为实质代表性。针对这个问题,学者们贡献了大量的实证证据和理论发现。首先,基于阶层这一因素,

---

① Pitkin, Hanna F., *The Concept of Representation*, University of California Press, 1967. Jane Mansbridge, "Rethinking Representation", *American Political Science Review*, Vol. 97, No. 4, November 2003, pp. 515 – 528. Fossen, Thomas, "Constructivism and the Logic of Political Representation", *American Political Science Review*, Vol. 113, No. 3, August 2019, pp. 824 – 837.

② Pitkin, Hanna F., *The Concept of Representation*, University of California Press, 1967.

③ Mansbridge, Jane, "Should Blacks Represent Blacks and Women Represent Women? A Contingent 'Yes'", *Journal of Politics*, Vol. 61, No. 3, August 1999, pp. 628 – 657. 李力:《关于优化代表结构的探讨》,《吉林人大》2002 年第 9 期。

④ Jane Mansbridge, "Rethinking Representation", *American Political Science Review*, Vol. 97, No. 4, November 2003, pp. 515 – 528.

⑤ 孙莹:《论我国人大代表结构比例的调整优化——以精英主义和多元主义代表模式为分析框架》,《中山大学学报》(社会科学版) 2013 年第 4 期;王广辉:《人大代表结构优化的基本思路与对策》,《江汉大学学报》(社会科学版) 2017 年第 2 期。

⑥ Lawless, Jennifer L., Kathryn Pearson, "The Primary Reason for Women's Underrepresentation? Reevaluating the Conventional Wisdom", *Journal of Politics*, Vol. 70, No. 1, January 2008, pp. 67 – 82. Carnes, Nicholas, and Noam Lupu, "Rethinking the Comparative Perspective on Class and Representation: Evidence from Latin America", *American Journal of Political Science*, Vol. 59, No. 1, January 2015, pp. 1 – 18.

⑦ Sveinung Arnesen and Yvette Peters, "The Legitimacy of Representation: How Descriptive, Formal, and Responsiveness Representation Affect the Acceptability of Political Decisions", *Comparative Political Studies*, Vol. 51, No. 7, June 2018, pp. 868 – 899.

不同阶层的代表对于阶层利益的表达在现有的国外文献中得到了一定关注。①其次,基于性别这一因素,现有的文献对性别配额制度如何影响了女性参政议政进行了研究。②Dassonneville 和 McAllister 就发现描述代表性对于年龄较大的女性作用不大,但对于增加年轻女性的政治知识,从而促进她们的政治参与具有显著影响。③再次,基于民族和种族的研究也揭示了描述代表性对于实质代表性的重要作用,以及代议制度对政策结果的长远影响。比如,Grossman 等发现描述代表性对多民族社会法庭判案结果产生了显著影响。④最后,在西方民主国家,党派力量对于议员代表行为也会产生显著的影响,许多学者的实证研究证明了这一点。⑤

使代表成为代表的,不是任何一个参与者的单独行为可以解释的,依靠的应该是整体的框架和系统的运行模式。Pitkin 将"政治代表性"(political representation)视为一种主要的、具有公共性质的、涉及大量个体和组织的制度化的安排,并认为"政治代表性"运行嵌入在更为复杂的社会制度的安排中。⑥越来越多的学者意识到描述代表性是否能

---

① Norris, Pippa, Joni Lovenduski, *Political Recruitment: Gender, Race and Class in the British Parliament*, Cambridge: Cambridge University Press, 1995.

② Diana Z., O'Brien, Johanna Rickne, "Gender Quotas and Women's Political Leadership", *American Political Science Review*, Vol. 110, No. 1, February 2016, pp. 112 – 126. Clayton, Amanda, and Pär Zetterberg, "Quota Shocks: Electoral Gender Quotas and Government Spending Priorities Worldwide", *Journal of Politics*, Vol. 80, No. 3, July 2018, pp. 916 – 932.

③ Dassonneville, Ruth, Ian McAllister, "Gender, Political Knowledge, and Descriptive Representation: The Impact of Long-Term Socialization", *American Journal of Political Science*, Vol. 62, No. 2, April 2018, pp. 249 – 265.

④ Grossman, Guy, et al., "Descriptive Representation and Judicial Outcomes in Multiethnic Societies", *American Journal of Political Science*, Vol. 60, No. 1, January 2016, pp. 44 – 69.

⑤ Folke, Olle, "Shades of Brown and Green: Party Effects in Proportional Election Systems", *Journal of the European Economic Association*, Vol. 12, No. 5, October 2014, pp. 1361 – 1395. Sarah E. Anderson, et al., "Legislative Institutions as a Source of Party Leaders' Influence", *Legislative Studies Quarterly*, Vol. 41, No. 3, August 2016, pp. 605 – 631. Slapin, Jonathan B., et al., "Ideology, Grandstanding, and Strategic Party Disloyalty in the British Parliament", *American Political Science Review*, Vol. 112, No. 1, February 2017, pp. 15 – 30.

⑥ Hanna Fenichel Pitkin, *The Concept of Representation*, University of California Press, 1972.

转换成实质代表性依赖于不同的制度环境和条件，从而开始关注描述代表性对代表性以及政策结果的影响如何基于不同的制度环境而有所不同。比如，Crisp 等发现作为少数族裔的毛利议员，尽管共享相同的配额制度，但是在不同的议会制度下，却呈现出显著不同的代表行为，并指出只有在选举规则对议员有激励作用时，少数群体议员才会将其描述代表的身份转换成实质代表的行为。① Hertel-Fernandez 等通过一项针对美国议会工作人员的调查研究发现，由于议会组织机构中的议会工作人员对选民偏好存在误解，议会代表性和回应性都有所削弱，即议会组织机构的运作也成为了描述代表性转换成实质代表性的重要影响因素。② 民主机构的制度化变迁对代表机构的影响也可能会对代表性产生作用。如 Cameron 等发现一些民主机构本身正在进行改革，新的民主机构正在出现，作为代议机构中主角的议员，选举赋予代表身份合法性的同时，也在一定程度上使代表承担了选民的角色期待，使议员做出实质性的代表行为。③

在代议制民主出现之前的中世纪，代表的概念就已经出现而且被广泛使用，并获得了在政治上的重要性。可以说，在西方政治思想史上及其政治实践中，代表概念和代议制民主是贯穿其政治理论和实践的一根主线。④ 西方对代表及代表理论的研究可以分为两个时期：第一个时期是 17 世纪以前对代表概念的集成。随着霍布斯、麦迪逊、托克维尔、柏克、密尔、卢梭等人提出现代政治秩序的概念，天赋人权、人民主权、政治自由、政治平等概念开始受到广泛关注和争论，在围绕民主过程、实质、原则等环节的探讨中，逐渐表达出与"代表"有关的模糊概念。第二个时期是随着英美国家的建立，民主的形式开始以代议制的

---

① Crisp, Brian F., et al., "The Role of Rules in Representation: Group Membership and Electoral Incentives", *British Journal of Political Science*, Vol. 48, No. 1, January 2018, pp. 47–67.

② Hertel-Fernandez, Alexander, et al., "Legislative Staff and Representation in Congress", *American Political Science Review*, Vol. 113, No. 1, February 2019, pp. 1–18.

③ Cameron M. A, Hershberg E., Sharpe K. E., *New Institutions for Participatory Democracy in Latin America*, New York: Palgrave Macmillan, 2012.

④ 王晓珊：《代表的逻辑》，博士学位论文，吉林大学，2011 年。

形式被确定下来，普通民众从自己决策转变为委托代理人决策，这种由人民的代表间接实现民主的形式，需要一套更为复杂的政治技巧和制度进行管理，因此代表及代议制度的设计从宪法和法律的层面被确定下来。基于此，诸多学者开始重新对代表的概念、类型、功能等进行定义和讨论。进一步，他们关注了代表产生的权力来源、代表的负责任对象、代表与被代表者的关系等议题，以解决议会在实践过程中产生的问题，由此，开启了西方代表理论研究的主要方向。

一 谁代表？

从代表实际产生的过程来说，天赋人权、主权在民、自由平等等观念为"谁代表"这一议题提供了基本的思想观念——自由与民主。从古希腊开始，自由的思想已经渗透到政治体制当中，古希腊人理解的自由体现在城邦的自由，坚持共同体优先于个人的价值原则，强调基于商谈、民主、分享和相互帮助的伦理共识。柏克指出人权是天赋的永恒的"自由"权利，由于质赋相同，人人应当享有以自由为根基的人权，每个人都有权选择自己的生活方式，好坏自知，别人无法干预。洛克强调"人人都是生而自由、平等和独立的，未经本人同意，不能把任何人置于这种状态之外，使他受制于另一个人的政治权利"。卢梭给出了"意识自由"的原因，他在《社会契约论》中开宗明义："人生来是自由的，但却无处不身戴枷锁。"① 生存世界天然地被内在的或外在的东西所束缚，故追求"自由"成为必然。本质上，自由思想阐释出拥有公民身份的人都是一个独立的个体，每个人都不会受到其他公民的制约，这种意识凸显了代表的独立性与个体重要性，由此自由的思想意识为代表的产生奠定了基础。

与自由意识相伴而行的是民主政治。公元前8世纪古希腊开始出现许多小的城邦，经过城邦主人的不断治理，逐渐达到了繁荣，民主制度在那时已经得到了发展。从民主制度解读，"谁"是代表人民权利的载

---

① [法]让·雅克·卢梭：《社会契约论》，李平沤译，商务印书馆2011年版，第4页。

体。它以指向"人民的统治"为目的,通过代表所有公民描述他们的人格属性、执行他们的政策立场。这种从实践出发的思想观念被记录在早期政治学家的经典作品中,被反复援引与解读代表的产生。马基雅维利在《君主论》中提出以人民意愿为尊的早期论述为代表的产生提供了理论基础。[①] 霍布斯在《利维坦》中指出代理人应当根据信约,接受授权者的约束,并对约束后果负责。[②] 但是,霍布斯的这种愿景并没有得到满足,或者说是古典民主概念中所阐述的理想化的民主概念受到了批判。洛克指出"大多数人的同意"就是"全体的行为"已经成为一种现实基础。当我们考虑到许多人会因为事务繁忙无法出席公众集会,尽管缺席人数较少,依然无法满足"全体人的同意",再加上意见分歧和利害冲突,这种现象在人类群体中是难以避免的。[③] 为了有更可靠的保障来抵御共同体以外的人的侵犯,公民需要做出权利的让渡,这一事实在绝对的人民主权与天赋人权中做出了直接回应。从这些更深的根源之中,我们可以发现代表对公民权利的充分实现有着不可替代的作用。可以说早期政治思想家蕴含的"谁"代表思想对杰伊、麦迪逊、汉密尔顿等人构建代表概念的规范性框架提供了一定基础,这种框架性的影响被杰弗逊以宣言的形式写进了正式文件《独立宣言》中。

《独立宣言》为美国建国提供了完整的近代资产阶级政治思想原则,它的核心集成了古典民主与自由思想,并为代表的产生与行动提供了制度规范。首先,"天赋人权"强调的是人与生俱有的权利不应该被剥夺,这些基本权利包括"生命、自由和追求幸福的权利"。其次,"社会契约论"解释了国家产生的逻辑。国家只能建立在自由人的"社会契约"之上,政府的权力来自被统治者的委托。为了保护自由人的

[①] [意]尼科洛·马基雅维里:《君主论》,潘汉典译,商务印书馆1985年版,第48页。

[②] [英]托马斯·霍布斯:《利维坦》,黎思复、黎廷弼译,商务印书馆2009年版,第122—123页。

[③] [英]约翰·洛克:《政府论》,杨思派译,中国社会科学出版社2009年版,第205—206页。

权利，国家才在人民之间成立政府用以执行全体人民的意志。如果政府不履行自己的职责，侵犯了人民的自然权利，人民为了保障这种权利，就有权通过革命改变或推翻它。最后，"主权在民"强调了人民的地位。人民是主权者，政府的一切权力来自人民，政府应服从人民意志，为人民幸福和保障人民权利而存在。由此可见，由《独立宣言》提供的关于"谁代表"的议题对现今的民主政治走向留下深刻的印记。

18世纪以来，更多的政治思想集大成者们持续对民主政治进行实践层面的完善，间接促进了代表概念的清晰化。托克维尔在其著作《论美国的民主》中直接将公民自治视为美国民主的基石，强调自治对于制约政治权力的作用。尤恩在《自治与道德的需要：公民社会的公民意识管理》中也强调了公民积极参与和公民自治的重要作用。美国政治思想家潘恩经过考察和研究指出，民主政治有两种形式，一种是古代的简单民主制（如雅典的城邦民主制），即直接民主，它形式上简单，但是受幅员和人口规模的限制，这种政治形式难以在大国治理中有效运行。另一种是代议制，这是化解大国民主政治体系建构的唯一妙方。[①] 潘恩说："简单的民主制是社会不借助辅助手段而自己管理自己。把代议制同民主制结合起来，就可以获得一种能够容纳和联合一切不同利益和不同大小的领土与不同数量的人口的政府体制。"[②] 与古希腊城邦实行的直接民主制不同，代议制民主形式完成了在庞大、多样的社会中直接民主没有完成的民主核心原则——多数决定原则、政治自由和政治平等。他们以满足多数人的利益为基础行使人民主权；但要求它必须与少数人的权利相平衡，并在平等的基础上确保所有公民将得到同样的机会来决定谁得到什么。

这种以人民主权为基础的代议制民主，是通过人民的代表间接实现的，而不是像直接民主那样由人民自己实现的。在代议制民主国家，只有一小部分公民担任决策职位。为了确保代表在执行中保持一致性，代议制民主

---

① 邱家军：《代表谁？——选民与代表》，复旦大学出版社2010年版，第4页。
② ［美］托马斯·潘恩：《潘恩选集》，马清槐等译，商务印书馆1981年版，第246页。

在很大程度上依赖于组织政治体系的机构——议会。议会作为资本主义国家的立法机关，有权制定和废除法律，议员作为议会的组成人员，由普通公民选举产生并代表公民行使权利。政治竞选活动为议员的政治工作制造了不安全感。由于议员的任期固定，选民定期通过选举来决定他们是否可以继续代为行使权力，如果选民对议员的工作不满意可以通过选举新的议员替换他们。因此，议员需要对公民的需求和要求做出回应，如果没有回应，公民可以追究统治者的责任。《联邦党人文集》中多次阐述"人民是权力的唯一合法源泉，政府各部门据以掌权的宪法来自人民"①，所以要借助于这一原始权威强制各部门遵守宪法。进一步，他们也必须承认在确保人民利益的时候，需要以"满足多数人的利益"为标准来确保公民的各项权利得到满足。并且在这种基础上，他们不仅要保护社会免受统治者的压迫，而且要保护一部分人免受另一部分人的侵害。他们承认不同阶级的公民必然有不同的利益，为了防止这种弊端，他们考虑了两种方法：其一是在社会中形成一种独立于多数人之外的意志；其二是让社会涵盖各个阶层的公民，使全体中多数人的不正当联合即使不是完全办不到，也是很难实现，②如此来保障社会的公平正义。19世纪英国政治思想家密尔在《代议制政府》中阐释了英国及欧美国家政治制度建构的实践经验，他指出代议制政府最终比较完善地解决了人民民主、人民主权、少数人的执政与多数人的权益保障等问题。可以说，在民主的实现由传统的城邦国家转向现代民族国家时，民主很巧妙地实现了与代表的结合，使代表成为民主理论中的重要内容与民主的主要实现形式。

二 代表谁？

1967年，汉娜·皮特金在她的著作《代表的概念》(*The Concept of Representation*)中开创性地提出了四种含义的代表类型，描述了在不同

---

① [美]亚历山大·汉密尔顿、约翰·杰伊、詹姆斯·麦迪逊：《联邦党人文集》，张晓庆译，中国社会科学出版社2007年版，第238—239页。

② [美]亚历山大·汉密尔顿、约翰·杰伊、詹姆斯·麦迪逊：《联邦党人文集》，张晓庆译，中国社会科学出版社2007年版，第247页。

的动机下，议员如何被选择、如何代表特定的选民。这四种含义包括：正式代表制（formal representation），通过机构规则和程序选举产生；描述性代表（descriptive representation），指代表与被代表之间的成分相似性；实质性代表或回应（substantive representation or responsiveness,），指代表的行动和被代表的利益之间的一致性；以及象征性代表（symbolic representation），指的是被代表者感受到被公平、有效地代表。由此围绕皮特金的代表理论观点，诸多学者对其进行批判和发展，包括海因茨·尤劳、保罗·卡普斯、理查德·芬诺、简·曼斯布里奇、雷菲尔德·安德鲁等学者都是当代西方代表理论研究的代表人物，他们之间的交锋使"代表谁"这一理论的发展呈现出丰富多样的内容形式。

"代表谁"这一问题事实上是对代表角色及其功能定位的解释。这个解释的起点是皮特金对授权型代表概念的讨论。皮特金以"受托人"（trustee）和"代表"（delegate）的划分回答了这一议题。她认为这一问题的核心命题是代表对待选民的"遵命还是独立"之争。而在"遵命还是独立"之争背后蕴含着两方面的问题：一是以议员行为判断依据的"自主与依赖"之争，即议员在进行投票、提交议案等活动中的行为是基于议员自身的自主性判断还是依赖选民的意愿和利益？二是议员所代表的目标范围的"整体与局部"之争，即议员在行使代议职能时应该代表整体利益还是选区内某具体局部利益？

从现实回应来说，受托人代表理论认为人民拥有特别的、切身的利益，这些利益需要作为代理人的代表来充分表达，代表应当遵从选民的意见，行使人民赋予的权力。英美国家的议员在实践中所显示的倾向性为其提供了经验基础。在对西方议员履职行为的考察中，绝大多数实证研究发现了选民偏好和议员投票之间存在显著的正向联系，表明议员对选民偏好具有强烈的回应性和依从性。[1] 有研究利用实地实验的方法探

---

[1] Joshua D. Clinton, "Representation in Congress: Constituents and Roll Calls in the 106th House", *Journal of Politics*, Vol. 68, No. 2, May 2006, pp. 397 – 409. John G. Matsusaka, "Popular Control of Public Policy: A Quantitative Approach", *Quarterly Journal of Political Science*, Vol. 5, No. 2, 2010, pp. 133 – 167.

究议员对选区选民是否具有回应性;在决策过程中是否代表选民利益。通过实验排除了前期偏好一致性等机制,验证了选民意见和观点确实对议员决策具有重要影响,议员试图积极回应选民,在决策中表达选民利益。① 政治学家海因茨·尤劳和保罗·卡普斯认为代表可以理解为代表的决策行为与选民偏好一致的程度。换句话说,即代表应该按照选民希望他们投票的方式投票。但他们进一步发现这种对选民意见的遵从是在选区偏好上进行的。研究表明在最突出的问题上,代表倾向于遵循选区偏好,如果未能在这些突出问题上遵循选区偏好会在民意调查中招致负面反应。② 理查德·芬诺进一步补充了代表应当重视局部利益的现实情况。他发现有些代表单一党派选区的成员可能会采用以政策为导向的代表风格,而来自政治多元化选区的成员可能会采用强调选区服务的代表风格。③ 在选举中选民往往将选票投给和自身偏好一致的议员,在决策的投票行为表现出与部分选民偏好的一致性,填补了"整体与局部"之争的依据。

此外,在"整体与局部"之争中,安德鲁·雷菲尔德从整体与局部利益的视角出发对代表人理论做了有力的支持。他认为相比于联邦的整体利益,一个精选出来的团体集合通常包含党的偏见和尖刻,而不是诚实的理性和合理的政策要求。④ 艾米·卡塔利纳克分析了日本政治实践中的再分配情况,发现选举改革之后部分选区在立法机关被过低代表的情况得到了极大改善,与之相伴的是,这些选区较之前获得了更多来自上级政府的财政补贴。横向比较而言,如果选区拥有更

---

① Daniel M. Butler and David W. Nickerson, "Can Learning Constituency Opinion Affect How Legislators Vote? Results from a Field Experiment", *Quarterly Journal of Political Science*, Vol. 6, No. 1, 2011, pp. 55–83.

② Heinz Eulau and Paul D. Karps, "The Puzzle of Representation: Specifying Components of Responsiveness", *Legislative Studies Quarterly*, Vol. 2, No. 2, 1977, pp. 233–254.

③ Richard F. Fenno, "U. S. House Members in Their Constituencies: An Exploration", *American Political Science Review*, Vol. 71, No. 3, 1977, pp. 883–917.

④ Andrew Rehfeld, "Representation Rethought: On Trustees, Delegates, and Gyroscopes in the Study of Political Representation and Democracy", *American Political Science Review*, Vol. 103, No. 2, May 2009, pp. 214–230.

多议员席位,那么该选区将会获得更大份额的上级政府财政补贴。这表明选民将政治权利让渡给代表的同时,代表在政治生活中积极代表选区选民的利益,将政治支持输入转换为政策结果输出,而不是简单按照受托人原则来行事。① 西方议会研究中,还有观点认为,议员应当代表所在政党的利益。如安德森·萨拉等研究了选民、党派领导人和议员自身经验在决策时对议员的影响,发现党派领导人对议员偏好的影响权重最大,这一影响主要通过任期限制、机构专业化程度、领导人对议程的控制、委员会任命等制度来施加。② 而且,当特定选区的选民将政治权利让渡给代表时,代表只有在政治生活中积极代表选区选民的利益,才能确保政治支持输入能够持续转换为政策结果输出。③ 此外,西方议会研究中,还增补了具体细化的选区利益,他们认为事实上议员代表的是所在选区政党的利益。④ 整体来看,尽管人民的利益需要受托人来充分表达,但选区选民选举出来的代表很大程度上代表的是局部利益,而非整体利益。为了获得上级政府或党派支持,代表会从精英利益出发,而不是简单按照受托人原则来行事;为了进一步获得选票,代表从选区利益和政党利益出发,对选民和政党偏好具有强烈的回应性和依从性。

随着实践研究的深入以及案例扩展的广泛性,另一个有意思的发现是在英美议会实践中代表人代理理论学者们认为代表与被代表者之间是精英与大众的关系。代表的责任是关照民众利益,而非吸收社会表达。因此,代表无须服从于选民的意志,而应该根据政治精英的德性和理

---

① Amy Catalinac, "Positioning under Alternative Electoral Systems: Evidence from Japanese Candidate Election Manifestos", *American Political Science Review*, Vol. 112, No. 1, February 2017, pp. 31-48.

② Anderson E. Sarah, et al., "Legislative Institutions as a Source of Party Leaders' Influence", *Legislative Studies Quarterly*, Vol. 41, No. 3, August 2016, pp. 605-631.

③ Amy Catalinac, "Positioning under Alternative Electoral Systems: Evidence from Japanese Candidate Election Manifestos", *American Political Science Review*, Vol. 112, No. 1, February 2018, pp. 31-48.

④ Anderson E. Sarah, et al., "Legislative Institutions as a Source of Party Leaders' Influence", *Legislative Studies Quarterly*, Vol. 41, No. 3, August 2016, pp. 605-631.

性，独立做出选择和判断保护国家的利益。① 2003 年，在曼斯布里奇的归纳中，他提出了"期望型"代表（anticipatory representation）、"陀螺型"代表（gyroscopic representation）和"替代型"代表（surrogate representation）的概念。② 不同于"承诺型"代表——代表在竞选期间对选民做出承诺，之后可能出现遵循或背弃情况的概念，"期望型"代表是直接源于"追溯性投票"（retrospective-voting）理念，代表关注的是他们的选民在下一次选举中将赞同什么，而非其在之前选举时所许下的承诺。在陀螺型代表中，选民希望其选举出的代表能在无外部激励的情况下按其满意的方式行事。代表用利益观念、常识以及部分源于代表自身背景的原则自我审视，将之作为行动基础。在陀螺型代表模式中，这些代表围绕其轴心旋转，像陀螺一样运作，保持某个方向，去追求某种固定（虽然不是完全不变的）的目标。"替代型"代表则产生于立法者代表其选区之外选民的情况下，是一种代表与其选民没有选举关系的代表模式。由于无论是联邦选举系统还是州选举系统都采用单名选区、简单多数以及胜者全得的选举方式，如果该候选人偏好的政策在自己选区内只能吸引少数选民，理论上可能无法在议会中获得席位。但是，随着地区集聚的充分发展，在一个选区失利的候选人可能在另一个选区获胜，因此 A 选区的少数派选民将通过 B 选区的候选人实现替代型代表。韦斯伯格将其称为"集体型代表"（collective representation），1989 年杰克逊和金称这种代表模式为"制度型代表"（institutional representation）。③

2009 年，安德鲁·雷菲尔德在皮特金提出的二元表述——"受托人与委托人"的基础之上提出了八个理想类型，进一步扩展了权力中目的、判断的来源和回应性的关系。从问题出发点开始，雷菲尔德使用八种理想类型回应了一个代表对立法的投票必须与选民的偏好和意

---

① 高春芽：《在代表与排斥之间——西方现代国家建构视野中代议民主发展的路径与动力》，《政治学研究》2017 年第 1 期。

② Jane Mansbridge, "Rethinking Representation", *American Political Science Review*, Vol. 97, No. 4, November 2003, pp. 515－528.

③ ［美］简·曼斯布里奇、钟本章：《反思代表模式》，《国外理论动态》2017 年第 1 期。

愿接近。① 2020年法比奥·沃肯斯坦和克里斯托弗·拉蒂尔针对代表概念的定量研究开发了一种共享的语言和可操作的概念框架。他认为曼斯布里奇、雷菲尔德和萨沃德等学者关于代表概念的创新为后人提供了比传统理论或经验模型更丰富的理解，但在量化研究上仍存在壁垒。因此，他尝试将主流文献中提出的代表类型进行量化和测量，主要包括：代理（要求和选择成员与代表）、辩护（提供要求行动的理由）、个性化（将代表角色视为个人或者是团体代理人）以及响应性（出于对选举能否连任的敏感性而采取行动）。②

此外，现有文献也指出针对所代表的群体而言，代议机构对不同类别的社会群体的代表回应并非完全一致。阿曼达·德里斯科尔等记录了巴西代议机构只有在选举压力之下才能无差别回应少数群体，且整体而言，代议机构对于少数族裔和阶级弱势群体的回应稍显不足。③ 皮特·齐斯等通过在丹麦展开的调查实验发现当地代议机构对于少数族裔群体的诉求回应较为有限。④ 米歇尔·基尔伯恩等使用美国亚利桑那、康涅狄格和缅因三州的选举数据发现，当候选人使用公共竞选资金而不是私人竞选捐款时，更容易在政治上有极端的观点且对选区民众回应得更少；换言之，相较于私人竞选捐款，公共竞选资金在一定程度上破坏了候选人的实质代表回应性。⑤

---

① Andrew Rehfeld, "Representation Rethought: On Trustees, Delegates, and Gyroscopes in the Study of Political Representation and Democracy", *American Political Science Review*, Vol. 103, No. 2, May 2009, pp. 214–230.

② Fabio Wolkenstein and Christopher Wratil, "Multidimensional Representation", *American Journal of Political Science*, Vol. 65, No. 4, October 2021, pp. 862–876.

③ Amanda Driscoll and Gabriel Cepaluni, et al., "Prejudice, Strategic Discrimination, and the Electoral Connection: Evidence from a Pair of Field Experiments in Brazil", *American Journal of Political Science*, Vol. 62, No. 4, October 2018, pp. 781–795.

④ Peter Thisted Dinesen and Malte Dahl, et al., "When Are Legislators Responsive to Ethnic Minorities? Testing the Role of Electoral Incentives and Candidate Selection for Mitigating Ethnocentric Responsiveness?", *American Political Science Review*, Vol. 115, No. 2, 2021, pp. 450–466.

⑤ Mitchell Kilborn and Arjun Vishwanath, "Public Money Talks Too: How Public Campaign Financing Degrades Representation", *American Journal of Political Science*, Vol. 66, No. 3, July 2022, pp. 730–744.

同时，在"代表谁"这一主题中，现有文献也记录了代议机构普遍对于选区民众具有较好的代表回应性。帕布罗·巴伯拉等利用第113届美国国会议员和民众之间的推特信息交互数据后发现，国会议员更倾向于跟随而不是领导民众的线上意见，并会据此设置政治议程；与此同时，国会议员对于支持者的回应性会更佳。[①] 杰弗瑞·拉克斯等发现代表对于党派支持者的回应性会好于对于富裕阶层的回应性，再一次确认了代议机构对于普通大众政治偏好的稳定关注。[②] 陈思敏等发现相较于利益群体，选区民众在国会议员的日常回应性中会受到更多的重视。[③]

综上所述，当我们试图从"代表谁"的视角搭建关于"代表"这一复杂概念的框架时，代表的类型会基于不同的标准和对象反复被讨论。从1967年皮特金搭建代表类型的最初框架以来，多位学者展开了辩论与反思。总的来说，"代表谁"这一问题的答案至少有三种不同的"代表观"：第一，代表产生后，因其已获得独立的地位，故凭其个人智力和能力践行价值信念。第二，代表由其所属地区或所属类别的选民选举产生，应代表所在选区或所在类别选民的意志和利益，对他们负责，受他们监督。第三，代表由选民选举产生，成为全体人民的"代言人"，在行使一切权力的时候需要考虑全体人民的意愿和利益，但在具体的代表实践中，这样的代表工作往往也有着细微之处的区别。[④] 因此，代表谁的问题并不是像理论学家们所认为的那样绝对，如何理解代表的行为，并使代表既不能脱离选民和所处政治环境完全独立，也应该

[①] Pablo Barberá, et al., "Who Leads? Who Follows? Measuring Issue Attention and Agenda Setting by Legislators and the Mass Public Using Social Media Data", *American Political Science Review*, Vol. 113, No. 4, July 2019, pp. 883–901.

[②] Jeffrey R. Lax, et al., "The Party or the Purse? Unequal Representation in the US Senate", *American Political Science Review*, Vol. 113, No. 3, 2019.

[③] Michelle L. Chin, Jon R. Bond, Nehemia Geva, "A Foot in the Door: An Experimental Study of PAC and Constituency Effects on Access", *Journal of Politics*, Vol. 62, No. 2, May 2000, pp. 534–549.

[④] 何秋燕：《地方人大代表议案建议履职研究——基于广东省阳江市六届人大代表分析》，硕士学位论文，华南理工大学，2018年。

在尊重选民的意志基础上,有个人的判断。

三 代表如何?

代表一经选举确立产生,意味着政治系统的输入过程——选民对于代表的要求和支持已经完成。如果政治系统想要良性运转,那么下一个步骤就是政治系统内部对这些要求和支持的政策转换,完成政策结果的输出。代议制政体中的代表与选民关系复杂多元,其讨论的议题也各有侧重,但不管是"整体利益"还是"局部利益","代表个人判断"还是"依赖选民意见",最终的追问始终落在代表们是否实现有效代表,是否能在政治实践中发挥作用。

国外学者通过对现实议会的研究,发现了大量证据指向代表的描述性代表与实质性代表及其对政治实践影响存在广泛差异。一方面,描述性代表能够有效促进政治实践中的作用发挥。斯蒂芬·安索雷布哈尔等关注了20世纪60年代美国政府和联邦法院所推进的"州内平权"的司法改革和相应的利益分配结果,实证研究发现,当所在州的县在州立法机构被平等代表时,每个县所获得的州的拨款也会更加平等。[①] 罗希尼·潘德检验了印度议会选举中各邦实行的"种姓保留政策"这一配额制的影响,并发现在等级制度严苛的印度,选举过程中为贱民(主要包括表列种姓和表列部落的公民)所保留特定席位在政策输出中为这一弱势群体带来了实质性的分配结果。[②] 艾米·卡塔利纳克利用市级层面的数据分析了1994年日本新选举制度与政治改革对政策结果的影响,发现1994年选举改革后,众议院选举制度实行小选举区和比例代表并立制,解决了中选举区制的许多弊端,使得之前被过低代表的选区在选举

---

① Stephen Ansolabehere and Alan Gerber, et al., "Equal Votes, Equal Money: Court-Ordered Redistricting and the Distribution of Public Expenditures in the American States", *American Political Science Review*, Vol. 96, No. 4, December 2002, pp. 767 – 777.

② Rohini Pande, "Can Mandated Political Representation Increase Policy Influence for Disadvantaged Minorities? Theory and Evidence from India", *American Economic Review*, Vol. 93, No. 4, September 2003, pp. 1132 – 1151.

改革之后拥有更多的议员席位，随之而来的是在财政拨款上这些选区从中央政府获得了更多的资金支持。① 即使在司法领域，描述代表性对政策结果的影响也非常显著。凯文·克罗克等从以色列法官小组的族裔结构出发研究法官组成结构对于司法判决的影响，发现当阿拉伯裔被告的案件由至少一名阿拉伯法官构成的法官小组审理时，相比全为犹太裔的法官小组，当事人获得的处罚相对较轻，监禁率降低。在司法领域，描述代表性确确实实影响审判结果。②

但近年来，越来越多的文献表明政治领域描述代表性对政治实践的作用会与民主的核心原则相违背，强调只有实质代表性才能对政治实践发挥正向作用。比如，同样是关注印度议会选举中配额制的影响，萨德·邓宁等指出，建立在种姓制度基础上的配额制并未给受到配额制照顾的弱势群体带来实质性的利益分配，政策分配的结果更多地依赖于党派的偏好和影响力。③ 安德森·萨拉等在分析美国州议员的履职行为时发现，党派对议员决策的影响远远胜于选民偏好，议员为了获得党派的支持和资源积极迎合党派偏好，党派对议员的影响主要通过委员会提名、议程设置等制度因素施加。④ 格雷琴·鲍尔等通过对女性参政的研究发现，尽管女性在议会中描述性代表增加了，但妇女很难"在历史和文化上都是男性的机构中被认真对待"。如果妇女在代议制机构中仍然被边缘化，加强女性议会代表权可能对促进妇女的政治利益没有什么作用。⑤ 只

---

① Amy Catalinac, "Positioning under Alternative Electoral Systems: Evidence from Japanese Candidate Election Manifestos", *American Political Science Review*, Vol. 112, No. 1, February 2018, pp. 31–48.

② Kevin Croke, et al., "Deliberate Disengagement: How Education Can Decrease Political Participation in Electoral Authoritarian Regimes", *American Political Science Review*, Vol. 110, No. 3, August 2016, pp. 579–600.

③ Thad Dunning and Janhavi Nilekani, "Ethnic Quotas and Political Mobilization: Caste, Parties, and Distribution in Indian Village Councils", *American Political Science Review*, Vol. 107, No. 1, Februare 2013, pp. 35–56.

④ Anderson E. Sarah., Daniel M. Butler, et al., "Legislative Institutions as a Source of Party Leaders' Influence", *Legislative Studies Quarterly*, Vol. 41, No. 3, August 2016, pp. 605–631.

⑤ Gretchen Bauer and Hannah E. Britton, *Women in African Parliaments*, Boulder, Colorado: Lynne Rienner Publishers, 2006.

有当女性担任更高领导的职位时,女性政治领导的实质代表性高效果才能得以显现。①罗德尼等提出并考察了有关拉丁美洲裔在美国的实质性代表的理论。通过回归分析发现,美国拉丁裔人数在增加的同时,却几乎没有直接、实质性的代表。拉丁裔代表的投票模式有所不同,拉丁裔选区的选票对候选人的影响很小。② 这说明加强描述代表性来促进议员的代表权,充其量是一种不完整的有效代表,在政治实践中能够发挥的作用有限。

  从本质上来讲,强调实质代表性对政治实践的重要影响是来源于政治平等和政治自由的核心原则,它表达了对特定利益群体——弱势群体(或不利群体)的集中关切。弱势群体在西方的话语体系当中指向了少数族裔、女性群体等,他们由于历史原因在现代社会中遭受着制度性歧视,政治权力低下,为了确保政治制度的合法性、议员构成的多样性,以及代表社会结构的合理性,弱势群体越来越多地被以描述代表性的形式引入议会当中,维护了民主的核心原则。弱势群体代表数量的增加是否有利于实现弱势群体的利益,有着更具体的争论。一方面,部分学者认为弱势群体代表数量的增加能够为弱势群体带来多元利益,促进代议制民主对弱势群体的有效保护。潘德研究了在等级制度森严的印度,为了保护贱民的利益,议会选举中为列表种族和列表部落保留席位,确保这些弱势群体在政策形成过程中的利益输入;③ 奥布赖恩·戴安娜发现瑞典在选举中设定女性配额,在政治环境存在歧视和女性缺乏参政热情的情况下,极力扩大优秀女性

---

  ① Amy C. Alexander and Farida Jalalzai, "Symbolic Empowerment and Female Heads of States and Governments: A Global Multilevel Analysis", *Politics, Groups, and Identities*, Vol. 8, No. 1, January 2020, pp. 24 – 43.

  ② Rodney E. Hero and Caroline J. Tolbert, "Latinos and Substantive Representative in the U. S. : House of Representatives: Direct, Indirect, or Nonexistent?", *American Journal of Political Science*, Vol. 39, No. 3, 1995, pp. 640 – 652.

  ③ Rohini Pande, "Can Mandated Political Representation Increase Policy Influence for Disadvantaged Minorities? Theory and Evidence from India", *American Economic Review*, Vol. 93, No. 4, September 2003, pp. 1132 – 1151.

候选人的供给，提高女性议员比例，改善女性参政环境；① 另一方面，苏菲·舒伊特等的研究指出美国议会为了保护少数族裔的利益，确保政治输入的公平性，通过划分选区和设定选举规则等一系列方式维护美国黑人的投票权，确保议员构成的多样性。但是议员的多样性是否意味着弱势群体的实际利益诉求得到满足，受到诸多学者质疑，他们认为实质代表性的缺失与弱势群体利益被剥夺有关。② 瓦伦等利用印度德里地方选举的情况，论证了性别配额制度如何影响代表性。研究发现，当性别与种族相关时，提拔女性政治家可能会减少传统弱势群体的描述代表性。③ 瑞典等国家的研究表明，尽管女性在议会中的代表率与男性相差不大（但女性仍从未担任过总理），但女性议员在议会辩论中的发言次数仍明显少于男性。④

因此，研究需要在记录描述代表性的同时兼顾实质代表性的研究结论，客观理解不同的时间节点、观察样本、实证模型，得出相反结论的原因，以及探究相悖结论背后的内在逻辑，对更深层次的代表分析提供思路，如此，才能充分回应"代表如何"这一议题。

第三节　中国人大制度研究

中国的人民代表大会与西方议会存在本质区别，在中国，共产党是执政党，各民主党派是参政党，但都肩负着人民的重托，代表人民的利

---

① O'Brien Z. Diana and Johanna Rickne, "Gender Quotas and Women's Political Leadership", *American Political Science Review*, Vol. 110, No. 1, February 2016, pp. 112–126.

② Sophie Schuit and Rogowski, Jon C., "Race, Representation, and the Voting Rights Act", *American Journal of Political Science*, Vol. 61, No. 3, July 2017, pp. 513–526.

③ Varun Karekurve-Ramachandra and Alexander Lee, "Do Gender Quotas Hurt Less Privileged Groups? Evidence from India" *American Journal of Political Science*, Vol. 64, No. 4, October 2020, pp. 757–772.

④ Hanna Bäck and Marc Debus, et al., "Who Takes the Parliamentary Floor? The Role of Gender in Speech-making in the Swedish Riksdag", *Political Research Quarterly*, Vol. 67, No. 3, 2014, pp. 504–518.

益和意志行使国家权力。在现代西方发达资本主义国家，民主政治以多党制为基础。西方国家的多党制或两党制反映在其议会特点上，就是无论是一院制还是两院制，都是各党派进行政治斗争的场所。

中国的人民代表大会制度，理论上源于巴黎公社经验。1871年的巴黎公社是法国无产阶级打碎资产阶级国家机器、建立无产阶级政权的尝试。巴黎的20个市区的无产阶级通过直接选举，产生了86名代表（其中大多数是工人或工人阶级的代表），组成公社委员会，行使公社全部权力。每一个地区的农村公社，通过设在中心城镇的代表会议来处理它们的共同事务；这些地区的各个代表会议又向设在巴黎的国民代表会议派出代表，并受到选民给予他的限权委托书（正式指令）的约束。巴黎公社的每一位代表都要对选民负责，且可以随时被罢免。马克思指出，在巴黎公社之前，普选权一直被滥用，或是被当作以议会方式批准神圣国家政权的工具，或是被当作统治阶级手中的玩物。由于资本主义国家对议会选举的选举权和被选举权设定财产资格，议员名义上是选出的，实际上是土地贵族和大资产阶级的代表，排斥工人阶级和农民。

马克思在对资产阶级议会批判的基础上，勾勒出新型无产阶级国家政权建设的理想。马克思强调了巴黎公社的工人阶级政府性质，以及选民控制代表会议的重要性，因而"它是可以使劳动在经济上获得解放的政治形式"[①]。此外，公社体制把农村的生产者置于他们所在地区的中心城市的精神指导之下，使他们在中心城市有工人作为其利益的天然代表。因此，公社完全是一个具有广泛代表性的政治形式，"它给共和国奠定了真正民主制度的基础"。尽管巴黎公社存在时间很短，但对后来社会主义国家的政权建设影响深远。1917年苏维埃俄国的建立，使马克思主义人民代表机关理论得到制度上的实践，并在理论和制度上进一步创新。

马克思主义人民代表机关理论是在资本主义民主基础上更为先进的理论。其独特性在于：一是强调广泛的代表性尤其是工人阶级的代表属

---

① 《马克思恩格斯全集》第17卷，人民出版社1963年版，第361页。

性；二是强调代表向选民负责并随时可以被罢免。这一理论最终指向人民主权，实现人民当家作主。中国的人民代表大会制度是马克思主义国家学说与中国具体实际相结合的产物，同时吸收借鉴苏维埃制度的一些有益做法，形成了具有中国特色的人民代表制度。可以说，中国民主模式的理论基础是马克思主义的代表制理论。

在代议制民主的政治实践之中，代表性是研究的重要议题。[①] 在当代中国，人民代表大会制度是实现代议制民主的集中体现。即便不同于西方的理论渊源和运行逻辑，有关代表性的基础问题"谁代表""代表谁"以及"代表如何"仍旧是中国政治实践中的重点议题。

一 谁代表？

中国的人民代表大会实行"一院制"，人民的一切权力都统一地、集中地通过人民代表大会来行使。在这种语境下，中国的人民代表大会制度不完全等同于西方的代议制度。在理论建构方面，人民代表大会制度的理论基础是马克思主义的国家政权建设学说，强调人民主权。一方面，人民作为主权者拥有一切权力，但人民并不直接使用国家权力，而是通过普选将权力委托给自己所选出来的代表，由他们组成各级人民代表大会统一行使；另一方面，人民又保持着对国家权力的最终控制权。必要时，人民有权直接或间接（通过人民代表大会）地撤换其"公仆"重新选择权力行使者。[②] 同时在各级人民代表大会选举过程中，各级人大常委会在选举之初发放专门的手册，明确提出代表各种构成比例等要求，并将其视为选举结果是否有效的重要指标。从这一层面上来看，中国人大所形成的代表模式又类似于样本代表。此外，更为重要的是，中

---

① Shotts, Kenneth W., "Does Racial Redistricting Cause Conservative Policy Outcomes? Policy Preferences of Southern Representatives in the 1980s and 1990s", *Journal of Politics*, Vol. 65, No. 1, February 2003, pp. 216 – 226. Reingold, Beth and Adrienne R. Smith, "Welfare Policymaking and Intersections of Race, Ethnicity, and Gender in U. S. State Legislatures", *American Journal of Political Science*, Vol. 56, No. 1, January 2012, pp. 131 – 147.

② 杨光斌、严冬华：《我国人民代表大会制度的民主理论基础》，《中国人民大学学报》2008年第6期。

国五级人大代表选举采取直接和间接相结合的方式,县级以上人民代表大会由下一级人民代表大会选举产生,类似一种选举团模式。因此,对于全国、省级和市级人民代表大会的代表而言,最基层的选民和人大代表之间存在一条较为复杂的链条,导致西方政治理论中解读的代表模式不适用于中国的人民代表大会代表。在有关人大的经典研究中,景跃进从一个比较的视野考察了中国的代表理论,指出中国人大制度之所以不同于西方议会制度,是在于中国共产党的政治代表理论及其制度形态的影响,在中国的政治体系下,共产党的代表理论所折射的"规律—使命式"代表要优越于"选举式"代表,谁来代表更多的是一种自上而下的决定过程。

如果我们推进理论层面的探讨,进一步直面的一个问题是,中国语境下的人大代表,在现实之中谁承担具体的角色?首先我们需要从代表结构的法定依据中寻求答案。2010年第五次修订的《选举法》废除了原有的"四分之一条款",规定:"按照每一代表所代表的城乡人口数相同的原则,以及保证各地区、各民族、各方面都有适当数量代表的要求进行分配",明确了城乡同比例原则和广泛代表性原则。2015年新修订的《选举法》第6条规定:"全国人民代表大会和地方各级人民代表大会的代表应当具有广泛的代表性,应当有适当数量的基层代表,特别是工人、农民和知识分子代表;应当有适当数量的妇女代表,并逐步提高妇女代表的比例。"更加明确了各种结构。但从以往代表选举的实践看,代表的结构中还不同程度地存在"三多三少"的现象:党政干部代表多、组织推荐多、党员代表多,工农代表少、选民提名少、非党员代表少;[①] 亦有研究者指出"三多三少"格局之下的"两多两少":经营管理者多,普通职工少;个体私营主多,弱势群体少。[②]

与此同时,一些学者对代表结构界定和代表结构适度效度进行了思考。在代表结构界定方面,李力,洪开开和王钢主张在社会结构变迁的

[①] 张天科:《试论人大代表结构中"三多三少"现象的成因及对策》,法治宣传网,2022年6月9日,http://chinalaw124.com/yuqingdiaocha/20220609/26059.html。

[②] 雷伟红:《改善人民与人大代表关系的法律思考》,《人大研究》2008年第5期。

当下，以阶层为标准界定代表结构；① 尹中卿则以行业为标准，将人大代表划分为农业从业人员、矿业和制造业从业人员、商业和服务业从业人员、国家机关工作人员、企事业单位管理人员、专业技术人员和自由职业者、解放军和武警、个体经营者和其他九大类。② 对于代表结构的适度分析，徐理响和黄鹏探析了基层人大代表结构与身份选择的合理性问题，强调需正确处理人大代表选举中代表性与民主性的关系。③ 孙莹以精英主义和多元主义代表模式作为分析起点，认为中国人大是多元主义代表模式，在社会结构变迁和社会分层加剧的环境下，人大代表结构既要吸纳新兴社会力量，也要兼顾传统的民众基础，达到社会各阶层在代表权上的平衡。④ 这些研究多来自人大机构的实际工作者或法学学者，具有很强的规范研究成分和对策导向，但是由于理论和模式构建力度不足，层次性弱，存在进一步完善的空间。

此外，部分学者还从实证的视角来透视人大代表的结构，这些研究主要选定特定样本，通过统计来观察各级人民代表大会组成人员的实际状况。比如，关于全国人大，刘智、史卫民等详细分析了第一届至第九届全国人大的代表规模、性别结构、民族结构、党派构成、身份构成。⑤ 刘乐明和何俊志分析了第十一届全国人大代表的具体构成。⑥ 在地方人大，何俊志通过对东部沿海 C 市四届人大代表资料的描述与比较，回应了代表结构的变化趋势。⑦ 由于资料的获取原因，这些研究大

---

① 李力：《关于优化代表结构的探讨》，《吉林人大》2002 年第 9 期；洪开开、王钢：《完善人大代表构成划分的若干思考》，《人大研究》2009 年第 10 期。

② 尹中卿：《坚持和完善人民代表大会制度》，《求是》2009 年第 9 期。

③ 徐理响、黄鹏：《人大代表结构与代表身份选择合理性问题探析》，《中南大学学报》（社会科学版）2016 年第 1 期。

④ 孙莹：《论我国人大代表结构比例的调整优化——以精英主义和多元主义代表模式为分析框架》，《中山大学学报》（社会科学版）2013 年第 4 期。

⑤ 刘智、史卫民等：《数据选举》，中国社会科学出版社 2001 年版。

⑥ 刘乐明、何俊志：《谁代表与代表谁？十一届全国人大代表的构成分析》，《中国治理评论》2013 年第 2 期。

⑦ 何俊志：《中国地方人大代表构成的变化趋势——对东部沿海 Y 市的考察》，《南京社会科学》2015 年第 2 期。

多集中在全国人大,对地方人大的研究仍限定在一定区域和一定范围内,未能对地方人大代表结构进行纵向的深入探讨。

二 代表谁?

"代表谁"是代表当选之后不可回避的难题,亦是代议制理论研究的经典问题。这一问题的核心命题是议员对待选民的"遵命还是独立"之争。而在"遵命还是独立"之争背后又蕴含着两方面的问题:一是议员所代表的目标范围的"整体与局部"之争,即议员在行使代议职能时应该代表政体利益还是局部利益?二是议员行为判断依据的"自主与依赖"之争,即议员在进行投票、提交议案等活动中的行为是基于议员自身的自主性判断还是依赖选民的意愿和利益?① 此外,西方议会研究中,还有观点认为,议员应当代表所在政党的利益。如安德森·萨拉研究了选民、党派领导人和议员自身经验在决策时对议员的影响,发现党派领导人对议员偏好的影响权重最大。②

"代表谁"也是中国人大研究所关注的重点问题。从中国法律规定来看,《选举法》(2015年)第48条规定,全国和地方各级人民代表大会的代表是受选民和原选举单位的监督。选民或者原选举单位都有权罢免自己选出的代表。这一规定隐含着人大代表应该代表选民或选举单位的意志;1992年《代表法》规定,各级代表都要代表人民的政体利益和统一意志,隐含"代表整体意义上的人民"。③ 这一法律规定的自相矛盾使学界观点难以统一。杜西川以宪法为依据,认为人大代表是全国人民根本利益和意志的集中代表者,而不是特定选区或选民的受托人。④ 反之,蔡定剑认为,中国人大代表的性质符合强制委托理论,代

---

① 刘乐明:《全国人大代表模式研究——基于十一届全国人大提案数据分析》,第三届人大建设与公民参与学术研讨会论文集,2017年。
② Anderson E. Sarah et al., "Legislative Institutions as a Source of Party Leaders' Influence", *Legislative Studies Quarterly*, Vol. 41, No. 3, August 2016, pp. 605 – 631.
③ 阚珂:《人大代表应当代表谁的利益?》,《法治日报》2014年10月21日第3版。
④ 杜西川:《人大代表应代表谁的利益——行使权力的身份问题研究》,《法学杂志》1989年第1期。

表应该是特定选区或选民利益的代表,而不是空洞抽象的全体公民的代理人。① 梅勒妮·墨宁在新近研究中也发现地方人大代表在意识和实际行为上都开始回应选民,在意识上赞同应该与选民保持一致,在实际行为中积极谋求选区利益,具有显著的"地域代表性"。② 还有学者持综合观点,邱家军通过对人大代表与选民关系的实证观察,发现人大代表是一个集政党代理人、国家代理人、法律代理人、政策制定者与民意代理人于一体的"多重代理角色"。③ 这些研究多数停留在规范层面的探讨,未能得出一致结论。

三 代表如何?

代表如何,即代表职权行使情况和义务履行情况是政治实践中代议制度良性运行的基础。相关研究在政治学和管理学领域占据了大量篇幅。目前,对于中国人大代表的履职研究主要集中在以下两个方面。首先,人大代表的履职程度。随着国家治理体系和治理能力现代化的不断推进,学界对于人大代表角色的认知也在不断变化,20世纪80年代以前,人民代表大会被当作高级干部的"退休站",全国人大代表被分为荣誉代表与党政高级官员两种类型,他们参政议政的能力、时间、精力都较为匮乏。自80年代以来,对人大代表认知长期定位于其授权来自国家,虽然不断反映公众意见,但更多地扮演了国家代理人的角色。20世纪90年代,欧博文通过实地采访和调查,发现地方人大代表扮演了三种角色,即消极行动者、国家代理人和谏言者,在他看来,消极行动者往往视代表为荣誉称号但并不切实履行应有的职责。扮演国家代理人这一角色的人大代表则将"下达"作为主要职责,向下传递和宣传上级的决定和精神,向民众解释政府的政策;而谏言者更关注选民以及不同社会群体和行业的经济利益和政治诉求,但其仍然承担着国家代理人

---

① 蔡定剑:《中国人大制度》,社会科学文献出版社1992年版。
② Melanie Manion, "Authoritarian Parochialism: Local Congressional Representation in China", *The China Quarterly*, No. 218, June 2014, pp. 311–338.
③ 邱家军:《代表谁?——选民与代表》,复旦大学出版社2010年版。

的角色,集两种角色于一身。① 欧博文的观点得到一部分人的认同,后续有人相继提出类似的观点,认为人大代表按照所扮演的角色和代表行为分为三类,分别是"举手型代表""支持型代表——国家代理人和基层政府代理人""利益型代表——群众利益的代表、公益性代表和行业利益型代表"。② 随着各级人大工作机构的功能职权不断地拓展和演变,人大代表履职积极性的提高,越来越多的研究者发现人大代表的角色开始从国家代理人转向民意代表。赵英男指出,市场化改革背景下中国人大代表的代表性开始萌芽,在履职中扮演监督、反映和政策提供者的角色。③ 此外,黄冬娅等指出人大代表存在角色认知的重叠,其可能在扮演国家代理人的同时,也扮演着民众的代言人,但当政府政策与民众利益存在冲突时,人大代表往往是以民众利益为首要考虑,但大多数代表不会挑战政府权威。④ 显然,这些研究更多来自国外学者的观察和思考,中国本土学者对于人大的理论解读和对话仍存在较大空间。

其次,人大代表履职的动机。在西方民主体制中,选举约束使得议员迎合大部分选民的偏好和意愿,积极投身选区活动。⑤ 在中国,人大代表的选举除县乡两级采用直接选举之外,县以上各级人大都采取间接选举的方式,选举的竞争性受到一些争议,甚至有国外学者将人大代表的选举看作自上而下的政治吸纳过程,而非自下而上政治参

---

① O'Brien J. Kevin, "Agents and Remonstrators: Role Accumulation Theory by Chinese People's Congress Deputies", *The China Quarterly*, No. 138, June 1994, pp. 359 – 380.

② 刘倩:《当代中国地方人大代表的角色扮演与代表行为研究》,硕士学位论文,陕西师范大学,2015年。

③ Zhao Yingnan, "Public Supervisors and Reflectors: Role Fulfillment of the Chinese People's Congress Deputies in the Market Socialist Era", *Development and Society*, Vol. 32, No. 2, 2003, pp. 197 – 227.

④ Huang Dongya and He Qualin, "Stricking a Balance between Contradictory Roles, the Distinctive Sense of Congressional Repression in China", *Modern China*, Vol. 44, No. 1, 2018, pp. 103 – 134.

⑤ William T. Bianco and John D. Wilkerson, "The Electoral Connection in the Early Congress: The Case of the Compensation Act of 1816", *American Journal of Political Science*, Vol. 40, No. 1, February 1996, pp. 145 – 171.

与的过程。① 值得注意的是，选举激励在中国人大代表履职中也存在着推动效果，黄冬娅和陈川慜利用2013—2014年全国县级人大代表抽样调查数据，分析地方人大代表履职积极性及其影响因素，发现选举激励对县级人大代表履职积极性有重要影响，然而他们发现选举激励的作用机制与西方存在显著差异，县级人大代表并非为了谋求连任而积极履职，相反更可能是为选举阶段所形成的公民授权的认知和道义责任感所激励，连任意愿强烈的人大代表可能为了追求连任而避免政治风险。② 同时，部分学者主张素质论，认为人大代表的性别、年龄、学历、党派和职业等个体属性对代表的履职产生重要影响。③ 还有学者指出，专职与否是重要因素。龙太江和龚宏龄指出，兼职代表制下人大代表公职身份所代表的公共利益与其个人利益身份之间的冲突不可避免，兼职代表可能会利用人大代表身份谋取私利，只有在专职代表制下，人大代表才会对其代表身份产生强烈的角色认同感，从而保证代表身份的实质化。④

综上，已有研究从理论和实证的维度对中国的人大代表的代表性进行了一定的探索，提出了重要的洞见。但上述研究显然仍存在一些不足，对于描述代表性的探讨缺乏历史纵向比较，尤其是对于地方人大的关注较少，也未对人大代表实际行动中的履职绩效进行系统考察，尤其缺乏经验层面的研究，并不足以解释人大代表描述代表性与实质代表性之间的关联。现有文献的不足，也就成了本书进一步扩展的空间。笔者认为，在现阶段人大研究处于边缘地位的情况下，对地方人大代表结构组成及其履职绩效的考察，具有十分重要的意义，它将对我们回答谁代表、代表谁和代表如何的问题，提供一份切实的实证数据，有助于我们

---

① Dickson, Bruce J., "Cooptation and Corporatism in China: The Logic of Party Adaptation", *Political Science Quarterly*, Vol. 115, No. 4, Win 2000, pp. 517 – 540.
② 黄冬娅、陈川慜:《县级人大代表履职:谁更积极?》,《社会学研究》2015年第4期。
③ 陈斌:《县级人大代表身份属性与履职状况研究》,《人大研究》2015年第3期。
④ 龙太江、龚宏龄:《论人大代表的利益冲突》,《同济大学学报》(社会科学版) 2004年第6期。

了解中国政治舞台上人民代表大会这一重要行动者。

第四节　文献总结与研究切入

人民代表大会制度是中国的根本政治制度，是中国人民经过长期探索所做出的郑重选择，是符合中国国情和实际情况的政权组织形式。中国的人民代表大会制度本质上是一种代议制民主制度，与西方代议制相似，以人民主权理论、代表性理论和委托—代理理论为理论基础。但基于中国的社会主义国家制度，人民代表大会制度还源自马克思主义代表制理论和巴黎公社实践经验。这也构成了中国人大实践的特殊性。

人民代表大会制度相较于西方代议制度的发展较晚，相关研究也比较少，对于人大代表的理论解读和建构更多来自国外学者。由于制度环境和思维模式的局限，国外学者所提出的理论并不能完全适应中国人大制度以及人大代表。因此，解读中国地方人大代表的问题，不能单单从西方的理论框架生搬硬套。履职问题需要从符合中国人大代表特质的视角出发，进一步总结中国地方人大代表履职的特点，从实际出发提出符合中国具体国情的理论解释。

当前，关于地方人大代表履职研究还有如下问题未得到全面深入的探讨：其一，地方人大代表结构是否合理？地方人大代表的结构是否影响着人大代表履职？其二，作为地方人大代表，他们和国家，和所来自的选区和具体所代表的行业、党派之间有着什么样的联系？他们背后行动的机理是什么？其三，性别因素是否影响人大代表的履职？其四，通过探讨地方人大代表结构及其与履职之间的关系，对中国地方人大结构调整、人大制度的完善有何重要启示？现有文献的不足，为本书提供了进一步研究的空间。

第三章
地方人大代表结构组成的历史变迁

人大代表的静态组成结构是人大研究的一个基本问题。本章以湖北省C市第一届至第十三届（1954—2012年）人大代表的个体资料为基础，详细分析了地方人大代表的年龄结构、性别结构、民族结构、党派结构、学历结构和职业结构的历史演变。同时在此基础上，利用C市1998—2006年第十届、第十一届人大9次会议人大代表履职的相关数据，进一步探讨人大代表结构和履职绩效的关联，审视和回应人大代表结构的适度问题。

研究发现，自人民代表大会制度在全国范围内建立以来，中国地方人大代表静态组成结构并非一成不变。经济社会的发展相应带动了地方人大代表的结构变迁，主要呈现以下四个特征：青年代表和老年代表退出下的中年化态势；工农代表消失下的精英化趋势；高级干部增加下的领导化现象；企业代表新兴下的经济化模式。与此同时，本书利用泊松回归检验人大代表结构和履职绩效关联，发现人大代表结构和履职绩效之间存在显著关系：受教育程度更高的人大代表、女性人大代表、中年人大代表履职更为积极；就职业结构来看，在人大构成中占据绝大比例的党政领导干部代表和企业代表履职较为消极，占据较小比例的知识分子代表和基层代表履职较为积极。这一发现既有助于我们回应人大构成的稳定论与变化论，也能为人大代表结构优化与调整提供一份翔实的参考数据。

第一节 引言

人民代表大会制度是中国民主政治的基石，是中国人民实现当家作主，参政议政的制度安排。党的十九大报告指出，人民代表大会制度是坚持党的领导、人民当家作主、依法治国有机统一的根本政治制度安排，必须长期坚持、不断完善。要支持和保证人民通过人民代表大会行使国家权力。如何坚持和完善人民代表大会制度，用制度保证人民当家作主，使中国人民代表大会制度能够更好地体现人民意志，保障人民权益，是当今人大研究中的重要议题。

人大代表在静态上的组成结构，即人大代表由谁当选，一直是学术界和实务界关注的焦点。从理论渊源上看，中国的人民代表大会这一政权组织形式，是在马克思主义国家学说和代表理论的指导下，结合中国实际建立的。马克思主义强调代表对选民负责，提出脱离被代表人的意识的代表机关，就不能成为其代表机关。这一理论基础符合多元主义代表模式，要求代表结构"镜像"反映社会结构。① 从制度安排上看，《选举法》第6条规定："全国人民代表大会和地方各级人民代表大会的代表应当具有广泛的代表性，应当有适当数量的基层代表，特别是工人、农民和知识分子代表；应当有适当数量的妇女代表，并逐步提高妇女代表的比例。"②

与此同时，各级人大常委会在换届选举工作手册中也不断强调代表构成的代表性和广泛性，确保各方面都有适当比例的代表，保证民众诉

---

① 孙莹：《论我国人大代表结构比例的调整优化——以精英主义和多元主义代表模式为分析框架》，《中山大学学报》（社会科学版）2013年第4期。
② 《中华人民共和国全国人民代表大会和地方各级人民代表大会选举法》，中华人民共和国中央人民政府，2015年8月30日，https://www.gov.cn/xinwen/2015 - 08/30/content_2922115.htm。

求的有效传达。然而，从运作实践上看，人大选举在很大程度上被视为一种落实既定比例结构的过程。随着经济发展，社会更迭变化，多元利益出现，选举产生的代表结构是否适应这些变化，人大代表能否实现参政议政的履职目的，一直为各界所争论。那么，在时间序列上，人大代表的结构组成如何变化？人大制度的运作实践是否偏离最初的理论设置？目前研究尚未充分回答，实证数据更是缺乏。故而，回归结构本身方可回答人大代表结构组成为何以及如何变化的问题争论。此外，除了政治输入的公平性考量之外，人大代表结构受到关注的另一缘由在于政治输出的效率考量：一些研究者将人大代表的职业、年龄和受教育程度作为人大代表结构的衡量标准，并且假设这些属性与人大代表履职绩效之间存在着联系，在换届选举之初对人大代表结构提出明确要求以期优化代表履职。这一运作实践留给我们一个问题：人大代表的结构和履职之间是否存在内在关联？

作为党和国家联系人民群众的桥梁，人大代表的结构变迁是否顺应了社会经济发展的新要求？现有制度安排和前期讨论提出了稳定论和变化论两种不同的观点。在本章中，笔者试图以湖北省 C 市人大为例，对人大代表结构组成的历史变迁与履职绩效进行综合分析，具体回答以下问题：人大代表的结构组成如何变化？人大制度的运作实践是否偏离人大理论的最初设置？人大代表结构是否影响履职绩效？

首先，现有文献对人大代表的结构研究多集中于理论探讨和简略描述，重点关注与追踪了全国人大的代表结构变迁，对地方人大代表结构组成研究涉足较少，长时间跨度内的纵向比较分析尚未见报道；其次，代表当选后履职绩效如何？目前文献对于人大代表履职的实证研究尚不充分。因此，本章拟从实证的视角检验地方人大代表结构组成的历史变迁与履职绩效。研究主要包括以下两个目标。

一是考察中国地方人大代表结构组成的历史变迁。笔者预期以中华人民共和国成立以来湖北省 C 市人大第一至第十三届人大代表的个体资料为基础，探究地方人大代表构成的历史变迁，以此透视中国社会、政治的发展。二是考察人大代表结构和履职状况之间的关联。限于资料的可得性，笔者拟在 C 市人大第十届和第十一届代表议案建议等履职信息的基础上，审视和检验代表结构和履职状况之间的内在关联，从实证的角度探究代表的实际行动。

研究将使用自建数据库来回溯地方人大代表结构组成的历史变迁。就静态层面而言，中国的人民代表大会制度的本质和内涵决定了代表结构要反映社会不同群体和多元化利益。然而，中华人民共和国成立以来特别是改革开放之后，中国的社会结构不断演变，利益诉求日益分化，人大作为连接国家与社会主要的利益表达机制，人大代表结构是否能反映当今的社会结构和利益格局，在长期的政治实践中又是如何变化？作为折射中国政治发展的缩影，这些不仅是学术界关注的问题，也是中国民众想要了解的问题。比较遗憾的是，相比于西方政治中对于议员实际履职工作的研究，中国人大代表的履职受到的关注一直较为有限，且目前关注人大研究特别是人大代表结构研究的多为人大工作者和宪法学者，政治学和行政学著述较少，尤其是系统性的实证研究。本书期望进一步深入比较分析人大代表结构组成，以此透视人大运行的逻辑。此外，人民代表大会制度中的代表结构和代表履职之间是否存在经验联系，这是我们关注的另一个理论问题。笔者拟从实证视角，选取样本，探究已有理论和文献中提出的代表结构组成和履职绩效的关系，以期进一步丰富现有研究。

中国从中央到地方，几乎所有的人大常委会都对人大代表的结构进行了正式或隐性的规定，对人大代表的数量及分布有着精心的设计。人大代表结构划分呈何种趋势，描述代表性是否广泛，谁能够进入这一政治领域？这就需要我们结合地方人大的实践来评估。本书正是对人大代表的描述代表性及其与履职的关联进行探讨，如果调查数据能够回答这些问题，将对中国地方人大制度的改革和完善提供一定的依据。也是本书重要的应用价值。

本章的研究内容是中国地方人大代表的静态组成结构和履职绩效，

以及两者之间的关系，笔者拟通过收集数据、分析数据，并配合访谈来展开研究。在课题实证部分，笔者选取了湖北省 C 市这一市级人大，考察该地方人大自建立以来在描述代表性上的变迁，以及静态代表结构和履职绩效的关联。具体研究内容主要包括以下几个方面：（1）地方人大代表的静态结构，包括地方人大代表的性别、年龄、党派、民族、受教育程度、职业等；（2）地方人大代表结构组成的历史变迁，中华人民共和国成立以来湖北省 C 市第一届至第十三届人大代表结构组成的纵向比较，变化趋势；（3）地方人大代表的履职工作，通过分析 C 市地方人大代表在第十届和第十一届人大的实际工作检验履职绩效；（4）分析和讨论地方人大代表结构与履职绩效的关联。

基于此，笔者拟收集该市人大第一至第十三届人大代表的个体属性资料，具体包括代表的姓名、性别、年龄、党派、职业、受教育程度和连任情况等；同时，收集该市人大代表日常履职的相关数据，主要包括代表提交给人代会的议案、建议等。在收集相关数据的基础上，笔者将对代表结构进行描述性统计分析，并且用 Stata 软件对得到的人大代表结构资料，及人大代表履职信息等相关数据进行回归分析，以解答研究问题。具体来讲，为了探究人大代表结构组成和履职绩效关联，本书将采用泊松回归模型。模型的因变量是人大代表的履职绩效，具体测度为人大代表在任期中提出的议案建议数量，所关注的主要自变量为人大代表结构，控制变量包括履职经验、退休情况等。

为了进一步加深对代表结构和代表工作的内在理解，笔者将访谈部分人大代表。访问内容将围绕人大代表的角色认知及履职职责展开，主要包括：（1）当选人大代表的途径；（2）认为自己代表谁的利益；（3）人大代表的工作内容和履职动机；（4）自己和选民的联系情况；（5）人大代表的提案产生过程；（6）如何看待人大代表结构等。访谈通过一对一进行，出于对访谈者隐私的保护，没有对回答进行录音。在征得访谈者同意后在现场进行手写记录，每场访谈结束后立即整理访谈

资料。①（见图3-1）

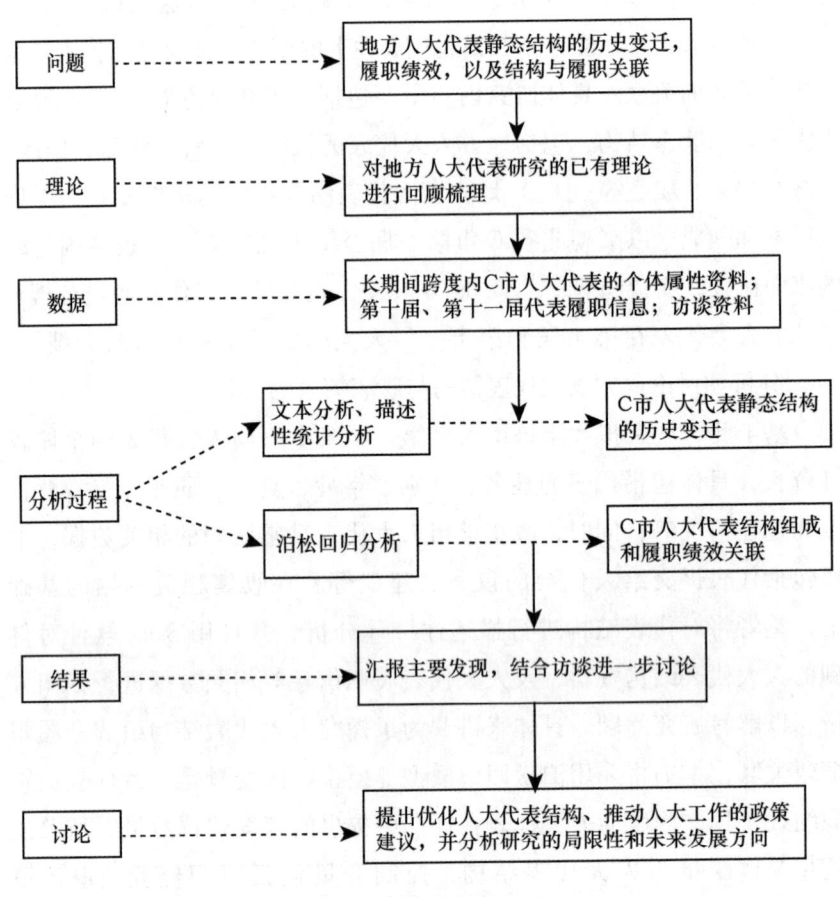

```
问题 ----→ 地方人大代表静态结构的历史变迁，
              履职绩效，以及结构与履职关联
                    ↓
理论 ----→ 对地方人大代表研究的已有理论
              进行回顾梳理
                    ↓
数据 ----→ 长期间跨度内C市人大代表的个体属性资料；
              第十届、第十一届代表履职信息；访谈资料
                    ↓
          ┌→ 文本分析、描述  ----→ C市人大代表静态结构
          │   性统计分析              的历史变迁
分析过程 ──┤
          └→ 泊松回归分析   ----→ C市人大代表结构组成
                                    和履职绩效关联
                    ↓
结果 ----→ 汇报主要发现，结合访谈进一步讨论
                    ↓
讨论 ----→ 提出优化人大代表结构、推动人大工作的政策
              建议，并分析研究的局限性和未来发展方向
```

图3-1 本章研究思路

本书的研究工作存在以下三个难点。一是如何完整准确地获取长时间段内人大代表的个体信息。以往对于人大代表结构的研究一般限定在一定时期内，未进行长时间跨度的纵向比较，原因在于资料的获取途径十分有限，历史数据难以获得。笔者想要观察人大代表结构组成的历史

---

① 诚然，访谈的群体不够平衡，但笔者已尽自身最大的努力和诚意联系代表发起访谈。接受访谈的代表积极阐述了他们的经历。

变迁也面临着这一挑战。本书试图从以下三方面来解决这一问题：第一，前往市档案馆和图书馆查找资料，笔者拟前往湖北省 C 市档案馆和图书馆查阅人大常委会在人大代表信息公开方面的资料，目前第一届至第三届人大代表的部分资料在档案馆处于公开查阅范围；第二，从地方人大常委会获取资料，笔者所在的课题组近年来长期跟踪地方人大研究，在前期过程中已经积累了一定的数据信息；第三，通过报纸资料和其他途径核实信息，由于研究资料最早可追溯至 1954 年，时间久远，当时资料多为人工记录，存在部分错误，笔者拟通过报纸信息和其他档案信息进一步对资料进行核实。

二是如何对人大代表结构进行合理划分。传统的人大代表身份构成划分主要依据户籍制度、档案制度、政治身份等身份制标识，将代表分为解放军、武警、工人、农民、知识分子和华侨等类型。这一划分标准自中华人民共和国第一届全国人民代表大会代表产生时就已使用，较为客观地反映了中华人民共和国成立初期至改革开放初期的社会现状和阶层关系。但随着改革开放的不断深入，这种传统的划分方法已经不能反映中国新的社会形态。部分学者和人大工作者从不同的角度对如何进行人大代表构成划分提出了一些方案，从全国范围来看，很难有一个普遍使用的人大代表构成划分方法。同时，当前人大代表身份的多重性也为人大代表结构划分提出了一定的挑战，如一位村委会主任，同时兼任村庄集体企业的管理者，是应该将其划分为农民代表，还是企业管理人员，抑或基层干部？在本书的研究中，笔者将从地方实际情况出发，在坚持划分原则和方法的同时，对人大代表结构做适当划分。

三是如何完整准确地测量人大代表的履职情况。人大代表的履职情况是研究观察的重要变量，如何准确完整地定义和测量这一自变量是笔者所面临的挑战。在人大工作中，人大代表的具体工作主要有以下三个方面：第一，与会履职，包括提出议案和建议，审议各项工作报告，选举、监督和罢免国家工作人员等；第二，参加人大代表小组，从事调研活动；第三，接待人民群众来信来访。由于中国实行的就是兼职代表制,人大代表平时服务于自己的本职岗位,与会履职就成了人大代表行使权力的主要形式,后两种履职行使也基本上是为第一种服务的。因此,笔者拟选取地方人大代表在每年人民代表大会开会期间提出的议案和闭会期间提出的建议作为人大代表履职的重要测量指标。

在地方人大代表的静态组成结构及其与履职关联的探讨中,本书拟采用定量与定性相结合的方法对其进行深入分析。就定量分析而言,本章以湖北省C市为例,利用泊松回归考察地方人大代表履职的实质代表性;就定性分析而言,本章采用访谈方法对研究进行扩展和补充。如何完整准确地获取长期内地方人大代表的个体信息一直是人大代表工作研究中的难点之一,笔者拟从档案馆,图书馆,人大常委会,以及地方报纸等多种渠道查找资料,由于研究资料最早可追溯至1949年,时间久远,且当时资料多为人工记录,笔者手工摘抄了本书所需的相关资料。

第二节 文献综述

人民代表大会制度是中国政治体系实现政治吸纳的重要途径之一,为了保证人大代表的广泛性和代表性,中国的选举法中关于基层代表、工人、农民、妇女以及城乡同比等内容的规定,以及改革开放以来对私营企业主的吸纳,都体现了中国自上而下平等包容的国家意志以及人民代表大会制度的政治吸纳功能,这一功能的实现主要通过将社会中各行各业的代表吸纳进国家治理体系并加以整合,一方面赋予政治体系以合法性,另一方面有助于实现社会价值的权威性分配,从而维护国家长治久安。人大系统的政治吸纳实际上是通过规定人大代表结构来保证描述代表性的方式,促进人大代表实质代表性的发挥,简单来说,即通过吸纳各个领域的佼佼者,促使其代表所在社会利益群体,这一多元的吸纳过程实质可以作为协同治理的途径之一。

第三章 地方人大代表结构组成的历史变迁

人大代表组成结构安排来源于共产党的实践。中国共产党人对创建新型国家政权进行了长期的探索。抗日战争时期，为适应建立抗日民族统一战线的需要，共产党提出按"三三制"的原则建立"边区参议会制度"。① 这一时期的"边区参议会制度"，是在党的统一领导下，以党的"一元领导"和"民主集中制"为基本特征。

一 人大代表的结构特点

任何一种代议体制都必须解决这样一个问题：如何平衡政治输入的代表性和包容性与政治产出的专业性和权威性之间的内在矛盾？② 目前，有诸多学者关注到了中国人大代表的结构问题。全国人大代表名额的分配遵循"人口比例"原则和"广泛代表性"原则。前者主要按照人口数量分配名额，即"人口名额"，人口因素是世界绝大多数代议制度的主要依据，是选举权平等的直接体现。考虑到民族代表性、区域代表性、军队、归国华侨、港澳台地区等特殊情况，就有了"广泛代表性"原则。③

静态来看，在相当长的一段时间内，中国的各级人大都存在"三多三少"的代表结构。21 世纪初期，"党员代表多，非党员代表少；男性代表多，女性代表少；党政领导干部代表多，群众代表少"几乎是一种普遍的现象。④ 随着社会的发展，出现了其他"三多三少"的现象。例如"党员代表多，非党员代表少；党政领导干部代表多，工农代表少；党政领导干部代表多，一般干部代表少"。⑤ 也有研究者认为，

---

① 崔英楠：《代表理论与代表组成结构问题分析》，《法学杂志》2012 年第 9 期。
② 何俊志、刘乐明：《全国人大代表的个体属性与履职状况关系研究》，《复旦学报》（社会科学版）2013 年第 2 期。
③ 鹿晓天、高民政：《军队全国人大代表人数比例与结构的变化特点》，《人大研究》2020 年第 7 期。
④ 何俊志：《制度等待利益：中国县级人大制度模式研究》，重庆出版社 2005 年版，第 134—138 页。
⑤ 孙少衡：《论人大代表结构中"三多三少"现象的成因及对策》，《人大研究》2001 年第 10 期。

中国的各级人大代表在原来的"三多三少"的格局之下，又出现了"两多两少"：经营管理者代表多，普通职工代表少；个体私营主代表多，弱势群体代表少。①一些相对较新的研究直接将这种"三多三少"概括为：干部代表多，企业家代表多，党员代表多；一线工人、农民代表少，妇女代表少，青年代表少。②目前多种对"三多三少"的概括，实际上反映出当前中国各级人民代表大会中的六种比例结构，即党员与非党员代表、领导代表与基层代表、企业家代表与劳动者代表、受教育程度高的代表与受教育程度低的代表、年龄较大的代表和年龄较小的代表，以及男性代表和女性代表。③与"三多三少"相对应的，则是各级人民代表大会的行为模式也表现出了"三多三少"的现象。一些研究人员的发现是：领导代表参加活动多，基层代表参加活动少；被动参加活动多，主动参加活动少；提出建议的多，跟踪落实的少。在人民代表大会开会期间，也有研究人员发现：领导代表发言多，基层代表发言少；肯定成绩多，批评建议少；讲本地工作情况多，站在全局发言情况少。④

从动态而言，中国地方人大代表的结构呈现总体稳定、局部变动的状态。何俊志通过对Y市四届人大代表的构成进行简要描述和比较，发现在经济发展、社会多元的大背景下，中国地方人大代表的主要结构仍然能够维持相对稳定，而在党政领导干部和企业家代表中高级管理者的比例呈上升趋势，普通员工的比例则明显下降。⑤

二 人大代表结构考量下引发的问题

在实践中，人大代表结构比例的考量也带来了一些问题。崔英楠指

---

① 雷伟红：《改善人民与人大代表关系的法律思考》，《江西行政学院学报》2008年第1期。
② 郭杰妮：《人大代表的结构分析》，《法制与社会》2010年第23期。
③ 何俊志、王维国：《代表结构与履职绩效——对北京市13个区县的乡镇人大之模糊集分析》，《南京社会科学》2012年第1期。
④ 张立军：《人代会不发简报好》，《人大研究》2004年第3期。
⑤ 何俊志：《中国地方人大代表构成的变化趋势——对东部沿海Y市的考察》，《南京社会科学》2015年第2期。

出，在实际操作中，人大代表组成结构比例的规定与人大代表素质的要求往往难以兼顾。同时，围绕人大代表结构比例的落实，还会造成上下层级之间的矛盾，还极易引起选民的误解以及逆向思维。① 徐理响等也发现，在某些地区，特别是基层人大代表选举中，出于人大代表结构比例的考量，部分人大代表多重身份导致出现身份选择不合理，甚或"失真"现象，掩盖了人大代表结构失衡问题。代表身份选择不合理，既伤害了人大代表选举的民主性，也损害了本应有的广泛代表性，不利于人大代表结构的优化和人大制度的完善。为杜绝人大代表身份选择不合理，甚至"失真"的问题，需要正确处理人大代表选举中代表性与民主性的关系，正确认识选举人大代表与遴选精英、英雄模范、标兵的区别，培育和提升选民参加人大代表选举的积极性，尊重选民和代表联名推荐代表候选人的权利，规范候选人确定环节，完善当选代表信息统计和公开制度。②

三　人大代表结构与履职

人大代表构成与履职绩效之间是否存在联系？针对这一问题的回答是存在一定分歧的。部分观察者认为，人大代表构成与履职绩效之间确实存在着某种联系。一些在人大工作的观察者就认为，太多的党政领导干部代表的多重身份直接影响到了人大监督权的行使。③ 而杨云彪通过统计深圳市福田区人大 2006 年第四次全体会议代表提出议案的情况，发现在提出议案的数量方面，以"戴帽下达"的方式产生的领导代表，提出议案的积极性最低；而基层代表和当选过程比较困难的代表，履职积极性相对较高。④ 何俊志等对北京市 13 个区县所辖乡镇人大代表的构成比

---

① 崔英楠：《代表理论与代表组成结构问题分析》，《法学杂志》2012 年第 9 期。
② 徐理响、黄鹂：《人大代表结构与代表身份选择合理性问题探析》，《中南大学学报》（社会科学版）2016 年第 1 期。
③ 孙少衡：《论人大代表结构中"三多三少"现象的成因及对策》，《人大研究》2001 年第 10 期。
④ 杨云彪：《从议案建议透视人大代表的结构比例》，《人大研究》2006 年第 11 期。

例与履职状况的研究则发现,受教育程度、男女比例和企业家代表的多少并不构成人大代表履职绩效高低的必要条件。但是,在那些有较多年龄较大的代表、党政领导干部代表和党员代表的乡镇人大,反而在闭会期间提出书面意见和评议活动开展方面有着更好的履职表现。因此,在兼职代表和目前的人大代表结构下,代表的构成只能解释代表在闭会期间的履职绩效,而不能解释人民代表大会开会期间的履职绩效。[1] 进一步研究发现,第十一届全国人大代表履职的五年任期内,在平均意义上,女性代表提出的议案数量要多于男性代表;年龄偏大的代表提出的议案数量要多于年轻代表;高学历代表在整体上提出的议案数量要多于低学历代表;非中共党员的代表提出的议案数量要多于中共党员的代表;非官员代表提出的议案数要多于官员代表;在非官员代表中,企事业单位的管理人员、民间组织的管理者和专业职称技术人员是提出议案较多的三大群体。[2]

也有部分研究者对此持怀疑观点,认为人大代表结构的变化与代表的履职绩效之间并不存在关联。在规范层面上,对人大代表结构的考虑是传统身份代表观思维的延续。对人大代表的广泛性和代表性的强调,反而掩盖了人大代表是否能够准确表达民意的需求。[3] 在经验层面上,中国的人大代表结构在近年来的变化也并不是出于履职绩效的考虑,而是执政党回应社会结构的多元化,是在现有体制下向新兴阶层开放代议机会的表现。[4]

四 文献评述

针对人大代表的结构特征,许多学者已做了一定的研究。他们根据部分截面数据进行了说法各异的总结,最初"三多三少"的代表结构

---

[1] 何俊志、王维国:《代表结构与履职绩效:对北京市13个区县的乡镇人大之模糊集分析》,《南京社会科学》2012年第1期。

[2] 何俊志、刘乐明:《全国人大代表的个体属性与履职状况关系研究》,《复旦学报》(社会科学版)2013年第2期。

[3] 钟丽娟:《完善人大制度不应过于强调代表结构》,《学习时报》2010年6月20日。

[4] O'Brien J. Kevin and Li Lianjiang, "Chinese Political Reform and the Question of 'Deputy Quality'", *China Information*, Vol. 8, No. 8, 1993, pp. 20 – 31.

特征已经随着时代的发展出现了部分变化。人大代表结构是中国人大制度的特殊考量，作为一种设计，它是否会影响到人大代表的履职，对该问题的回答尚未统一。部分观察者认为，人大代表构成与履职绩效之间确实存在着某种联系，而部分研究者却不以为然。人大代表结构发生了怎样的变化？人大代表结构与代表履职是否存在关联？存在着何种关联？关联强度如何？针对上述问题，本章将进一步对地方人大代表的结构及履职进行实证研究。

第三节 案例来源与数据概述

当今，学界对地方人大的关注较少，现有研究者多为来自人大机构的实务工作者，究其原因在于相关研究资料的零散性和非公开性。在本章中，笔者试图从一个观察者的角度，刻画地方人大的行动者——地方人大代表，力求推进大家对人大的了解和认识。中国人民代表大会层级设置复杂，选择多个案例进行分析难免出现混杂问题，同时超出笔者的能力范围。因此，笔者选择湖北省C市作为样本进行考察。

一 案例来源

本书使用的所有数据为笔者自建数据库，具体包括C市第一届、第二届、第三届、第六届、第十届、第十一届、第十二届、第十三届人大代表的个体资料（姓名、性别、年龄、党派、职业），以及第十届、第十一届人大九次会议期间代表的议案和建议汇编。本节将对数据进行简要介绍。

中华人民共和国成立初期，由于特殊的历史背景，解放战争还没有完全结束，无法进行全国范围内的普选，不具备马上召开人民代表大会的条件，因此只能在国家层面上召开政治协商会议，在地方层面上召开人民代表会议，代行人民代表大会职权，作为向人民代表大会制度的过渡。1953年，中央认为普选条件已经成熟，可以在全国建立实施人大制度,同年3月,颁布《全国人民代表大会与地方各级人民代表大会选举法》,同时下发选举指示,要求开展人大选举。C市人大正是在这一背景下开始组建的。根据《选举法》的规定和上级人大常委会指示,C市下属的区、县获得代表名额分配,直接选举产生区县人大代表,再由各区县的人民代表大会投票产生C市人大代表。具体而言,1953年11月C市开展了第一轮直接选举,1954年初由普选产生的各区县人民代表大会投票产生第一届市级人大代表413名。在人民代表大会建立初期,组织设置、机构运作、法律制度等仍不完善,人大的工作并没有明确的制度规范,由中央人民政府和全国人大常委会组织召开,因此选举时间和任期未固定。根据C市的记录资料,1956年、1958年、1961年、1963年C市人大依次进行了第二届、第三届、第四届和第五届人大代表的换届选举。而之后,由于国家形势的恶化,民主制度遭到破坏,1966年"文化大革命"爆发,1966年2月—1979年12月长达13年的时间内人大选举中断,人代会没有举行会议,整个制度名存实亡,"革命委员会"成为一言堂的权力机关。1978年12月18日—22日,党的十一届三中全会召开,开启了改革开放的伟大航程,人大制度也随之全面恢复运转,1979年C市重新选举产生第六届人大代表,召开人代会议,主持各项工作,代表任期也固定为五年时间。随之在1983年、1988年、1993年初、1997年、2002年、2006年、2011年末开展换届选举工作,进行C市第七届、第八届、第九届、第十届、第十一届、第十二届、第十三届人大代表的选举,其中第十一届人大代表任期未满五年就进行了新一轮的选举。表3-1详细呈现了中华人民共和国成立以来C市人大代表规模的变化情况。

表3-1　　　　　　　　　　C市13届人大代表规模

	代表团数	代表人数
第一届	11	413
第二届	10	444

续表

	代表团数	代表人数
第三届	9	446
第四届	9	443
第五届	10	519
第六届	11	967
第七届	11	686
第八届	13	688
第九届	14	705
第十届	14	540
第十一届	14	557
第十二届	14	561
第十三届	14	558

由表3-1可以看出，1954—2012年，C市代表团数目由最初的11个逐步稳定至14个，根据笔者的观察，代表团数目变化主要是由于行政区域的划分、合并，以及新兴开发区的建立。至C市1993年第九届人大，代表团的数目固定下来，14个代表团中的7个处于中心城区，6个位于远城区，还有一个为驻军代表团。值得注意的是，远城区代表人数远远低于中心城区代表人数，由此反映出远城区人口少于中心城区人口。

在代表人数上，1954—1963年C市前五届人大代表数量比较稳定，维持在450人左右。然而，自1979年人大制度恢复重建以来，第六届人大选举的代表人数有了大幅增加，为967人，相比第五届增幅的86.32%，接近一倍。之后随着制度的完善和《选举法》的修订，代表规模逐渐缩减，进入第十届稳定在550人左右，上下浮动不大，表明当地人口规模也相对稳定。这一小节仅仅是对代表个体数据的概况和规模进行简要介绍，在第四节，笔者会依据代表的个体属性数据深入透视和解读人大代表的结构变迁。

二 代表履职数据

除了代表的基本信息之外，笔者预期对代表履职进行考察，探究人大代表结构和履职绩效之间的关系，在一定程度上观察人大代表结构的适度，以及回应当今各级人大常委会在选举指导文件中强调优化人大代表结构，推进人大工作的政治实践是否有效。在此，笔者主要选取议案建议来考察人大代表的履职情况。主要原因在于：首先，人大代表在闭会期间的调研、调查、联系选民等行为，往往会以议案、建议的方式来进行表达；人大代表提出的议案和建议较之于其审议、选举等履职行为和活动更为具体、准确，且可观察度更高；其次，通过关注人大代表提出议案建议，我们能够直接观察到人大代表的个人行为，议案建议的提出是人大代表基于其自由意志的选择，可以体现较强的自主性，这对于考察人大代表的履职判断有着非常重要的作用；最后，我们在对人大代表和人大常委会工作人员的采访中发现，他们一致反映自己会精心撰写提交的议案建议，这些议案建议也最能体现人大代表的履职情况。更为重要的是，议案建议是人大研究中最受欢迎的研究代表行为和表现的衡量标准，因为它具有系统性和一致性。

令人遗憾的是，人大代表的履职数据相对于人大代表个体资料数据更难收集，每次人代会议人大代表提出的议案建议并未完整公布。显然，在数据公开和网站建设方面，地方人大和全国人大还存在着一定差距。在笔者观察和接触到的信息中，地方政府的经费和人员限制是人大制度构建和工作开展面临的重要难题。在武汉市档案馆资料公开目录中，人大代表过往的议案建议资料不在公开范围之列，难以获得。因此，对于人大代表的履职数据，笔者仅收集了C市第十届和第十一届九次人代会议期间人大代表提出的议案建议资料，在此基础上对人大代表的结构和履职绩效进行分析。虽然仅获取两届资料，但在目前人大代表履职行为的研究中，绝大部分学者仅仅观察某次人代会或某届会议代表的议案建议数据，代表性和稳定性有待检验。笔者相信C市第十、第十一届长达近十年的数据能够为人大代表结构和履职绩效的实证分析提供一份较为可靠和稳定的资料。同时，为了更好地测评人大代表的履职绩效，除了纳入人大代表的议案建议总数外，笔者还进一步统计了人大代表作为第一提名人的议案建议数量，以期更深入地从人大代表个体角度来了解其履职情况。当前多数研究利用人大代表议案建议总数来测量人大代表的履职积极性，在笔者看来，议案建议总数在一定程度上可以反映代表的履职情况，数量越多，无疑反映出其履职越积极。但不可否认的是，作为第一提名人的数量也是评价人大代表真实履职的重要指标，因为其排除了完成既定议案建议任务搭便车的行为，也在一定程度上抵消了人大代表相互抱团联合提案增加影响力的效应。

表3-2显示了C市第十届540位人大代表和第十一届557位人大代表在任职期间所提的议案建议总数、均值等基本履职情况，从中可以看出，首先，在C市第十届人大五次会议期间，540位人大代表共提出了1895条议案建议，平均每人3.51条；第十一届人大四次会议期间，557位人大代表一共提出了2526条议案建议，平均每人4.54条。其次，人大代表的议案建议数在1998—2006年九次会议中逐年增长，某种意义上反映了人大代表更加积极，参政议政情况不断改善。

表3-2　　　　C市第十、第十一届人大代表履职情况

会议次别	第十届人大		第十一届人大	
	议案建议总数	均值	议案建议总数	均值
一次会议	301	0.56	513	0.92
二次会议	340	0.63	640	1.15
三次会议	343	0.64	670	1.20
四次会议	433	0.80	703	1.26
五次会议	478	0.89	/	/
合计	1895	3.51	2526	4.53

在此，笔者还对人大代表的履职内容和关注问题进行了探讨。在认

真阅读九次会议共计4421条议案建议的基础上,我们对人大代表所提议案建议进行了内容划分,将其划分为25类:经济,财政,土地和城市规划,民生,教育,卫生医疗,文化,社保,城市管理,环境,交通,管理体制,新闻出版,基础设施,城市建设与景观,治安,农业和农民,旅游开发,人事劳动者权益,弱势群体权益保护,军队,谏言,民族和宗教,食品安全,体育。表3-3呈现了1998—2006年C市两届人大共九次会议人大代表所提议案建议的具体情况,第一列是本书构建的25项内容分类,第二列是对每项分类的具体解释,第三列列举了一些典型案例,由于篇幅原因,每一个内容分类笔者仅仅选取了三条议案建议。从笔者罗列的议案建议中,我们可以感受到人大代表关注问题之广,来自各行各业的人大代表将他们所观察和感知到的公共问题带入公共议程,小至社区路灯修缮,大至城市经济规划发展,涉及民众生活和城市发展的方方面面。从中,我们也可以看出当年C市发展面临和受关注的高频问题,可以说,这些议案建议为我们观察C市的政治社会面貌发展变迁提供了一份翔实的资料。

表3-3　C市第十届、第十一届人大代表议案建议内容分类

内容指向	备注	典型案例
经济	包括经济发展、金融区建设、就业	1. 关于妥善解决"城中村"问题,促进经济发展的建议;2. 关于个私经济发展现状之忧虑的建议;3. 关于创造条件,大力促进传统仓储运输企业向现代物流企业转变,积极推动现代物流业健康快速发展的建议
财政	包括税收优惠、税务部门机构设置	1. 关于加大企业剥离学校市级经费补助的建议;2. 关于编制市级地方预算时足额安排企业出口退税资金的建议;3. 关于迅速解决各工商分局差额财政拨款问题的建议
土地和城市规划	包括土地问题和城市规划	1. 关于对城乡土地利用实行区别对待的意见;2. 关于更换国有土地使用权证的建议;3. 关于整体规划、治理和利用××湖的建议

续表

内容指向	备注	典型案例
民生	与居民生活息息相关的话题，包括供电、通信、路灯修缮、街道排污等	1. 对市电信局取消住宅电话 50 次优惠做法的意见；2. 要求解决××52 号 70 多户居民的正常用电；3. 关于整治老居民区电线乱牵乱接的建议
教育	中小学和大学教育问题	1. 关于促进义务教育均衡发展，提升我市义务教育水平的建议；2. 关于农民工子女入学的建议；3. 关于目前城市开发和旧城改造中确保教育资源合理配置的建议
卫生医疗	卫生资源分布、医疗市场整改等	1. 关于治理医院乱收费的建议；2. 关于进一步加大医药市场管理力度的建议；3. 关于加强城区社区卫生服务管理的建议
文化	城市文化建设和宣传，知识产权保护等	1. 关于保护开发利用×××民俗村文化遗产的建议；2. 关于建立市区两级"社区流动图书"书库的建议；3. 关于修改《××市文化市场管理办法》的建议
社保	最低生活保障、社会保险、养老保险等	1. 关于落实独生子女父母退休时加发退休金的意见；2. 关于事业单位职工进社保的建议；3. 关于逐步建立外来务工人员社会保障体系的建议
城市管理	小摊小贩管理、街头卫生整治	1. 关于坚决取缔占道经营的建议；2. 关于加大对供电线路下方违章建筑执法力度的建议；3. 关于加强"牛皮癣"治理的建议
环境	湖泊、园林保护，绿化整改，空气污染，垃圾焚烧等问题	1. 关于尽早关闭垃圾处理场的建议；2. 关于加大湖泊保护力度，促进人与自然和谐发展的建议；3. 关于投资建造××水域污水处理设施的建议
交通	公交、巴士线路管理，红绿灯设置，停车场建设，盲目草率整改等	1. 关于修改《××市城市道路交通管理若干规定》的建议；2. 关于主要交通要道上有学校出口的地点增设提示牌和人行红绿灯的建议；3. 关于公交车 519 线路增加车辆数量，优化公交线网的建议
管理体制	行政管理权限划分，组织机构设置等；管理条例修订等	1. 落实《××市街道办事处条例》，制定管理实施细则；2. 关于进一步建立快速反应机制，加强公共信息工作的建议；3. 关于构筑市级电子政务平台，建立全市一体化行政办公系统的建议
新闻出版	新闻出版、广播传媒	1. 关于严厉打击违法虚假广告的建议；2. 关于加强报纸可读性的建议；3. 关于加强对 C 市宣传工作监督力度的建议

续表

内容指向	备注	典型案例
基础设施	城市道路、桥梁、地铁、排水等设施建设	1. 建议在×××地区建立一座大型泵站；2. 关于加速实施××公路改扩建的建议；3. 关于重点解决××区给排水工程的建议
城市建设与景观	场馆建设，城市建筑美化等	1. 关于建设××沿岸外滩景观，改善人居环境，改变城区面貌的议案；2. 关于进一步加大板块示范社区创建房屋立面整治的建议；3. 关于加强轻轨沿线环境改造的建议
治安	司法治理，流浪人口管理，社会秩序整治	1. 加强对××、××火车站治安秩序管理的建议；2. 关于加强社会治安综合治理的建议；3. 建议政府有关部门拿出强硬有效手段彻底解决社会上贩卖假文凭、伪造假证件的问题
农业和农民	农村农业种植业发展，村级公路修建，吃水问题等	1. 关于新一轮"菜篮子"工程建设方案的议案；2. 关于编制农村建筑规划，规范农村建筑行为的建议；3. 关于农村塘堰污染、淤塞十分严重的建议
旅游开发	风景区建设，旅游资源开发等	1. 关于加快××区旅游业的发展，推动环城旅游圈建设的建议；2. 关于充分发挥××山旅游功能的议案；3. 关于对××风景区保护、开发、利用并举的建议
人事劳动者权益	劳动权益保护，下岗职工问题和人才市场建设	1. 关于××三期整治中兼顾现有企业及职工利益的建议；2. 关于建立薄弱街镇乡（单位）工作人员待遇保障机制的建议；3. 关于为进城务工人员立法，保护其合法权益的建议
弱势群体权益保护	老年人、青少年、妇女儿童、残疾人等弱势群体权益保护	1. 关于加大对残疾人帮扶力度的建议；2. 关于C市公园实行对65岁以上老人全天免费开放的议案；3. 尽快制定"禁止向未成年人销售香烟"的地方性法规
军队	军队经费问题，用地问题，退伍军人安置等	1. 关于军用财产、军用土地纠纷问题的建议；2. 关于转业干部的安排问题；3. 关于解决驻军经济适用房建设问题的建议
谏言	对一府两院工作的批评建议	1. 对改进议案、代表建议工作的建议；2. 市检察院应认真对待人民群众的意见
民族和宗教	民宗侨外问题	1. 关于落实宗教政策，开发古卓刀泉寺的建议；2. 关于解决天主教危房的意见；3. 关于加强××市清真食品工作的建议

续表

内容指向	备注	典型案例
食品安全	食品卫生问题和安全问题	1. 关于制定《××市公共食具卫生管理条例》的议案；2. 关于建议××市食品安全公示制度的建议；3. 对取消投入市场未经检疫的猪肉补检的建议
体育	体育设施建设和体育宣传	1. 关于加强C市基层基础体育设施建设和体育人才培养的建议；2. 关于发展体育产业的建议；3. 关于在××地区投资建设大型体育设施的建议

表3-4呈现了C市第十届人大代表议案建议内容的具体分布情况。从中可见，1998—2002年第十届人民代表大会开会期间，就C市人大代表关注的核心问题而言，和民众生活息息相关的民生居于首位，其次是基础设施建设和交通问题，然而对于食品安全、民族和宗教、新闻出版和体育问题关注最少。

表3-4　　　C市第十届人大代表议案建议内容分布

内容	数量	占比（%）
经济	108	5.70
财政	19	1.00
土地和城市规划	48	2.53
民生	285	15.04
教育	108	5.70
卫生医疗	52	2.74
文化	54	2.85
社保	33	1.74
城市管理	90	4.75
环境	102	5.38
交通	250	13.19
管理体制	69	3.64
新闻出版	6	0.32
基础设施	248	13.09

续表

内容	数量	占比（%）
城市建设与景观	34	1.79
治安	67	3.54
农业和农民	82	4.33
旅游开发	30	1.58
人事劳动者权益	28	1.48
弱势群体权益保护	27	1.42
军队	20	1.06
谏言	101	5.33
民族和宗教	14	0.74
食品安全	14	0.74
体育	6	0.32
合计	1895	100

表3-5呈现了C市第十一届人大代表议案建议内容的具体分布情况。可见，2003—2006年人民代表大会开会期间，C市第十一届人大代表关注的问题和第十届人大代表关注的问题呈相同的趋势，民生和交通问题依然位居前列，食品安全、民族和宗教、新闻出版和体育问题获得关注较少，值得注意的是，经济问题超越基础设施问题成为代表热议焦点，这也顺应了中国加入世界贸易组织之后，经济发展进入高速增长阶段的趋势。

表3-5　　C市第十一届人大代表议案建议内容分布

内容	数量	占比（%）
经济	174	6.89
财政	47	1.86
土地和城市规划	100	3.96
民生	403	15.95
教育	100	3.96

续表

内容	数量	占比（%）
卫生医疗	63	2.49
文化	61	2.41
社保	110	4.35
城市管理	102	4.04
环境	120	4.75
交通	380	15.04
管理体制	170	6.73
新闻出版	10	0.40
基础设施	180	7.13
城市建设与景观	38	1.50
治安	88	3.48
农业和农民	90	3.56
旅游开发	29	1.15
人事劳动者权益	54	2.14
弱势群体权益保护	18	0.71
军队	40	1.58
谏言	119	4.71
民族和宗教	5	0.20
食品安全	17	0.67
体育	8	0.32
合计	2526	100

第四节 湖北省C市人大代表的结构变迁

这一节笔者将以湖北省C市第一届至第十三届人大代表的总体资料为基础，详细分析地方人大代表的年龄结构、性别结构、民族结构、党派结构、学历结构和职业结构演变，总结地方人大代表结构组成的变迁趋势。

一 年龄结构

以正式当选年份为计算基点，笔者统计了 C 市 1954—2012 年十三届人民代表大会开会期间当选人大代表的年龄情况，具体分布如表 3-6 所示。比较遗憾的是，第五届人大代表个体数据全部缺失，第七、第八、第九届人大代表年龄数据部分缺失，未能纳入分析。由表 3-6 可见，人大代表年龄构成中，51 岁以上的人大代表占据较大比例，且这一占比处于上升趋势；36—50 岁的人大代表占比适中，处于缓慢波动、略微上升状态。相对于 C 市第一、第二、第三届人大代表，36—50 岁代表占比 45% 左右，第十一、第十二、第十三届人大代表，36—50 岁代表占比增幅超过 10%，维持在 58% 左右。另外，对于 35 岁以下的人大代表而言，在 C 市人大所占比例大幅下降，由第一届的 40.25% 下降至第十三届的 1.97%，逐渐退出政治舞台。各级人大常委会在选举工作中强调人大代表年龄结构的优化，增加中青年代表的比例，但在实际的政治实践中，经验丰富的中年代表仍然是吸纳和推选的主力，青年代表的参政环境并未得到改善，反而处于恶化趋势。就人大代表的年龄均值来看，C 市人民代表大会建立初期，第一届人大代表的平均年龄为 38.99 岁，在 40 岁之下；之后几届选举产生的人大代表平均年龄都超过了 40 岁，且处于上升状态；第十一届小幅回落之后，第十三届又回升至原有态势，稳定在 49 岁。总体看来，C 市人大代表年龄构成整体偏大，51 岁以上老年代表人数的增长压缩了中青年代表的比例，人大代表队伍稳定性和连续性建设有待进一步加强。

表 3-6　　C 市人大代表年龄结构：1954—2012 年

	35 岁以下人大代表比例（%）	36—50 岁人大代表比例（%）	51 岁以上人大代表比例（%）	年龄均值
第一届	40.25	42.79	59.75	38.99
第二届	29.82	43.35	70.18	42.28

续表

	35岁以下人大代表比例（%）	36—50岁人大代表比例（%）	51岁以上人大代表比例（%）	年龄均值
第三届	28.03	51.57	71.97	41.74
第四届	18.40	54.24	81.60	44.74
第五届	/	/	/	/
第六届	14.89	38.16	85.11	48.56
第七届	19.39	36.15	80.61	/
第八届	11.63	46.95	88.37	/
第九届	4.26	61.13	95.74	/
第十届	5.56	50.55	94.44	48.51
第十一届	3.05	61.22	96.95	48.51

二 性别结构

表3-7汇总了C市第一届至第十三届人大代表的性别结构分布。1954—2012年C市人大十三届人大代表女性占比呈倒U形趋势。C市第一届人民代表大会中女性人大代表为76名，占比18.40%。随后女性人大代表人数持续增加，至第八届女性人大代表为175名，占比25.44%，达到最大值。从第九届开始，女性人大代表在C市人大中比例呈下降趋势，持续走低，在第十三届，女性人大代表人数为91名，而男性人大代表为467名。与C市人口的男女比例相比，C市人大代表中女性比例偏低，男性比例偏高。众所周知，在世界各国的代议机构中，女性是被过低代表的弱势群体，根据2017年妇女参政地图统计，世界女性议员占比仅23%。与之相比，C市第十二届、第十三届女性人大代表比例分别仅为16.40%、16.31%，女性的参政状况更不容乐观。需要进一步说明的是，女性人大代表比例持续走低的基础上，内在结构也发生了很大变化。人大建立初期，C市人大选举时，当选的女性人大代表多为妇联主任和劳动模范，但在第十二、第十三届，妇联主任和一线女性职工当选比例大幅下跌，教师、医生等女性专业技术人员更为受到青睐。

表 3-7　　　　　C 市人大代表性别结构：1954—2012 年

	女	比例（%）	男	比例（%）
第一届	76	18.40	337	81.60
第二届	90	20.27	354	79.73
第三届	92	20.63	354	79.37
第四届	88	19.86	355	80.14
第五届	117	22.54	402	77.46
第六届	216	22.34	751	77.66
第七届	/	/	/	/
第八届	175	25.44	513	74.56
第九届	160	22.70	545	77.30
第十届	101	18.70	439	81.30
第十一届	106	19.03	451	80.97
第十二届	92	16.40	469	83.60
第十三届	91	16.31	467	83.69

三　民族结构

表 3-8 呈现了第一届至第十三届 C 市人大代表的民族结构变化情况，其中，第五届、第七届、第八届、第九届代表的个体资料缺失。总体来看，C 市人大少数民族代表人数保持稳定，几乎都在 10 名以内，比例在 1%—2% 这一区间，和全市人口中少数民族比例相比差距不大。在 C 市人大代表构成中，汉族代表比例最大的是第四届和第十一届人大，占比约为 99.10%；汉族代表比例最小的为第一届人大，代表名额 404 人，占比约为 97.82%。可见，汉族代表构成比例在 C 市第一至第十三届人大期间变化不大，无论从数量还是比例上都是绝对的多数。此外，根据统计数据，C 市的少数民族代表主要来自回族、满族、土家族、苗族、蒙古族。

表3-8　　　　C市人大代表民族结构：1954—2012年

	少数民族	比例（%）	汉族	比例（%）
第一届	9	2.18	404	97.82
第二届	8	1.80	436	98.20
第三届	5	1.12	441	98.88
第四届	4	0.90	439	99.10
第五届	/	/	/	/
第六届	12	1.24	955	98.76
第七届	/	/	/	/
第八届	/	/	/	/
第九届	/	/	/	/
第十届	5	0.93	535	99.07
第十一届	5	0.90	552	99.10
第十二届	8	1.43	553	98.57
第十三届	7	1.25	551	98.75

四　党派结构

早期研究人大代表的党派结构往往是基于民主党派、无党派人士和中共党员，呈现过于宽泛，缺乏具体的分析。同时在地方人大公布的代表选举结果中，往往只汇总非中共党员的代表比例，强调相比往届，非中共党员代表比例提高，存在一定的焦点模糊性。笔者对1954—2013年C市十三届人大代表的党派数据进行了具体考察，以期对C市人大的党派结构进行更深入的分析，其中由于资料公开原因，第五届、第七届、第八届、第九届人大代表的具体党派信息缺失。表3-9汇总了C市人大代表构成的党派变化结果。可见，自C市人大组建以来，人大代表构成中中共党员的比例整体呈上升趋势，第一届人大代表中共党员230名，占比约为55.69%，至第十三届，中共党员代表471名，占比约为84.41%，远远违背上级人大常委会对代表名额分配和选举问题中

表3-9 C市人大代表党派结构：1954—2012年

届别	民建	民盟	民革	民进	农工	九三	台盟	致公	团员	中共	无党派
第一届	33	14	6	0	6	0	0	0	8	230	116
第二届	42	9	6	2	0	3	0	0	11	179	192
第三届	39	19	7	4	15	5	0	0	11	219	127
第四届	37	18	8	6	12	3	0	0	17	235	107
第五届	/	/	/	/	/	/	/	/	/	/	/
第六届	11	18	6	6	6	6	0	0	14	743	157
第七届	/	/	/	/	/	/	/	/	/	/	/
第八届	/	/	/	/	/	/	/	/	/	/	/
第九届	/	/	/	/	/	/	/	/	/	/	/
第十届	8	10	6	8	8	6	2	3	0	440	49
第十一届	7	8	6	2	3	4	0	1	0	473	53
第十二届	6	4	6	5	1	4	1	3	0	479	52
第十三届	8	5	6	8	2	3	1	4	0	471	50

强调的中共党员代表比例不超过65%。因种种客观原因,"中共党员代表比例一般不超过65%"这一要求在选举过程中难以完成。C市人大民主党派代表主要来自民建、民盟、民革、民进、农工、九三、台盟和致公党,其中民建、民盟、民革代表人数最多。总体来看,随着时间的变化,民主党派代表人数逐渐减少,自第十一届人大以来,保持在30—40人,与最初几届相比,民主党派代表人数的减幅接近一半。

五 学历结构

笔者对人大代表的学历进了考察,表3-10汇总了统计结果。在查阅的资料中,C市第一至第六届人大代表名册并未具体统计人大代表的学历信息,此处也仅呈现了第七届以来人大代表的教育背景信息。在C市第七至第十三届人大代表学历变化中,人大代表的受教育程度不断提升,高学历化是一个明显趋势,这与中国人口受教育水平的整体提高密切相关。以C市第十三届人大代表为例,大学及以上学历的人大代表490名,占全体代表的比例超过87%,小学、初中、高中、中专教育程度的人大代表仅12名,占比仅2.2%。相比往届,第十三届人大代表的学历结构进一步优化,代表总体素质进一步提高。需要指出的是,大学、研究生及以上教育程度的高学历人大代表,超过60%是在职学位,而且来自省委党校、市委党校等党专门对党员干部培训教育的学校,而非我们所认知的普通高等教育。换言之,人大代表结构的优劣和素质的高低,直接关系到人民当家作主的实现程度。这就要求我们注重人大代表知识结构的多元化,适当增加高学历代表比例。人大代表自身也在不断强化自身素质,寻求更好的发展。

六 职业结构

职业背景是影响人大代表认知的一个关键因素,在各级人大的选举过程中也十分强调人大代表的职业背景。对人大代表职业构成的分

表3-10　　　　　　C市人大代表学历结构：1983—2012年

	小学、初中	高中、中专	大专	大学	研究生及以上
第七届	276 (40.23%)	189 (27.55%)	—	189 (27.55%)	—
第八届	153 (44.24%)	223 (33.87%)	—	223 (33.87%)	—
第九届	76 (10.78%)	226 (32.06%)	—	226 (32.06%)	—
第十届	15 (2.78%)	97 (17.96%)	226 (41.85%)	172 (31.85%)	30 (5.56%)
第十一届	8 (1.44%)	35 (6.28%)	156 (28.01%)	227 (40.75%)	131 (23.52%)
第十二届	2 (0.36%)	16 (2.85%)	89 (15.86%)	226 (40.29%)	228 (40.64%)
第十三届	2 (0.36%)	10 (1.79%)	56 (10.04%)	189 (33.87%)	301 (53.94%)

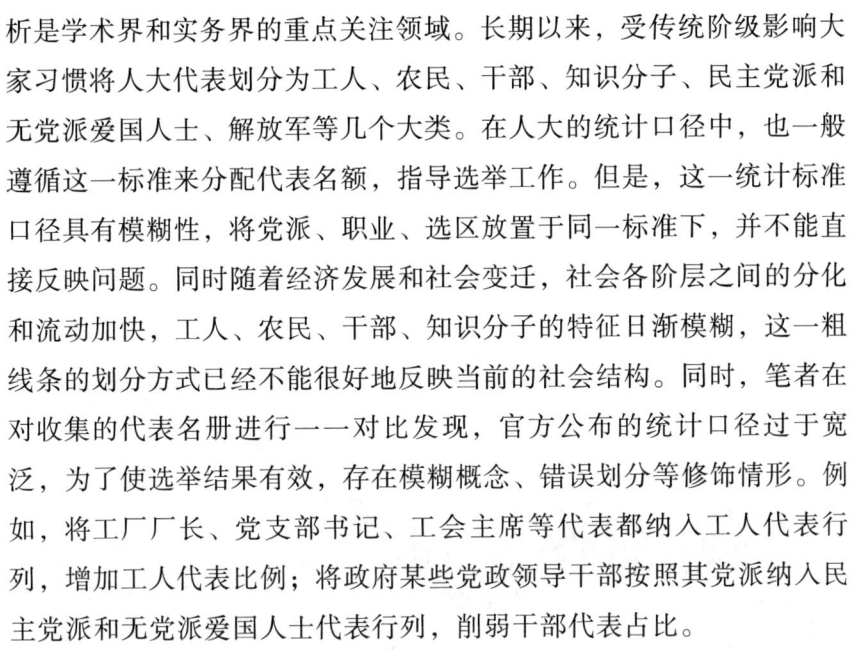

析是学术界和实务界的重点关注领域。长期以来,受传统阶级影响大家习惯将人大代表划分为工人、农民、干部、知识分子、民主党派和无党派爱国人士、解放军等几个大类。在人大的统计口径中,也一般遵循这一标准来分配代表名额,指导选举工作。但是,这一统计标准口径具有模糊性,将党派、职业、选区放置于同一标准下,并不能直接反映问题。同时随着经济发展和社会变迁,社会各阶层之间的分化和流动加快,工人、农民、干部、知识分子的特征日渐模糊,这一粗线条的划分方式已经不能很好地反映当前的社会结构。同时,笔者在对收集的代表名册进行一一对比发现,官方公布的统计口径过于宽泛,为了使选举结果有效,存在模糊概念、错误划分等修饰情形。例如,将工厂厂长、党支部书记、工会主席等代表都纳入工人代表行列,增加工人代表比例;将政府某些党政领导干部按照其党派纳入民主党派和无党派爱国人士代表行列,削弱干部代表占比。

因此,为了深入认识人大代表的职业结构,笔者依据所整理的代表名册对 C 市第一至第十三届 7527 名人大代表的职业背景信息进行了逐一划分,将其归为具体的 11 个类别:党政干部、基层干部、事业单位领导、民主党派和社会团体领导、企业管理者、专业技术人员和中层骨干、知识分子、一线工人、农民、解放军和其他。其中,其他包括学生、军人家属等。需要特别说明的是,在代表职业统计过程中,笔者同样遇到了多重身份的统计难题,如一位人大代表既是村干部,又是私营企业负责人。对于人大代表的多重身份,笔者对每一身份都进行了编码,并做出一个优先排序,这一排序标准在各界保持一致,使结果具有可比性。最终为了清晰而直观地反映人大代表职业结构分布,对于少部分具有多重身份的代表,仅罗列了他们第一身份编码数据。

图 3-2 详细汇总了统计结果。首先,从中可见,在 C 市人大代表身份演变中,干部代表尤其是党政干部的比例呈上升趋势,由第一届的 20.58% 增至第十三届的 39.61%,占比超出 1/3,远远违背选

举指导文件强调的"从严控制党政干部担任人大代表的比例"这一要求。其次，作为企业管理者的人大代表的占比呈波动上升趋势，比例增加近一倍，构成人员也存在巨大差异，如 C 市第一届人大的企业管理者代表多为公私合营的作坊经营者以及重工业生产厂厂长，第十届人大以后企业管理者代表多为股份制企业、民营企业和国营企业的总经理、董事长，充分体现了民营经济在 C 市发展中的重要地位。

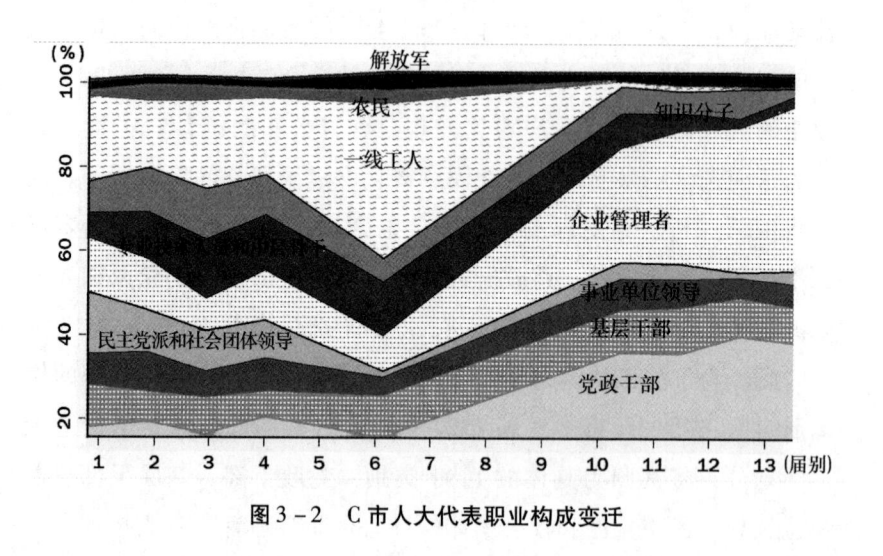

图 3-2　C 市人大代表职业构成变迁

此外，事业单位领导代表、专业技术人员和中层骨干代表在各届占比呈波动下降趋势。民主党派和社会团体领导代表比例受到了较为严重的挤压，下降显著。此外，就一线工人和农民而言，这些来自生产一线的基层代表大幅下降，一线工人代表比例由 18.89% 降至 0.89%，自第十届开始，真正意义上的农民代表退出了人大舞台，C 市人大代表职业构成更为官僚化和精英化。

第五节　结构变迁讨论

通过上述分析，C 市人大代表结构自 1954 年以来的发展与当地社会经济发展变化相适应，逐步调整。总体而言，人大代表年龄结构梯次化不足，代表的年龄略显偏大；人大代表受教育程度和整体知识水平普遍较高；少数民族代表、民主党派代表构成合理，性别结构有待改善。为了进一步解构C市人大代表的结构变迁，笔者将发现总结为以下四个方面：青年代表的退出；一线工人、农民代表的减少；党政干部代表的增加；企业管理者代表的壮大。

一 青年代表的退出

近年来，人大选举中一直强调代表结构年龄的优化，构建年轻化队伍，使代表队伍既充满生机和活力，又可保持连续性和稳定性。C市人大的选举结果中也会重点着墨代表的年龄分布。笔者收集整理了C市第一届、第二届、第三届、第四届、第六届、第十届、第十一届、第十二届、第十三届的具体代表名册，对每一届人大代表的年龄分布情况进行了仔细观察，发现年轻化队伍建设的背后是青年代表的退出和中年代表的大幅增加。随着C市人大的发展，代表年龄构成更为集中，离退休干部逐渐退出人大舞台，在第十届之后，70岁以上的人大代表所剩无几，在某种程度上，地方人大不再是干部的"退休站"，46—55岁之间的中年代表成为主力军。伴随老年代表减少的同时，青年代表的身影也几乎看不到了。在C市第一届至第六届人大的选举中，还存在20岁以下的青年代表，主要包括学生、团员代表、年轻劳动模范等，从第十届开始，选举产生的人大代表最小年龄也在30岁左右。这一背后的原因是青年参政意愿的降低还是组织期望的改变有待进一步考察。

二 一线工人、农民代表的减少

传统的统计口径将代表划分为干部、农民、一线工人、知识分子、解放军等，仅仅从C市官方网站公布的资料来看，人大代表中一线工人、农民代表少、干部代表多的现象似乎并不存在。正如笔者前文指出的，官方统计代表时存在模糊概念、错误划分等情况，造成"一线工人、农民、知识分子是个筐，哪里需要哪里装"。通过笔者对收集来的数据的观察和分类，发现C市人大近几届人大代表构成中不存在纯粹的农民代表，一线工人的代表比例也被压缩至最低。诚然，一线工人、农民代表的履职能力较为薄弱，在为工人、农民代言的能力上与广大人民群众的期望还存在一定差距，但其代表性和履职热情毋庸置疑。C市第一届人大选举总结报告中明确提到："通过普选的人民政权的基础将更加巩固，工人阶级的领导作用以及在工人阶级领导下的各阶层的团结将更加加强，政府与人民群众的联系将更加密切。"C市人大中一线工人、农民代表比例的降低似乎和人大制度构建的初衷以及使命背道而驰。这一现象也表明，在人大发展过程中，人大代表的精英化成为必然趋势之一。

三 党政干部代表的增加

根据C市第一届至第十三届人大代表职业结构统计数据，党政干部在人大代表构成中不可忽视，占比超过一半。有趣的是，在前期选举的人大代表，公社干部、街道居委会主任、公安干警等基层干部和一线工人代表占据一定比例，随着时间的推移，他们的占比逐渐减少，取而代之的是市长、区长以及财政局、地方税务局、国土资源局、教育局等市区重要职能部门的领导。这一现象严重压缩了基层代表的比例。C市人大代表结构中领导化的趋势日益严峻，可能的原因在于上级人大常委会在换届选举的指导性文件中强调控制干部代表比例，选举实践部门为了更好地执行，在操作过程中压缩基层代表的比例，推选更多高级别干部。同时随着人大制度的日益完善，人大代表的地位和作用更加突出，受到更多关注，代表身份作为一种资源更为宝贵，高级别的干部更有能力去寻求这一位置。[①]

---

① 何俊志：《中国地方人大代表构成的变化趋势——对东部沿海Y市的考察》，《南京社会科学》2015年第2期。

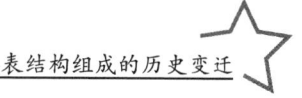

四 企业管理者代表的壮大

自改革开放以来,高质量发展一直是各级政府追求的首要目标。人大代表中企业管理者代表比例的增加也验证了这一趋势。一方面,改革开后放,由于社会发展和制度变迁,尤其是私营经济的长足发展,中国的社会结构发生了重大变化。企业家是伴随改革开放,尤其是市场经济的发展而快速崛起的一个社会群体。习近平总书记指出,民营经济和民营企业家是自己人。对民营企业家的这种高度评价,足以证明民营企业家的社会政治地位,政府对于企业代表的需求愈加强烈,努力吸引他们加入到政治体系中来;另一方面,企业管理者自身拥有丰富的参政资源,也非常乐意参与到政治生活中去,为本群体更好的存在与发展、利益维护与获取等寻求政治资源,构建关系网络以谋求企业利益得到更好表达和更多重视,加之代表结构比例对企业管理者代表名额的模糊规定,为企业家的进入留存了较大的空间。C市企业管理者代表的壮大并不是个例,企业界人大代表的增加顺应了经济发展的大背景。可以说,只要地方政府存在财政需求,人大换届选举中企业代表的优势地位就不会消失。

总之,通过对C市地方人大代表结构组成的历史变迁进行分析,我们可以发现已有代表结构研究的"三多三少""两多两少"身份失衡现象仍然存在,且在市级人大情况更为突出,人大代表结构呈现精英化态势。前文指出,中国人大代表符合"多元主义代表模式",即代表结构应镜面反映社会实际结构。然而现实情况是,代表结构比例与社会实际结构组成相去甚远。党政干部和企业管理者代表过多,一线工人和农民代表过少,一定程度上阻碍了人大作为社会各阶层反映利益和诉求的平台。在这种程度,C市人大制度的运作实践在一定程度上偏离了最初的理论设置。

第六节 人大代表结构与履职绩效关联

正如前文提到的，人大代表结构受到关注的一个前提在于政治输出的效率考量：一些研究者和地方人大将代表的职业、年龄和学历等作为人大代表结构的测度方式，并且假设这些属性与履职绩效之间存在关联，在实践中预期通过优化代表结构来推进人大代表履职与人大工作。这一运作实践留给我们一个问题：人大代表的结构和履职之间是否存在内在关联？在本节，笔者拟在人大代表静态组成结构研究的基础上，进一步剖析人大代表结构和履职绩效的关联，从而审视和回应人大代表结构的效度问题。在进入实证分析之前，本节首先对 C 市人大代表个体履职情况进行一定分析，以期对人大代表的工作内容有一个初步的认识和了解，进而检验人大代表结构和履职绩效之间的关系。

一 描述性分析

（一）人大代表的个体履职情况

笔者按照姓名笔画排序对人大代表进行了编号，并汇总了每位代表每年提出议案、建议的数量作为履职绩效的测度。发现，1998—2006 年，两届人大代表履职情况大体类似，部分人大代表在履职时表现十分突出和积极，但 80% 以上的人大代表在任职期间参与提议案建议的数量在 50 件以下。

（二）谁最积极？

从 C 市第十届、第十一届人大代表的履职情况来看，部分人大代表积极性很高，十分活跃，笔者不禁对这些远远高出平均值的人大代表产生好奇，进一步汇总了第十届、第十一届人大履职排名前十的代表的资料，对其进行了描述性统计分析（见表 3-11、表 3-12）。其中男女比例为接近 1∶1，说明履职优秀的人大代表在性别比例上相差不大，远远超出代表总体中的性别比。从年龄方面来看，履职积极的人大代表平均年龄为50岁，一定程度上印证人大代表结构中年化的合理性，也和已有研究成果相符：较之青年代表和老年代表，中年代表履职最为积极。就受教育程度而言，绝大部分都是大学及以上学历，远远高于所有代表平均受教育程度。从职业看，得到一个有趣的发现，C市人大第十届、第十一届履职最为积极的各前10名代表中，多数是知识分子且最为突出，另包含基层干部、一线工人，党政干部、事业单位领导等，在人大代表中整体占比较低的知识分子在履职中十分活跃，承担着比较重要的角色，这可能与其受教育程度和参政意愿相关。基层干部和一线工人的出现，意味着其以非常积极的态度参与到政治活动中，履职能力并没有受到自身知识能力的限制。然而，我们也应看到，在这些活跃分子中，占比最高的党政干部代表和企业管理者代表反而没有占据重要位置，这可能源于本职工作较为繁忙，不禁深思在具体政治实践过程中代表的先进性和代表性能做到统一吗？这些都有待进一步研究。然而这些样本层面的发现是否会扩展到总体层面在后文我们将进一步探讨。通过观察，可以大致描绘出一份履职积极的人大代表的图像：年龄在50岁左右的男性汉族代表、学历为大学及以上，受教育程度较高的知识分子。

表3-11　C市第十届人大履职积极性前10位人大代表相关情况

履职总数（件）	当选年龄（岁）	性别	民族	党派	学历	职业
202	55	男	汉	中共	大学	大学系主任
163	56	女	汉	民盟	大学	大学教授
120	48	女	汉	中共	大学	代表联络处主任
92	58	男	汉	中共	大专	机械公司管理者
92	49	男	汉	中共	大学	研究所研究员
84	53	男	汉	民革	研究生	学校行政人员
81	41	女	汉	中共	中专	林场副场长
74	52	女	汉	民盟	大学	大学副教授
72	52	男	汉	无党派	大专	工程师
71	43	女	汉	中共	大专	国企工会主席

表 3-12　C 市第十一届人大履职积极性前 10 位人大代表相关情况

履职总数（件）	当选年龄（岁）	性别	民族	党派	学历	职业
175	60	男	汉	中共	大学	大学调研员
104	52	女	汉	中共	大学	大学院长
99	41	男	汉	民盟	研究生	大学副教授
93	61	女	汉	民盟	大学	大学副教授
89	48	男	汉	中共	研究生	大学副院长
89	48	男	汉	中共	研究生	区直机关工委书记
79	37	男	汉	中共	大专	街道派出所干警
79	51	女	汉	中共	中专	乡科技中心主任
78	59	男	汉	中共	高中	区政府巡视员
78	41	男	汉	中共	大学	镇长

二　回归分析

为了探索人大代表结构和履职绩效的关联划分，本节主要利用 C 市第十届和第十一届人大代表所提出的提案总数来考察其履职绩效，而人大代表结构则基于前文探讨的党派、学历、性别、当选年龄和职务等划分。通过对二者关联的分析，为完善人大代表的结构、更好地发挥人大代表作用提供依据。

为了真正厘清人大代表结构与其履职情况之间的关系，笔者拟选取 C 市人大第十届、第十一届任期内履职完整的人大代表，即在分析中排除因调任、辞职、离世等中途变动的人大代表。同时，由于军队代表与其他代表的产生基于不同法律条款和选举基础，在选举实践操作中存在显著差异，因此笔者认为把军队代表与其他职业代表放在同一基准模型中进行分析并不恰当。所以在探究结构和履职绩效关联时，并未将军队代表列入其内。最终分析样本为第十届人大代表数为 509 人，第十一届人大代表数为 502 人。

需要说明的是，前文对 C 市人大代表职业结构演变梳理范围涵盖

第三章 地方人大代表结构组成的历史变迁

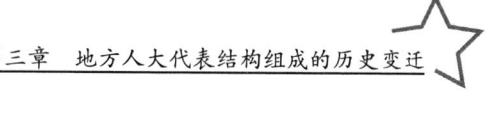

第一届至第十三届，为了进行有效的纵向比较，职业结构划分未能过细。这一节对人大代表结构和履职绩效的考察中，职业结构是我们关注的重点之一，因此在前文基础上且基于 C 市第十届、第十一届人大代表的个体信息对其职业结构进行了更为细致的扩展，将党政干部和企业管理者进行了更为细致的划分。扩展后的人大代表结构有 13 个类别：主要领导干部①，党政领导干部，事业单位领导，人大领导，人大工作人员，国企领导，私企领导，股份合作制与集体企业领导，民主党派和社会团体领导，专业技术骨干，知识分子，基层干部，一线职工。主要领导干部包括：市长、市委书记、市委常委和市政府主要职能部门领导、各区区委书记、区长、区人大常委会主任等；党政领导干部包括：党政机关内部除主要领导干部以外局级及其以上级别的高层干部；事业单位领导包括：各类事业单位的党委书记、校长以及其他事业单位管理人员；人大领导包括：人大各专门委员的主任；人大工作人员包括：人大职能部门的一般工作人员；国企领导包括：国家控股企业的董事长、总经理以及党委书记；私企领导包括：民营企业、个人独资企业的总裁、董事长及总经理；股份合作制与集体企业领导包括：中外合资企业、股份制改制企业、乡镇集体企业的领导，因其在性质上不完全等同于国企或私企，故将其单独列为一类；民主党派和社会团体领导包括：各民主党派及工商联、工会、妇联、共青团等组织的重要领导；专业技术骨干包括：中层管理人员和技术人员；知识分子包括：教授、研究员、教师；基层干部包括：乡镇、街道以下的村委会、居委会等基层自治单位管理者，包括镇、村（居）委党支部书记、主任；一线职工包括：制造业和服务业等领域的一线从业人员。在探究人大代表结构和履职绩效关联时，我们还具体控制了人大代表的履职经验和是否退休情况。变量的描述性统计如表 3-13 和表 3-14 所示。

---

① 主要领导干部指担任某些重要职务的个人，包括市委常委所有成员。市长、副市长、市委秘书长、市检察院检察长、市法院院长等部门一把手，市、区人大主任、区委书记、区长、警备正司令员等。由于职务的特殊性，他们通过被党组织指派提名，从而成为人大代表。

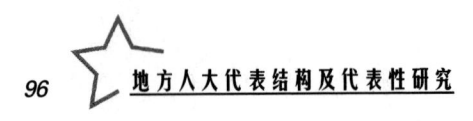

表3-13　　变量的描述性统计：C市第十届人大代表

变量	N	均值	标准差	最小值	最大值
履职绩效	509	15.27	18.61	0	199
党派结构	509	0.81	0.39	0	1
学历结构	509	3.17	0.89	1	5
性别结构（男）	509	0.19	0.39	0	1
年龄结构	509	48.6	7.54	25	65
民族结构（汉）	509	0.99	0.1	0	1
职业结构	509	/	/	0	1
任职经验和退休情况（男）	509	0.03	0.17	0	1
任职经验和退休情况（女）	509	0.03	0.16	0	1
第七届任职	509	0.02	0.15	0	1
第八届任职	509	0.07	0.27	0	1
第九届任职	509	0.24	0.43	0	1
第十届任职	/	/	/	/	/

表3-14　　变量的描述性统计：C市第十一届人大代表

变量	N	均值	标准差	最小值	最大值
履职绩效	502	19.04	18.66	0	175
党派结构	502	0.84	0.37	0	1
学历结构	502	3.75	0.9	1	5
性别结构（男）	502	0.2	0.4	0	1
年龄结构	502	48.51	7.03	26	66
民族结构（汉）	502	0.99	0.1	0	1
职业结构	502	/	/	0	1
任职经验和退休情况（男）	502	0.03	0.18	0	1
任职经验和退休情况（女）	502	0.02	0.13	0	1
第七届任职	502	0.01	0.06	0	1
第八届任职	502	0.04	0.18	0	1
第九届任职	502	0.08	0.27	0	1
第十届任职	502	0.25	0.44	0	1

为了探究人大代表结构和履职绩效关联,我们通过泊松回归对数据进行统计分析,建立模型如下:

$$Y = \alpha + \beta_1 X_i + \beta_2 Control_i + \varepsilon$$

其中,Y 是被解释变量人大代表的履职绩效,α 是常数项,X_i 为本节的主要解释变量,人大代表结构,包括党派结构、学历结构、性别结构、年龄结构、民族结构和职业结构,$Control_i$ 则为控制变量,其中包括代表的任职经验和退休情况,ε 表示随机误差项。由于被解释变量为连续变量,且为次数分布,本节采用泊松回归进行分析。

三 回归结果

表 3-15 详细汇总了泊松回归的结果。其一,就党派而言,党派结构和代表履职绩效之间没有关联,说明党员和非党员人大代表之间履职没有差异。其二,就学历结构而言,受教育程度和履职绩效之间存在显著关系,受教育程度越高,履职越积极,但这一结果仅在 C 市第十一届人大代表身上显著。其三,就性别结构而言,分析结果显示性别和履职绩效存在显著的相关性,相比男性人大代表,女性人大代表履职更为积极,这与前文的描述统计分析结果相一致。其四,就年龄结构而言,人大代表的年龄与履职绩效呈正相关关系,年龄的平方却为负相关,说明人大代表的年龄与其履职呈倒 U 形关系,即人大代表在中年时履职积极性达到顶点,该年龄前后阶段履职积极性较弱。其五,就民族结构而言,相比汉族人大代表,少数民族人大代表履职更为积极,但这一结果仅第十一届人大代表身上显著。其六,就职业结构而言,主要领导干部、党政领导干部、人大领导、人大工作人员、国企领导、私企领导、股份合作制和集体企业领导、民主党派和社会团体领导等职业背景和履职绩效都呈负相关,而且相关性极为显著。这说明在人大构成中占据大比例的党政干部代表和企业管理者代表的履职情况不容乐观,较为消极,这一结果和现有研究发现相重合。笔者推测,党政干部代表和企业管理者代表消极履职的可能原因在于他们本职工作任务较重,代表工作

与日常工作存在冲突,无法很好兼顾,或他们倾向通过议案建议以外的其他履职方式来体现自身的代表性,这些假设都有待进一步考察。事业单位领导这一职业背景和履职绩效在 C 市第十届人大和第十一届人大结果相差较大,有待进一步验证。值得注意的是,专业技术骨干、知识分子和基层干部和履职绩效呈显著正相关,表明来自这些队伍的人大代表履职积极性较为突出。

表 3–15　　C 市人大代表结构与履职绩效的关系（总数）

知识分子	0.89*** （0.12）	0.51*** （0.05）
基层干部	0.47*** （0.12）	0.34*** （0.04）
履职经验	Yes	Yes
常数	-3.61*** （0.54）	1.48*** （0.44）
样本量	509	502
Prob > chi^2	0	0
拟合度	0.22	0.27

注：(1) 括号内为标准误。(2) * $p<0.1$, ** $p<0.05$, *** $p<0.01$。(3) 对于"性别"参照组为"女";"职业背景"参照组为一线工人。

为了进一步验证研究结果,笔者利用已有数据做了一个稳健性检验。履职绩效的测度不再是代表提出的议案建议总数,而用代表以第一提名人身份提出的议案建议数量代替,在一定程度上抵消人大代表为了完成既定提案任务"搭便车"和相互抱团增加影响力的担忧。分析得出的结论与前文基本一致,进一步支持了本节结论。

四　讨论

人大代表结构和履职绩效之间是否存在关联？各级人大常委会在换届选举中强调优化代表结构推进代表工作这一实践是否具有合理性和可行性？基于 C 市第十届、第十一届两届人大代表样本的观察,描述性统计分析和回归分析结果都表明,人大代表结构和履职绩效之间存在显

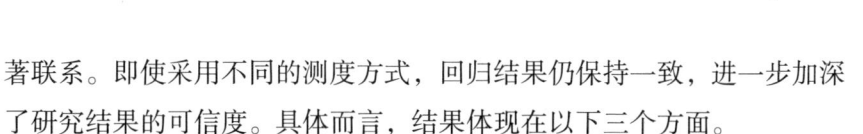

著联系。即使采用不同的测度方式，回归结果仍保持一致，进一步加深了研究结果的可信度。具体而言，结果体现在以下三个方面。

其一，受教育程度越高的代表、中年代表履职更为积极。受教育程度在某些方面是个体能力的反映，受教育程度越高，表明代表的履职能力更为突出，可以更好地完成代表工作。中年代表较青年代表和老年代表更为积极，这一结果符合已有发现，在已有研究中，中年时期是个体参政兴趣和参政能力的巅峰。

其二，性别对履职绩效产生影响，女性代表履职更为积极。无论是从总提案数还是第一提案数来考察履职情况，女性代表都呈现出十分显著的积极性。相比男性代表而言，女性代表在政治领域面临的环境更为严峻，她们进入政治活动需要更高的门槛。这在一定程度上促使进入政治领域并取得代表身份的女性的工作表现更为积极和优异。

其三，代表的职业背景影响其履职绩效，党政干部代表、企业管理者代表履职较为消极，知识分子和基层干部代表履职较为积极。在人大代表中占据绝大多数的党政干部代表和企业管理者代表，履职积极性不高。一方面，这可能正是兼职代表制所带来的缺陷，他们本职工作更为繁忙，导致其没有更多的时间和精力去充分履行代表责任；另一方面也侧面反映出C市人大更注重"身份"而不是"功绩"，这也是人大制度需要完善的地方。而知识分子代表履职积极和其受教育程度以及责任感密切相关。同时，基层干部履职积极和其职业属性密切相关。"知屋漏者在宇下，知政失者在草野"，基层干部有更多的机会感知和觉察社会所存在的问题；再加上，也正是受其职业的限制，基层干部往往缺乏"向上"反映问题的具体途径，因此人大自然成为其反馈问题较为顺畅的渠道，如乡镇干部努力向人大反映其所在乡镇面临的实际困难，推动问题更好更快解决。

由这些结果可以推断，各级人大常委会在换届选举中强调优化代表结构推进代表工作，在实践层面具备一定的可行性。在此，为了进一步改善人大代表的履职状况，推进人大工作，笔者基于实证发现并结合实地访谈资料特提出如下思考建议。

第一，适当降低党政领导干部在代表总数中的比例，释放名额给更多知识分子代表和基层代表。目前人大代表构成中党政领导干部代表比例过高，但此类代表在履职热情方面往往表现较弱，相反，基层干部、知识分子、一线工人等代表履职积极性较高，具有更加强烈的道义责任感和履职情怀，能够更好地发挥其代表性，但目前其所占比例过低。

正如笔者访谈中来自民主党派的知识分子代表 A 所提到的：

很多选民找到我，主动跟我反映情况，促使他们更愿意跟我交流的原因在于人大代表中党政领导干部占有的比例较大，像我们这种既是民主党派又热衷于人大代表工作的专业人士较少，党政领导干部代表向党政机关反映问题很多时候存在一定的利害关系，在一定程度上影响选民的切身利益，如曾经遇到区药监局通过人大向市药监局提建议，他们不方便向自己的上级提出意见，反而是更愿意通过我们将这些话讲出来，所以他们更愿意向我们反映问题。

知识分子代表 B 也提到：

不论是过去还是现在，党政领导干部代表比例都是相当大的……人大并不是说是要去迎合政府，事实上人大很希望内部有些敢说话的。像占有很大比例的党政领导干部，他们一般就不敢说，只有像我们这些知识分子和民主党派来的，就比较敢说，敢说并不代表政治觉悟不高，只是对现有的问题提出政策建议，希望变得更好，不能视而不见。

基于党政领导干部代表履职的重重顾虑，基层干部、知识分子等代表履职的优势和热情，以及二者在人大所占比例相差甚大的情况，适当降低党政领导干部代表比例，将这些名额释放给知识分子、基层干部和一线工人是人大结构优化的一个必行方式。其实,在人大选举实践中,全国人大常委会已经注意到党政领导干部代表比例过高这一情况,在2011—2012年进行的全国县乡两级人大换届选举中,中央文件就明确要求:"在换届选举中要优化代表结构,保证代表的广泛性和代表性,基层代表特别是一线的工人、农民和专业技术人员代表的比例,妇女代表的比例要比上一届有所上升,党政干部担任人大代表的比例要比上一届有所减低"。然而,在选举实践中,比例上升到什么程度,又降到什么程度,难以把握,而且这一比例要求更多体现在候选人提名阶段,最终还是以选举结果为准。这种方向性的模糊规定给基层政府带来了一定困难,在操作中难以践行。同时,随着人大制度和人大工作的完善发展,人大代表主体地位和作用全面彰显,人大代表这一资源也更为稀缺,基层代表面临更高的进入门槛。基层代表的减少与人大制度的设计初衷相背离,远离群众的代议机构发展前景如何值得深思。因此,在今后人大发展过程中,中央应该重视这一问题,切实采取有效举措控制党政领导干部代表的比例,保证代表的代表性和广泛性。

第二,增加女性代表的比例。不论是对履职积极代表的形象刻画,还是对代表结构与履职绩效的回归分析,都发现女性代表在履职中较为突出。然而从C市人大代表性别结构的演变中,我们可以看到,在最近几届代表构成中,女性代表的比例被逐步压缩,至第十二届,女性代表的占比仅为16.31%,远远低于同时期第十二届全国人大代表构成中的女性代表比例23.4%。事实上,女性在政治领域一直处于弱势地位,这一情形在世界各国普遍存在,女性的参政意愿和参政热情虽然受到一些争议,但在考察女性参政的现有文献中,普遍主张当面临更高准入门槛的女性进入政治领域后,她们表现得更为优异,参政议政能力毋庸置疑。在我们的访谈中,来自医疗行业的女性代表E的意见进一步证明了这一点。

> 走到(人大代表)这个位置上的女性,都是比较优秀的。人

大代表，政府中的女性干部，表现差不多。相对来说，女性偏中上等，不会有下等。男性的路径和方式比较广。

十四届全国人大妇女代表所占比重为历届最高，占代表总数的26.54%。然而，根据联合国的相关研究，任何一个群体的代表在决策层达到30%以上，才可能对政策议程产生实际影响力，世界妇女大会通过的《行动纲领》也要求女性在各级权力机构中应该达到30%的比例。以此来看，中国女性的参政情况不是很乐观，党和国家促进女性参政的力度有待进一步加强。因此，在女性参政能力得到肯定的情况下，重视女性代表在人大中的作用，注重用制度体系保障女性广泛参与国家和社会事务的管理，制定促进女性参政的具体政策措施，增加女性代表比例，成为优化人大结构、提升人大代表工作和政策输出结果的重要途径之一。

第三，建立人大代表履职评议和激励机制。判断和评价一位人大代表是否积极履职，对积极履职设置支持和激励机制对于推动代表工作至关重要。代表履职差别甚大的一个原因在于评价制度和激励制度的缺失，未能塑造代表参政议政的观念。当前，根据实务工作者的反映，人大代表履职驱动因素更多源于自身能力和工作情怀等主观因素，而非制度因素。在我们的访谈中，履职积极的来自街道的代表D提到：

> 像我这样（履职积极）的代表不多，在人大中最多有30%。我们到新加坡学习社区管理，大约20天。他们的议员按选区划分大约有80多位，全国80多个片区，一个选区产生一位议员。议员和选民直接联系，向选民述职。我们国家的人大代表制度只有区人大代表是直接选举的……积极代表比较少我觉得还是和制度有关，有表面的原因和深层次的原因。

来自高校的代表F提到：

人大开会不能请假，直接记缺席。当时有1/3甚至3/4的时间投入人大的工作，你要去履职，有时候看起来不花时间，实际做调研写报告都要花时间。人大对代表（的支持）可以说一点没有。比如我在学校参加学生的答辩还有几百块钱补贴，放弃答辩到人大开会什么补助都没有。

笔者认为，兼职代表制度下，建立和完善代表履职的评议机制和激励机制是代表工作良性运转的制度基础，不容忽视。具体构想可以从代表自评、机构评议和选民评议三者结合出发，拉近代表和选民距离的同时，增加对优秀代表的物质激励和荣誉激励，从而推动他们更好地代表人民利益。

第七节 本章小结

本章从实证的角度考察了地方人大代表的静态组成结构变化以及代表结构和履职绩效的关系。通过对湖北省C市第一届至第十三届人大代表年龄结构、性别结构、民族结构、党派结构、学历结构和职业结构的演变分析，笔者发现社会经济的发展带动了地方人大代表的结构变化，在党派结构和民族结构保持稳定的情况下，C市地方人大代表结构变化表现出以下特征：青年代表和老年代表退出下的中年化态势；一线工人和农民代表消失下的精英化趋势；党政领导干部代表增加下的领导化现象；企业管理者代表壮大下的经济化模式。

同时在此基础上，为了进一步审视人大代表结构的适度和效度，笔者利用C市1998—2006年第十届、第十一届人大九次会议的代表履职数据，进一步探讨了人大代表结构和履职绩效之间的关联，发现人大代表结构对履职绩效有着显著影响，受教育程度越高的代表、中年代表、女性代表履职更为积极，就职业背景来看，在人大构成中占据绝大比例的党政干部代表和企业管理者代表履职较为消极,占据较小比例的知识分子代表和基层干部代表履职更为积极。由此可以判断,各级人大常委会在选举指导文件中规定和强调优化代表结构推进代表工作这一做法具有可行性。其中,如何保证人大制度下基层代表的参政议政与党政领导干部代表的合适比例,是人大选举工作面临的重要挑战。

基于本章的分析结果,笔者认为完善人大制度、优化人大代表结构应从以下三个方面入手:一是适当降低党政领导干部代表比例,释放名额给更多的一线工人基层代表和知识分子代表。二是增加女性代表的占比,分析发现,面临更高参政门槛的女性进入政治领域之后,往往表现更为优秀,与这一发现相背离的实践是地方人大代表结构组成中女性代表比例的压缩,从而,增加女性代表的名额,有助于更好地发挥女性在政治领域的作用,推进代表工作。三是建立人大代表履职评议和激励机制,搭建代表工作的制度性基石。

受限于样本以及书稿篇幅等方面的原因,本章的论证还存在一定不足。我们认为未来的研究可以从以下三个方面优化:第一,综合更多层级和地区的人大进行纵向和横向的比较分析,以期对人大这一政治主体有更加深入的认识;第二,通过所提议案建议来测量代表履职绩效,是目前能做到的具有可行性的测量方式,但是这种测量方式存在一定的片面性,代表履职实际是一个十分复杂的情况,期望今后有更加全面的测度方式;第三,代表静态组成结构的最佳适度和效度是什么,有待未来进一步探索。

第四章
地方人大代表的行业代表性和地域代表性

作为中国的根本政治制度，人民代表大会制度自建立以来，尤其是改革开放之后，在推进社会主义民主政治制度化、规范化、程序化的道路上发挥了举足轻重的作用，同时，也为坚定和增强中国特色社会主义制度自信提供了更多的力量源泉。作为这一制度主体的人大代表，其能否积极作为、发挥实质代表性，直接决定了民意在多大程度上得以实现。一直以来，部分国内外学者认为中国的人大代表仅仅发挥了"橡皮图章"的作用，与选民的联系甚微。为了探究中国的人大代表是否只是"象征性"代表，仅仅具有结构政策所规定的描述代表性，本章专门对地方人大代表的履职行为进行分析，重点关注其地域代表性和行业代表性。

本章基于中国中部地区湖北省 C 市第十一届人民代表大会 557 位人大代表的背景资料及其提出的 2526 条议案、建议，利用混合研究方法从实证的角度对地方人大代表中"谁在积极地代表所在选区、单位和行业的利益""哪些因素影响人大代表的地域和行业代表性"，以及"他们是如何代表地域和行业利益的"进行了深入探讨。回归分析表明，地方人大代表的职业背景会影响其地域代表性和行业代表性，地域和行业代表性更强的人大代表往往履职更积极。此外，人大代表的年龄、党派等变量也会对其地域和行业代表性产生影响。通过深度访谈和议案建议的文本分析发现，职业背景之所以会影响人大代表的地域和行业代表性，一方面，职业往往与选区有所关联；另一方面，职业素养能赋予代表者更为专业的视角。除此之外，人大代表自身的责任感也会激励其积极发挥实质代表性。至于人大代表如何为所在地域和行业争取利益，笔者发现，代表们往往会采用"抱团"这一组织化的方式提高议案建议的关注度，并具体通过"要政策、要资金、要项目"来保证所代表群体利益的实现。基于所得结论，笔者提出均衡人大代表结构、创新进退制度、完善履职三大机制，走群众路线以优化人大代表结构，健全制度体系，提升人大工作质效。

第一节 引言

在现代政治生活中，选举等民主制度无论在何种政体中都发挥着关键作用，它是公民个人权利的实现形式，也是执政党增强政治合法性的路径选择。人民代表大会制度，作为中国的根本政治制度，是中国共产党带领全国各族人民，经过长期奋斗和实践探索而建立和发展起来的具有鲜明中国特色的国家政权组织形式，也是人民实现国家和社会事务管理的根本保障。人民代表大会制度的主体——人大代表，其作用的发挥直接决定着中国人民的意志和利益在多大程度上得以实现。由于不同群体利益和偏好逐渐多元化，而人大代表是政策输出的决策主体之一，因此，为了保证人大代表在实际履职中兼顾各个群体的政策偏好，现有法律对人大代表的结构、职责等进行了明确规定，如1997年国家专门对各级人大代表的构成做出了说明，应该保证代表性和广泛性，工人、农民、妇女、党外人士、少数民族都宜占一定比例，领导干部不应过多。① 2002年全国人大常委会对各级人大的选举工作提出要求，为了保

---

① 中共中央宣传部、全国人大常委会办公厅：《县级以上地方各级人民代表大会换届选举工作宣传提纲》，《人大工作通讯》1997年第17期。

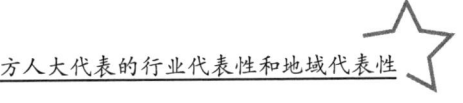

证人大代表的广泛性和先进性,知识分子应占适当比例,连任代表也要有一定比例。① 2010年中国在对《选举法》的第五次修订中,第6条明确要求来自基层的代表,尤其是工人、农民、知识分子代表宜具有适当比例。② 党的十八大报告也专门指出,要提高一线工人、农民、知识分子等来自基层的人大代表比例。③ 人大代表结构的不断优化和调整,在一定程度上阐释了"组织意图",即执政党希望通过吸纳特定群体进入人大系统以拓宽所在群体的政治参与渠道,给予不同群体以政策关照,这一政治行为直接体现出党和国家兼顾不同群体意志和利益的决心。这一政治行为的逻辑也得到了国内外大量文献的佐证,学者们通过使用不同方法对不同样本进行分析发现,中国根据国情和实际,不断修改选举法、完善选举制度,例如通过配额制、为特定群体保留占比等方式优化政治结构,从而保证结构对政策结果产生影响。那么,既然国家已经从政策制定的角度保证了人大代表的描述代表性,这些来自不同群体的人大代表则需要以实际履职来发挥好自身代表作用,以实现政策制定的初衷,践行"组织意图"。为了保证人大代表能够很好地执行政策,更好地代表特定群体人民的利益,中国各级人民代表大会专门对代表应如何履职做出了明确规定。那么,在实际履职中,人大代表的行为是否与相关制度规范和政策规定具有一致性?既然政策初衷是吸纳不同群体进入人大系统以保证社会各方利益得以实现,那么在履职中这些来自不同地域、不同行业的人大代表是否能够从实际出发,回应所在地域和行业的利益诉求,政策执行是否实现了与制度设计的一致性?这是本章想要探究的问题。

本章主要运用定量分析和定性分析相结合的混合实证研究方法。就

---

① 史卫民、刘智:《间接选举》下,中国社会科学出版社2004年版,第139—140页。
② 全国人民代表大会:《全国人民代表大会关于修改〈中华人民共和国全国人民代表大会和地方各级人民代表大会选举法〉的决定》,2018年3月11日,http://www.gov.cn/flfg/2010-03/14/content_1555450.htm。
③ 胡锦涛:《坚定不移沿着中国特色社会主义道路前进 为全面建成小康社会而奋斗——在中国共产党第十八次全国代表大会上的报告》,《人民日报》2012年11月18日第1版。

定量分析法而言，为了更为科学地探究哪些因素会对地方人大代表的地域和行业代表性产生影响，本章对两种代表性进行了科学测量，收集了来自中部地区C市人大代表的履职数据和背景资料，以检验所提出的研究假设，探究哪些人大代表是积极的地域代表者、哪些是坚定的行业代表者。就定性分析法而言在定量研究所得出变量间关系的基础上，为了更深入地探究地方人大代表代表行为的行动机理，揭示变量间的内在规律，本章从两个方面获取定性分析数据。一方面，本章专门就典型的议案、建议文本进行分析，以更好地描绘人大代表在为选区及选举单位、所在行业争取利益的行为逻辑，探究人大代表具体的行动模式和机理；另一方面，笔者对数位C市人大代表进行深度访谈，了解代表们在履职中的偏好、影响其代表行为的因素等，以期更加全面地充实定量分析的发现。本章重点关注国内外关于人大代表代表性和代表行为方面的研究、同时分析国外关于他国议员代表性相关的研究，并进行总结和归纳。此外，为了了解中国关于人大代表结构政策的变化，对中央及地方《选举法》《代表法》《组织法》《地方人大选举统计指南》等相关法律、政策的调整和修改历程进行挖掘。

人大代表的代表性研究一直以来都是国内外学术界关注的焦点，目前国内外已有研究更多的是笼统地解读人大代表的代表性，且大部分为理论性研究。本章恰恰从地方人大代表履职的角度，系统地运用实证方法探讨实质代表性的两个重要维度——地域代表性和行业代表性，同时在分析地域代表性时重点关注选区、单位两个层次。因此，本章选题视角较为独特新颖。

第二节 文献综述

一 代表性理论

（一）代表结构视角下的人大代表的代表性

人大代表代表性静态形式即描述代表性体现在人大代表的结构中。

第四章 地方人大代表的行业代表性和地域代表性

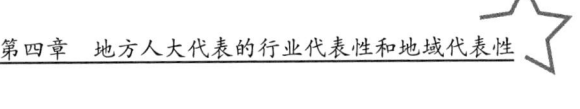

为了体现代表性，人民代表大会制度在制度设计与运行上充分考虑了人大代表的身份、年龄、性别、民族、受教育程度、党派、职业等因素，正因如此，欧博文认为，我们"最好将人民代表大会看作是组建起来而不是选举出来的，一个具有广泛性、先进性和代表性的社会拼盘"[①]。现有关于人大代表结构的研究主要包括现状分析和优化两大方面。

有不少学者基于对某级具体人大的研究，概括出人大代表结构划分的规律。"三多三少"是很长一段时间内学者对人大代表结构特征的概括，但对"三多三少"的内涵解读不尽相同。在较为早期的研究中，实务界工作者总结出存在党员代表多，非党员代表少；干部代表多，工农代表少；党政领导干部多，基层干部少的现象。[②] 而后何俊志通过对县级人大的考察，发现人大代表存在党员、男性及干部代表多，非党员、女性及群众代表少的特征。[③] 随着中国特色社会主义市场经济的发展，不断成长壮大的企业家被越来越多地吸纳到人大队伍中，在此背景下，学者发现人大代表结构呈现出新的特征，"经营管理者多，普通职工少；个体私营主多，弱势群体少"。[④] 王雄基于对市级人大的考察，从人大代表的结构来透视代表的回应性，分析发现人大代表结构具有选择回应性，而正是由于人大代表结构的选择回应性构建了新型政治经济联盟关系，国企和事业单位管理者、政府官员仍是这一联盟中的主要行动者。[⑤]

由于社会结构不断分化，新兴阶层陆续崛起，既有的结构划分存在不尽完善之处，学者们纷纷就优化代表结构，提高代表的描述代表性各

[①] O'Brien J. Kevin, "Agents and Remonstrators: Role Accumulation by Chinese People's Congress Deputies", *The China Quarterly*, Vol. 18, No. 1, February 1993, pp. 365–372.

[②] 孙少衡：《论人大代表结构中"三多三少"现象的成因及对策》，《人大研究》2001年第10期。

[③] 何俊志：《制度等待利益——中国县级人大制度模式研究》，重庆出版社2005年版，第134—138页。

[④] 雷伟红：《改善人民与人大代表关系的法律思考》，《江西行政学院学报》2008年第1期。

[⑤] 王雄：《地方人大代表的选择性回应偏好及其原因——以M市人大为例》，《社会主义研究》2017年第1期。

抒己见。王广辉认为人民代表大会制度完善的重心在于人大代表结构的优化，在其看来，人大代表结构的优化就是要实现真实性、代表性和有效性的统一，为了实现这种统一，其提出应该从人大代表外部结构优化和内在素质结构优化两个方面着手。①

就政治吸纳的外在结构而言，张惠敏提出应根据目前社会结构、阶层的实际情况，对原有分类标准进行修改，确定新的标准，厘清代表身份和行业的分类；②蔡定剑则指出应该优化人大代表的规模，全国人大代表应不超过2000人，最好1500人；③孙莹提出吸纳新兴社会力量的同时，为了实现不同阶层在代表权上的均衡，必须兼顾传统的民众基础。④也有学者从代表内在素质结构优化出发，谭君久和龚宏龄从人大代表选举的角度来探讨代表结构的代表性，他们认为应该通过在选举中缩小代表的比例差额，强化选举竞争机制和选举过程监督，从而实现人大代表从民众中产生，并保证选举中有能力和素质的代表脱颖而出，实现代表结构这一静态代表性。⑤

（二）代表—选民互动关系视角下的代表性研究

邱家军认为代表和选民之间的关系，实质体现为代表到底"代表谁"的问题。《代表谁？选民与代表》一书围绕二者间的关系，分别从公权授受、公权行使和公权制约的角度对选民与代表之间的关系进行了阐释。邱家军借助政治系统分析的方法，并结合有关代表的法规制度，及对中国选民与代表之间关系的实证考察，发现人大代表是集政党代理人、国家代理人、法律代理人、政策制定者和民意代理人于一体的多重政治角色的集合。而正是这种"多重代理的角色集"遮蔽了人大代表

---

① 王广辉：《人大代表结构优化的基本思路与对策》，《江汉大学学报》（社会科学版）2017年第2期。
② 张惠敏：《我国人大代表代表性研究》，硕士学位论文，中共中央党校，2006年。
③ 蔡定剑：《中国人大制度》，社会科学文献出版社1992年版，第149页。
④ 孙莹：《论我国人大代表结构比例的调整优化——以精英主义和多元主义代表模式为分析框架》，《中山大学学报》（社会科学版）2013年第4期。
⑤ 谭君久、龚宏龄：《选举视角下人大代表的代表性浅析》，《湖湘论坛》2010年第2期。

第四章 地方人大代表的行业代表性和地域代表性

应该有的基本属性,且成为代表们选择避险和政治不作为的合法合理依据。①

蔡定剑在其著作《中国人民代表大会制度》一书中专门对人大代表和选民之间的关系进行了探讨,以分析人大代表的代表性及地位。通过与西方国家选民与议员关系的对比,并在窥见马克思、列宁观点和理论的基础上,分别从宪法理论界所提出的强制委托论、非强制委托论、集中代表论三个不同角度,分析了中国人大代表的代表性,并认为强制委托理论通过强调人大代表和选民之间的强制委托关系,更符合当前中国的国情。②

赵宝煦在其1987年主持的对北京市海淀区、东城区以及杭州市人大代表的一项调查中,其中涉及"您认为人大代表首先应该代表什么"的问题,其中,约有50%的人大代表认为其代表选民和选举单位的利益,约有45%的人大代表认为首先代表国家的利益,5%以内的人大代表则认为代表党的利益。即使不同地域存在一定的差异,但总体上体现出人大代表的主观身份认同,旨在说明代表在面临角色冲突时将选民置于何种位置。③

(三) 比较分析视角下的人大代表的代表性

彭龙通过将中国的人民代表大会制度与西方的议会制度进行对比,分别从公平性和功效性两个维度透视中国的人大代表代表性存在的问题。公平性维度的代表性主要从代表的产生和结构两个方面与西方进行对比,功效性维度则基于人大代表在任期内是否有效履行职责与西方议员的相关情况进行比较。最后分别从两个维度提出中国的人大代表代表性提升的路径选择。④

王进芬首先对美国国会议员代表选民行为的五大特点进行剖析,即

---

① 邱家军:《代表谁?选民与代表》,复旦大学出版社2010年版。
② 蔡定剑:《中国人民代表大会制度》,法律出版社2003年版。
③ 赵宝煦:《民主政治与地方人大》,陕西人民出版社1990年版,第202—203页。
④ 彭龙:《中国人民代表大会制度的代表性问题及对策研究》,《党政研究》2015年第1期。

奉行"议员向选民负责"的理念以重视代表性、较高的议员资质以更好发挥代表性、通过直选获得代表性、与选民双向沟通以保持代表性、以物质优待保障代表性。接着与中国人大代表的代表性进行对比，依据五大特点分别就进一步提高中国人大代表的代表性提出政策建议。①

（四）履职视角下的人大代表的代表性

欧博文通过实地采访和调查，发现地方人大代表在履职中实际扮演了三种角色，即消极行动者、国家代理人和谏言者，在他看来，消极行动者往往视代表为荣誉称号而并没有切实履行应有的职责；扮演国家代理人这一角色的人大代表则将"下达"作为主要的职责；谏言者更关注选民以及不同社会群体和行业的经济利益和政治诉求，但其仍然承担着国家代理人的角色，集两种角色于一身。②

赵英男分析了改革开放以来人大代表的履职角色变化，人大代表越来越倾向于通过监督者、反馈者和政策提供者三种角色来发挥代表性，其中监督者和反馈者是人大代表履职的主要角色。此外，人大代表履职中的代表性和角色受其社会背景影响，一线工人和农民代表更倾向于反映群众利益和要求，政策提供者的角色更多由知识分子代表扮演，私人企业主和企业家则更接近政权代理人的角色，他们往往以模范代表为主。基于对人大代表履职中的角色和代表性的分析，赵英男认为人大代表成为连接公众，并推动立法发展的重要力量，且人大代表的代表性越来越强。③

加茂具树和内宏树基于对中国扬州市人大代表于2001—2005年所提交的议案进行描述性分析发现，越来越多的人大代表在为本选区的选民争取利益，且地方人民代表大会已经成为一个地方各种利益冲突提出

---

① 王进芬：《美国选民与国会议员的关系及其启示》，《当代世界与社会主义》2005年第6期。

② O'Brien J. Kevin, "Agents and Remonstrators: Role Accumulation Theory by Chinese People's Congress Deputies", *The China Quarterly*, No. 138, June 1994, pp. 359 – 380.

③ Cho Young Nam, "Public Supervisors and Reflectors: Role Fulfillment of the Chinese People's Congress Deputies in the Market Socialist Era", *Development and Society*, Vol. 32, No. 2, 2003, pp. 197 – 227.

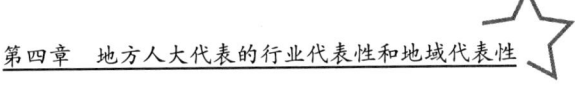

和协调的平台。这种冲突出现在代表地方利益的人大代表和代表国家利益的地方党委之间。①

黄冬娅和陈川慜从人大代表履职积极性的角度来考察人大代表的代表性,他们认为中国的人大代表由国家代理人逐步转变为民意代表,其代表性已经萌芽。为了分析哪些因素影响了人大代表的履职积极性,她们通过 2013—2014 年对全国县级人大代表的抽样调查,以议案和建议总数、弃权票或反对票数作为履职积极性的测量,以选举激励、政治身份、政治态度作为主要自变量,进行泊松和 logit 回归。实证分析发现,在中国连任并不是激励县级人大代表积极履职的动力,反而是来自选民在选举阶段的授权而产生的主观道义和责任感促使代表积极代表选民意志。②

罗里·特鲁克斯在其著作中全面分析了中国的人大代表在履职中所体现的有约束的代表性(representation with bond),人大代表的代表性在多大程度上得以发挥主要取决于执政者的偏好。对于人大代表所提出与民生问题相关且不涉及政治敏感性的议案建议,往往可以得到很好的回复,这部分人大代表代表性的发挥能够获得更多来自体制内的支持,从而有助于其更好地代表选民的利益。此外,来自企业的代表,往往也能利用政治联系为所在企业带来更多的物质利益。③

(五) 问题对策视角下的代表性

刘欢将人大代表的"代表性"作为研究的突破口,总结出人大代表"代表性"存在的四个具体问题:人大代表候选人提名所带来的代表的有限选择、少数服从多数的投票制度带来的选民与代表之间的不一致、代表多重角色的冲突、代表与选民距离拉大。针对这些情况,分析

---

① Tomoki Kamo, Hiroki Takeuchi, "Representation and Local People's Congresses in China: A Case Study of the Yangzhou Municipal People's Congress", *Journal of Chinese Political Science*, Vol. 18, No. 1, 2013, pp. 41–60.
② 黄冬娅、陈川慜:《县级人大代表履职:谁更积极?》,《社会学研究》2015 年第4 期。
③ Rory Truex, *Making Autocracy Work: Representation and Responsiveness in Modern China*, New York: Cambridge University Press, 2016.

出现问题的原因:现行"党委创议—人大审议"这一决策模式与人大双层组织结构带来了不利影响、选举和被选举间的政治平等困境、法律落实不力及代议制本身的弊端。最后以现存问题为导向,提出从领导方式、选举制度、选民与代表互动机制三个方面出发,解决人大代表的代表性困境。①

刘刚把人大代表的代表性置于民主场域下进行考量,并总结出代表性所面临的三重困惑,分别是客体甄别——"谁代表"、能力叩问——"是否代表"和路径考量——"如何代表",基于当前代表性面临的困惑,提出通过人大代表选举机制的优化创新、沟通渠道的多元化、监督考评机制的健全、代表退出机制的完善来实现人大代表代表性的重构。②

现有研究主要从以上五个视角探讨了人大代表的代表性,基于现有研究成果,可以发现关于人大代表代表性的研究多以规范性理论研究为主,经验性的研究仍然较为缺乏。本章从实证角度对人大代表的代表性进行考察,具体探究人大代表的地域代表性和行业代表性。目前学术界关于这两类代表性专门的深入研究较少。

二 人大代表的地域和行业代表性

从理论上来讲,代议制民主中选民选出的代表应当以选民代表的身份履行自己的职责,对选区和选民负责是代表工作的第一要务,然而这一抽象理论层面的阐述在具体运作时却往往存在巨大争议。③ 有一些观点认为,即使人大代表会从选民的角度出发提出意见和建议,但由于人大代表的真正授权并不是来自选民,因此他们更多扮演了国家代理人的角色。④ 最近的

---

① 刘欢:《人大代表"代表性问题"的生成逻辑与优化路径》,《辽宁行政学院学报》2014年第3期。
② 刘刚:《民主场域下"代表性"之惑及重构——以人民代表大会制度为例》,《成都理工大学学报》(社会科学版)2014年第22期。
③ 王宗礼:《浅论人大代表的责任问题》,《人大研究》1996年第7期。
④ O'Brien, Kevin J., "Agents and Remonstrators: Role Accumulation Theory by Chinese People's Congress Deputies", *The China Quarterly*, No. 138, June 1994, pp. 359 – 380.

研究则持不同观点，发现人大代表开始具有地域代表性和行业代表性。

在西方民主政体中，学者们普遍形成的一种共识是，议员基于连任的目的，往往会在履职中努力地为选区的选民及利益集团争取分配性政策的利益。① 为了迎合选民的需求，议员们会在那些选民很关注、并且立场清晰的议题上与选民偏好保持高度一致。② 然而，在非西方国家，对议员或代表的地域代表性研究则较为有限，沃伦·米勒等通过对越南第十二届国会代表在4次咨询会中提出质询的情况，发现代表确实在回应其选区内选民的诉求，提出关乎地区或选民的质询，但不同背景的代表在回应性的强弱和偏好上仍存在一定差异，具体而言，地方的专职代表回应性最强，他们更愿意挑战政府权威，就当地问题提出质询，而与中央政府联系更紧密的代表不太可能这样做，此外女性代表更倾向于回应选区选民。③

近年来，越来越多的国内外学者开始关注中国人大代表的地域代表性问题。加茂具树通过个案研究和文本资料分析，发现人大代表在其履职活动中存在为原选区或选举单位争取利益的现象。④ 墨宁在对安徽省抽样调查数据进行研究的基础上，也发现地方人大代表在意识和行为上都开始回应选区选民。在意识上，大部分地方人大代表赞同人大代表应该与选民保持一致；在实际行为中，地方人大代表反映民意活动的频数也相当高，倾向于为选民解决实际困难，积极反映所在选区的利益诉求，可见，地方人大代表已经具有了显著的"地域回应性"。⑤

---

① Lowi, Theodore J., "American Business, Public Policy, Case-Studies, and Political Theory", *World Politics*, Vol. 16, No. 14, 1964, pp. 677 – 715. David R. Mayhew, *Congress: The Electoral Connection*, New Haven and London: Yale University Press, 1974.

② Warren Miller, and Donald Stokes, "Constituency Influence in Congress", *The American Political Science Review*, Vol. 56, No. 1, 1963, pp. 43 – 56.

③ Edmund Malesky, Paul Schuler, "The Single-Party Dictator's Dilemma: Information in Elections without Opposition", *Legislative Studies Quarterly*, Vol. 36, No. 4, November 2011, pp. 491 – 530.

④ ［日］加茂具树：《人民代表大会：角色与功能的变迁》，《复旦政治学评论·第6辑》2008年第1期。

⑤ Melanie Manion, "Authoritarian Parochialism: Local Congressional Representation in China", *The China Quarterly*, Vol. 218, June 2014, pp. 311 – 338.

何俊志认为,这种地域代表性在来自乡镇一级的人大代表身上体现得也尤为明显。① 此外,李翔宇通过对 G 省十一届人大所提出的 2075 件建议进行描述性分析,发现中国省级人大代表确实普遍存在为地方争取利益的情况。② 桑玉成和邱家军以全国人大代表在一次会议中所提出的议案建议为研究样本,发现企事业单位的代表,他们其中的一部分,已经具有了为本单位争取利益的"代议"意识。③

在考察代表个体属性和履职中的代表行为时,有学者发现代表中最具行业代表性的人大代表多为大型企业的董事长或总经理,他们熟悉本地区的经济和行业发展情况,善于从行业出发提出议案建议,反映选民诉求,但工人、农民这类群体却很难准确地表达所在行业的利益需求,因为这部分代表往往缺乏必要的政治素质和专业教育,因此履职中往往遇到很多困境。④ 黄冬娅和陈川慜认为,兼职代表制下地方人大代表更倾向关注与职业和社会阶层相关的问题,他们会将自己作为"私营企业主的代表""农民的代表"。⑤ 魏姝从区级人大的视角出发,发现事业单位人员和企业高管更容易从本行业利益出发提出建议。⑥ 也有学者对市级人大代表的回应进行分类,将代表的行业代表性作为集团利益的维护,且认为都市中心区的人大代表会更多地为所在社会群体争取资源,因为市级人大更多地照顾了来自各个行业的代表,其群体利益分配功能更加明显。⑦

---

① 何俊志:《制度等待利益——中国县级人大制度模式研究》,重庆出版社 2005 年版,第 275—276 页。
② 李翔宇:《人大代表行动中的"分配政治"——对 2009—2011 年 G 省省级人大大会建议和询问的分析》,《开放时代》2014 年第 4 期。
③ 桑玉成、邱家军:《从代表议案和建议看代表属性及其履职之效率——以十一届全国人大二次会议为例》,《江苏行政学院学报》2010 年第 1 期。
④ 刘倩:《当代中国地方人大代表的角色扮演与代表行为研究》,硕士学位论文,陕西师范大学,2015 年。
⑤ 黄冬娅、陈川慜:《县级人大代表履职:谁更积极?》,《社会学研究》2015 年第4 期。
⑥ 魏姝:《我国基层人大代表的代表性分析》,《江苏行政学院学报》2014 年第 6 期。
⑦ 王雄:《地方人大代表的选择性回应偏好及其原因——以 M 市人大为例》,《社会主义研究》2017 年第 1 期。

三 文献述评

总的来说，现有文献已经在一定程度上观察到了中国人大代表的地域代表性和行业代表性，尤其是墨宁、黄冬娅的研究，前者观察到了代表的地域代表性和"肉桶政治"现象，后者则关注到了代表的行业代表性萌芽。但上述研究显然仍存在一些不足，一方面，现有的研究只是将地域和行业代表性作为研究中次要探讨的位置，也并未专门针对这两种代表性展开深入分析；另一方面，现有得出的对于人大代表地域和行业代表性的结论更多是基于理论性分析及描述性分析，并未从实证角度对代表的两种代表性进行分析。综上，如下问题均未得到全面深入的探讨：其一，人大代表是否存在代表地域和行业的倾向？如果有，谁在积极地代表其地域和行业，这些代表具有什么样的特征和背景？其二，具有地域和行业代表性的代表，他们是如何为地域和行业争取利益的？他们背后行动的机理什么？其三，通过检视地方人大代表的行业和地域代表性，对中国人大结构调整、人大制度的完善有何重要启示？

第三节 背景描述

一 表现形式

地域代表性和行业代表性皆属实质代表性的内容，即人大代表的实际代表行为倾向，前者指人大代表在行动中为一定范围内的被代表者争取利益，这里的范围可以是选区、工作单位等由自然属性和人文属性所联结起来的共同体，如某大学代表为所在大学服务。行业代表性则是人大代表为所在因社会分工而形成的共同体争取利益，包括生产同样的产品或提供同类服务的经济活动团体，如农民代表为"三农"问题发声等。评价一个代表是不是好代表，主要依据其到底做了什么，是否对被代表者的诉求有所回应，地域代表性和行业代表性的强弱就是评判一位代表是否增进了被代表者福祉、是不是一个好代表的重要标准之一。

人大代表的地域和行业代表性是其实质代表性体现的重要方面，是中国宪法和法律的基本要求。中国的《宪法》和《代表法》明确规定人大代表要对人民负责，尤其是要与所在选区选民和选举单位密切联系，对人民负责，受人民监督。从这个角度看，人大代表具有法定的代表选区及所在单位的地域代表性，基于此，本章将人大代表的地域代表性概括为人大代表在实际履职行为中为所在的选区和单位争取利益，对其负责所体现的代表性。由于中国实行兼职代表制，人大代表在担任代表角色的同时并不脱离自己的本职工作及生产，这使人大代表在履职中对所在行业的利益有所关注，直接体现为人大代表的行业代表性，因此，我们将行业代表性定义为人大代表在实际行为中为所在的因社会分工所形成的团体或经济共同体争取利益，对其负责所体现的代表性。无论是人大代表的地域代表性还是行业代表性，都与人大代表自身能力、身份背景、所在选区特征等因素密不可分。因此，地域代表性和行业代表性作为人大代表代表性的两个方面，其实质也可以被看成是代表人与被代表人之间关系的基本特性。

具体地，人大代表的地域和行业代表性体现为代表在实际履职中是否代表了所在地域和行业的利益，包括政策代表性、分配代表性、服务代表性三个具体方面。首先，就政策代表性而言，人大代表是影响议事日程的行动者之一，也是政策制定过程中的重要一环，代表们需要在政策上与被代表者保持一致，遵循被代表者的政策偏好，从政策的角度与被代表者站在一起，发挥好代表性；其次，在西方民主政治中，议员代表性发挥得好坏直接决定了选区能否获得更多的资源，实际上在中国也有相似之处，人大代表可以通过提出议案建议、表决等方式参与决策，他们对公共物品的分配有着重要的发言权，因此，人大代表能够通过为所在地域和行业争取良好的分配来更好地发挥其代表性。最后，服务代表性则表现为人大代表须与选民保持密切的联系，对选民所关心的问题

予以重视，急选民之所急，如关心选民的日常生活，帮助选民解决实际困难等。（见图 4-1）

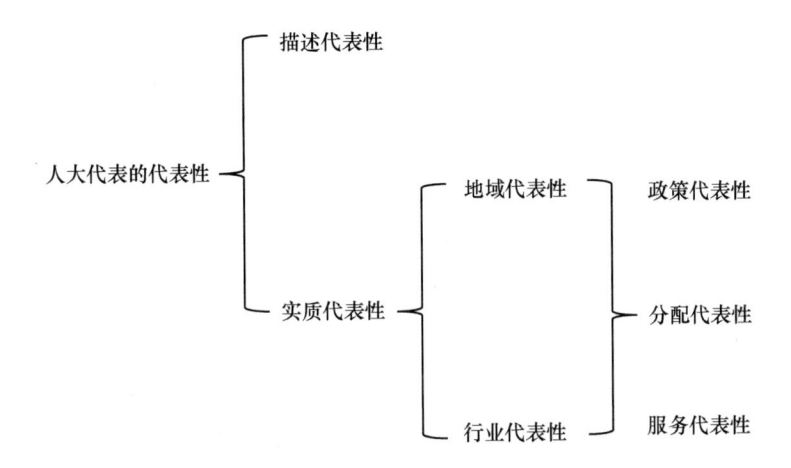

图 4-1　人大代表代表性的表现形式

二　法定依据

选举联系并不能足够全面地保证人大代表的地域和行业代表性，仍然需要若干法定规范来指导人大代表的履职行为。现有法律对人大代表地域和行业代表性的要求具体如下（见表 4-1）。

表 4-1　　　　　　人大代表地域和行业代表性的法定要求

法律类别	条款	内容
《代表法》	第一章第 2 条	全国人民代表大会和地方各级人民代表大会代表，代表人民的利益和意志，依照宪法和法律赋予本级人民代表大会的各项职权，参加行使国家权力
《代表法》	第一章第 4 条	代表应当与原选区选民或者原选举单位和人民群众保持密切联系，听取和反映他们的意见和要求，努力为人民服务
《宪法》	第三章第 76 条	全国人民代表大会代表应当同原选举单位和人民保持密切的联系，听取和反映人民的意见和要求，努力为人民服务

续表

法律类别	条款	内容
《选举法》	第六章第24条	选区可以按居住状况划分，也可以按生产单位、事业单位、工作单位划分
《选举法》	第十章第48条	全国和地方各级人民代表大会的代表，受选民和原选举单位的监督。选民或者选举单位都有权罢免自己选出的代表

中国的《代表法》规定，人大代表必须代表人民的意志和利益，同时《代表法》和《宪法》都明确提出人大代表必须听取和反映所在选区和原选举单位的意见和要求，那么，依据《选举法》中关于选区、选举单位的界定和中国关于选区和选举单位的划分，我们可以将人大代表"代表人民的意志和利益"解释为"代表选区、行业或原选举单位的利益"，因为法律中关于选举单位和选区的规定，事实上包含着以职业和行业为基础的工作和生产单位。另外，《代表法》中规定代表不脱离各自的生产和工作，也进一步佐证了这一点。综上可见，在中国关于人大代表代表性的法定要求中，隐含着人大代表的地域代表倾向和行业建制特征。[①]

人大代表的地域和行业代表性的实现，主要依赖于人大代表"做了什么"及"如何做"，为了保障人大代表有效地"做事"，中国对人大代表应该如何履职有着明确的制度规定。主要包括选民与人大代表的联系制度、履职保障制度、履职监督制度、工作评议制度等。这一系列制度对人大代表在人民代表大会开会与闭会期间的履职行为做了详尽而全面的规定，其核心在于保证和巩固人大代表与选民之间的法定联系。此外，为了保障人大代表切实履行职责、及时反映群众呼声，畅通民意表达渠道，中国在1954年召开的一届全国人大一次会议上就产生了人大代表建议制度，并分别在1982年、1997年、2005年逐步改进和完善

[①] 杨光斌、尹冬华：《我国人民代表大会制度的民主理论基础》，《中国人民大学学报》2008年第6期。

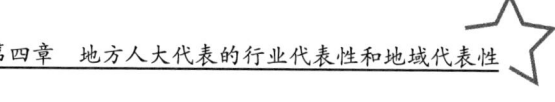

了代表议案和建议、批评和意见法规规范。进入新时代，中国各项事业发展迈入新的历史时期，人民群众的民主法治意识越来越强，对代表履职、建议办理工作提出了新的更高要求。习近平总书记指出，"各级国家机关及其工作人员一定要为人民用权、为人民履职、为人民服务，把加强同人大代表和人民群众的联系作为对人民负责、受人民监督的重要内容，虚心听取人大代表、人民群众意见和建议，积极回应社会关切，自觉接受人民监督，认真改正工作中的缺点和错误。"[①]

第四节 研究设计

基于理论和现实观察提出研究假设，为了检验所提出的假设，本节进一步阐述了数据来源、变量的选取和测量，并构建模型以分析人大代表地域和行业代表性的影响因素。

一 研究假设

为了探究哪些人大代表具有地域代表性和行业代表性，本节依据现有文献和访谈，提出以下研究假设，一方面检视现有国内外研究的结论是否适用中国地方人大的实际情况；另一方面深入分析人大代表的实际行为模式是否与相关制度规范具有一致性，即来自不同地域及行业的人大代表是否能够从选区、单位及本行业出发，为本选区、原选举单位和本行业发声，实现"组织意图"。简单来说，探究结构政策规定的描述代表性是否带来代表实际行为所体现的实质代表性。

（一）人大代表的地域代表性

H1：履职越积极的人大代表，其地域代表性越强。

履职是体现人大代表代表性的主要形式，人大代表的代表性依赖履

---

① 习近平：《在庆祝全国人民代表大会成立60周年大会上的讲话》，《光明日报》2014年9月6日第2版。

职这一途径得以实现。安东尼·伯奇在《代表——政治学的基本概念之一》一书中认为,不同代表的代表性是有强弱之分的,结合相关个案,他发现象征性代表的回应性最弱,这种类型的代表往往扮演了"符号代表"的角色,履职消极。① 从这个意义上来说,人大代表的履职积极性是能够对代表性产生一定影响的,因为积极履职的人大代表相比消极履职的人大代表他们代表地域利益的可能性更大。此外,来自选区的责任感也会促使人大代表更加积极地履职,而代表性正是需要通过实际代表履职行为体现出来。因此,笔者认为履职积极性可能在一定程度上会影响代表的地域代表性,且越积极的代表其代表性会越强。

H2:职业背景会对人大代表的地域代表性产生影响;

H2a:拥有主要领导干部、党政领导干部职业背景的人大代表不倾向于代表所在地域的利益;

H2b:来自基层的人大代表更倾向于为所在地域争取利益,有着更强的地域代表性。

在中国,主要领导干部和党政领导干部等人大代表大多肩负着重要的领导职务,这部分人大代表往往身居高位,其代表身份的确定虽然也是来自选民的选举,但实际上他们对选举自己的选民并不熟悉,甚至从未到过其划分的选区。而越是来自基层的代表与选民的联系越紧密,他们往往充分发挥了人大代表作为党和政府联系服务群众的重要桥梁纽带的作用,一方面,及时向人民群众传达党的路线、方针、政策、国家法律法规、人大决议决定,使群众及时了解和执行党的主张与国家的意志,做到上情下达;另一方面,深入到人民群众中去、倾听呼声、集中民意民智,实现好、维护好、发展好最广大人民群众的根本利益,做到下情上传。这些来自基层的人大代表会通过议案建议等方式向上级反馈来自选区的问题,也正是这种代表和选民之间的互动强化了基层代表的地域代表性。

---

① [英]安东尼·伯奇:《代表》,朱坚章译,台北:幼狮文化事业出版公司1978年版。

（二）人大代表的行业代表性

H3：履职越积极的人大代表，其行业代表性越强。

按照安东尼·伯奇的理论，人大代表的代表程度不同，履职消极的象征性代表，其代表性最弱。按照这个逻辑，人大代表的履职绩效是与代表性挂钩的，那么履职越积极的人大代表其行业代表性也应该更强。

H4：职业背景会对人大代表的行业代表性产生影响；

H4a：来自企业的人大代表更倾向于为行业争取利益，有着更强的行业代表性。

国外有大量的研究发现，具有企业背景的议员往往会利用政治联系为自己所在行业争取利益，如巴里·艾姆斯在研究巴西议员时发现，有企业背景的国会议员会将立法活动视为个人经济利益的延伸，他们通过游说等方式替自身所经营的事业争取相关利益，也会更积极地提出为所在行业分配更多利益的法案。[①] 随着中国特色社会主义市场经济的不断发展，一方面为了进一步巩固经济发展成果，团结经济发展的主力军，另一方面为了维护政权稳定，通过人民代表大会制度将这些企业的佼佼者吸纳进入政治体系，凭借政治吸纳予以企业代表社会政治地位的肯定，并通过利益分享的方式保障其经济发展权利。同时，企业家群体也可以被看作是一个利益群体，这一群体的存在与发展、利益获取与维护等，需要有良好的政治、行政环境，而良好的政治、行政环境是通过企业家与政治家之间的互动得到的。在这种互动中，企业家的主动性可以使企业利益得到更好表达和更多重视。[②] 这一点与部分学者的观点不谋而合，有学者认为当企业经营者参与到人大、政协等政治过程中时，他们首先要做的就是反映本行业的需求，代表他们的利益，企图影响政治决策。[③] 也有学者认为主流的行业代表者多为大型企业的领军人物，如总

---

① Barry Ames, "Electoral Rule, Constituency Pressures, and Pork Barry: Bases of Voting in the Brazilian Congress", *Journal of Politics*, Vol. 57, No. 2, May 1995, pp. 324-343.

② 郎佩娟：《企业家人大代表参政观察》，人民论坛，2015 年 3 月 23 日，http://theory.rmlt.com.cn/2015/0323/378408.shtml.

③ 赵丽江：《中国私营企业家的政治参与》，中国经济出版社 2006 年版，第 136 页。

经理或者董事长。①

H4b：主要领导干部、党政领导干部背景的人大代表不倾向于代表行业利益。

权力制衡理论决定了体制内人员在履行职能时要做到公正不偏，这在中国自古以来的公务员回避制度中体现得淋漓尽致。首先，由于党政领导干部身份的特殊性，其掌握着普通公民赋予的公共权力，其政治行为必然会受到来自制度、环境的约束，因此职务回避无论从硬性制度还是心理方面都强化了党政领导干部不应该利用职务之便为其所在行业谋取利益。其次，体制内上下级层级分明，上级在很大程度上决定着下级人员的评价、晋升和发展问题，这在一定程度上减少了党政领导干部身份的人大代表为本行业提意见和批评的可能性。最后，主要领导干部和党政领导干部本来就手握较大的行政权力，与其依靠人民代表大会提出议案建议，不如利用掌握的行政权力解决问题更有效率。

H4c：拥有基层干部身份的人大代表行业代表性更强。

在中国，基层干部的职业属性决定了其拥有广泛的职能，上到基层治理，下到选民琐事，这也决定了基层干部人大代表拥有更好的机会感知和觉察社会所存在的诸多问题，职业优势也使其能够近距离发现特定的社会问题，这种从本行业出发提出政策建议的倾向会较其他职业背景的人大代表更高。

二 数据

本章所使用的数据由笔者自建数据库和访谈数据两部分构成，样本来源于中国C市市级人大。C市人大常委会提供了第十一届人大共四年的完整议案建议资料。据C市人大内部刊物记载，自该市第七届人民代表大会至今，人大代表的结构发生了很大变化，各种职业代表的比例也经历了较大的变动和调整。因此，借此研究，本章也想探究C市人

---

① 刘倩：《当代中国地方人大代表的角色扮演与代表行为研究》，硕士学位论文，陕西师范大学，2015年。

大代表结构的调整是否促进了代表更好地履职。

自建数据库为混合数据库,由两个子数据库构成,其一为包括所有人大代表的完整数据库,其二为议案建议第一提名人数据库。之所以用两个数据库的原因在于,笔者在分析议案建议的过程中,发现一半以上的议案建议由两名或两名以上的代表联名提出,考虑到多人提名会存在搭便车以及某种程度上会削弱人大代表的代表性的情况,在对完整数据库进行分析的基础上,又以议案建议第一提名人的数据进行稳健性检验。自建混合数据库所含数据源于两个主要方面。

其一,C市第十一届人大代表的个体资料,具体包括人大代表的性别、年龄、党派、职业、受教育程度等人口统计学特征,及人大代表的任职经验和退休情况。此外,本章纳入了代表所在选区的人大代表规模。

其二,2003—2006年C市第十一届人大所有代表议案和建议汇编。C市第十一届人民代表大会,于2002年12月,由13个区级人大及驻军分别选出共计14个代表团557名人大代表,人大常务委员会确定557名代表资格有效,[①] 于2006年12月换届,在此期间提出的议案、建议,共计2526件。本章专门对C市第十一届人大557名代表四次会议的议案建议总数、均值、标准差等基本情况进行了统计和描述,表4-2和表4-3分别显示了C市人大557位人大代表第十一届四次会议的所有议案建议和第一提案的基本情况,从中可以看出,人大代表的提案数在四次会议中逐年增长,某种意义上反映了人大代表履职更加积极,参政议政情况不断改善,且平均每人以第一提案人的身份提出4.4条议案建议,其中最积极的代表提出了136条。为了探究每位代表的履职情况,笔者将代表进行编码,并比较了四次会议中代表的提案情况,可以看出四年中代表履职情况大体类似,部分代表在履职时是十分积极的,但每年80%以上的代表参与提交议案建议的数量都较为稳定,为10件以内。

[①] 第十一届代表名单因代表调任、逝世、撤职中途有所变动,但由于作者未得到每年具体变动情况和补选代表资料,只能使用最初任职名单进行分析,补选代表未纳入其中。

表4-2　　C市第十一届人大代表及议案建议情况（N=557）

	均值	标准差	最小值	最大值	总计
2003年	4.54	(5.01)	0	42	513
2004年	4.41	(5.36)	0	51	640
2005年	4.53	(5.00)	0	42	670
2006年	4.56	(5.51)	0	40	703

表4-3　　C市第十一届人大代表第一提案情况（N=557）

	均值	标准差	最小值	最大值	总计
第一提案数	4.4	(9.29)	0	136	2526

为了保证人大代表履职行为的完整性，避免研究结果的偏差，本章排除了中途终止职务的代表和军队代表，[①] 最终统计的代表共计502名。选取代表所提议案建议作为履职考察的原因在于：首先，人大代表在人民代表大会闭会期间的考察、调研、联系选民等行为，往往会以议案、建议的方式来进行表达；其次，人大代表提出的议案和建议较之于其审议、选举等履职行为和活动更为具体、准确，且可观察度更高；再次，通过关注代表提出议案、建议，能够直接观察到代表的个人行为，议案建议的提出是人大代表基于其自由意志的选择，可体现较强的主观性；最后，现有文献也遵循此测量方式来探究议员的履职情况。[②] 长期

[①] 排除军队代表的原因在于，这些代表与其他代表产生基于不同的法律条款和选举基础，在具体选举操作中亦存在显著性差异，笔者认为将其与其他基于地域产生的选区代表放在同一基准模型中进行分析并不恰当。

[②] Crisp, Brian F., et al., "The Role of Rules in Representation: Group Membership and Electoral Incentives", *British Journal of Political Science*, Vol. 48, No. 1, January 2018, pp. 47-67. 黄冬娅、陈川慜：《县级人大代表履职：谁更积极?》，《社会学研究》2015年第4期；桑玉成、邱家军：《从代表议案和建议看代表属性及其履职之效率——以十一届全国人大二次会议为例》，《江苏行政学院学报》2010年第1期；何俊志、刘乐明：《全国人大代表的个体属性与履职状况关系研究》，《复旦学报》（社会科学版）2013年第2期。

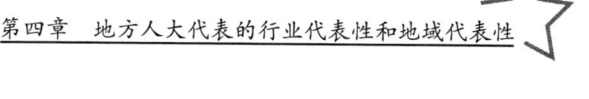

研究中国问题的学者罗里·特鲁克斯指出，在某些地方，人大代表的投票行为一定程度上流于形式，代表们开始通过建议与意见的方式施加影响，他们所提出的意见建议也被全国人大所重视。①

关于访谈数据，笔者访谈了C市第十一届多位人大代表，访问内容围绕代表的当选、代表工作认知、代表的代表性及连任意愿等方面展开，如（1）代表如何当选；（2）如何定义自身代表身份；（3）工作内容及履职动机；（4）认为自己的履职工作应该对谁负责，谁是关系到自己连选连任的关键角色等。

三 变量定义与描述

（一）因变量：地域代表性和行业代表性

本章用两个被解释变量来考察地方人大代表的代表性，即人大代表地域代表性和行业代表性。这两种代表性的具体测度方法如下（见图4-2）。

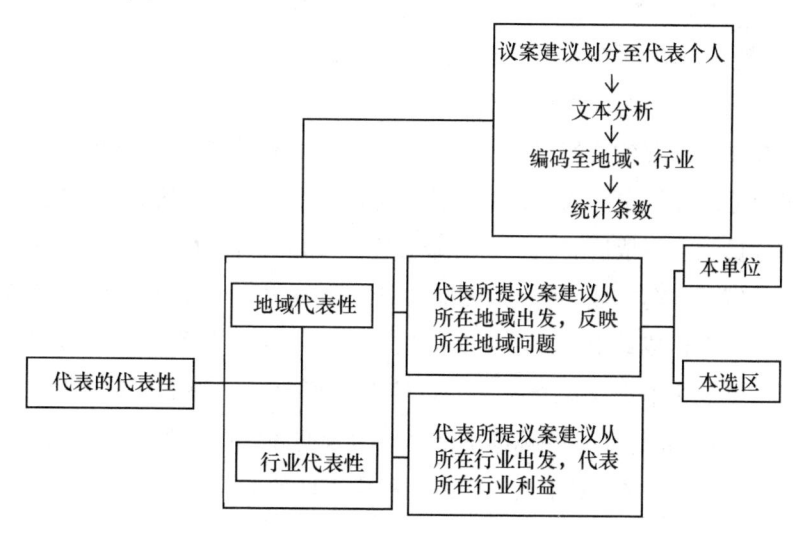

图4-2 地域代表性和行业代表性的具体测度方法

---

① Rory Truex, "Representation by Design: Preference Congruence in Authoritarian Parliament", Working Paper, October 2012, pp. 2-4.

首先，将人大代表联名提出的议案建议划分至代表个人，依据代表名单整理出 C 市第十一届人大四次会议每位人大代表所提的议案建议情况。其次，对每一条议案建议的具体内容逐条进行文本分析，按其内容指向编码至地域、行业两个类别。最后，统计各项内容的议案建议条数作为被解释变量地域代表性和行业代表性的测度。其中，"地域代表性"主要指代表所提议案和建议的内容从其所在单位、选区的发展角度出发，就具体的方面（如市政建设、税费补贴、工程项目等）提出意见建议，明确反映所在地区的特定问题，向上级部门争取支持和帮助。"行业代表性"指人大代表从自身行业出发，反映所在行业的诉求，维护行业的群体利益，例如，教育行业代表呼吁国家加大教育投入。需要特别说明的是，为了深入分析人大代表的地域代表性，本章在按照原有地域和行业两个分类进行分析的同时，进一步将地域细分为所在单位、选区两个层次来分别考察地域代表性，前者直接体现为人大代表明确在议案建议中提到自己的单位，为自己所在单位代言，后者则体现为为所在选区争取利益，单位和选区两个层面的代表性呈互斥关系，如某大学教师为所在大学的更好发展提出议案建议则为单位代表性，如该教师从更大的选区视角体现政策偏好则为选区代表性。

在具体议案建议的编码中，不排除会受到研究者主观判断的影响，为了保证研究结果的效度，笔者特别挑选课题组中 3 名研究人大代表领域的成员独立完成所有编码，分歧在 10% 以内，信度高于 90%。在进行独立编码之前，建立统一的编码要求，并通过对一部分议案建议组建训练集，以达成共识，该过程类似监督学习中第一阶段的训练集学习。学者哈罗德·卡萨加恩指出，一旦信度高于 85%，那么研究者便可以满意该统计结果。[1] 这一标准也得到了学者们的认同，并运用于科学研究中。[2] 可见，本章对于人大代表两种代表性的编码保证了研究结果的

---

[1] Harold H. Kassarjian, "Content Analysis in Consumer Research", *Journal of Consumer Research*, Vol. 4, No. 1, 1997, pp. 8 – 18.

[2] 罗清俊、张晓萍：《立法委员分配政治行为分析：选区企业与立法委员企业背景的影响》，《政治科学论丛》2008 年第 35 期。

效度。

(二) 自变量

本章的主要解释变量为人大代表的职业背景、履职积极性（见表4-4、图4-3）。关于职业背景，本章以C市人大代表的具体职业为基准并结合已有研究，将人大代表的职业具体划分为14个类别：主要领导干部，党政领导干部，事业单位领导，人大领导，人大工作人员，国企领导，私企领导，股份合作制与集体企业领导，国企、政府和事业单位中层，民主党派和社会团体领导，知识分子，基层干部，一线职工，军队成员。根据人大有关人员的信息反馈，主要领导干部指担任某些重要职务、被党组织提名进入人大代表名单的个人，包括市长、市委书记、市政府主要职能部门领导、各区区委书记、区长、人大常委会主任等。党政领导干部包括党政机关内部除主要领导干部以外局级及以上级别的高层干部。国企、政府和事业单位中层指组织内部的中级管理人员，多数为技术骨干。基层干部包括镇长、村支书及街道办事处主任等人员。关于履职积极性，则通过人大代表在每届人大期间提出的议案建议总数来予以测量。

表4-4　　　　　C市十一届人大代表的职业背景

职业背景	人数（人）	占比（%）
主要领导干部	41	8.17
党政领导干部	93	18.53
事业单位领导	33	6.57
人大领导	29	5.78
人大工作人员	28	5.58
国企领导	80	15.94
私企领导	62	12.35
股份合作制与集体企业领导	9	1.79
民主党派和社会团体领导	17	3.39

续表

职业背景	人数（人）	占比（%）
国企、政府和事业单位中层	22	4.38
知识分子	26	5.18
基层干部	53	10.56
一线工人	7	1.39
军队成员	2	0.40
总计	502	100

注：此处的军队成员为军队代表团以外的散见于不同选区代表团的具有军队身份的人大代表。

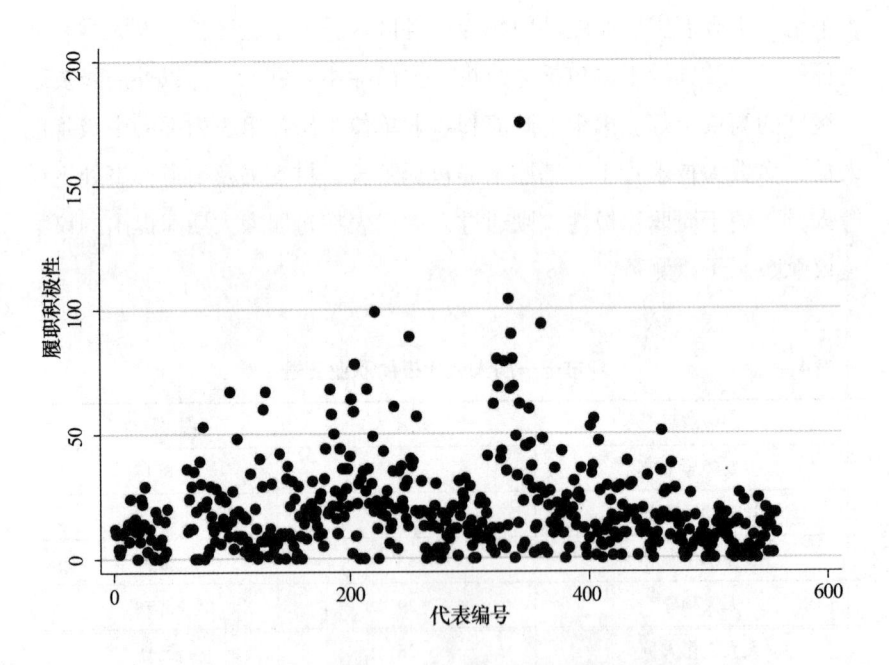

图4-3　C市第十一届人大代表的履职积极性

（三）控制变量

控制变量如表4-5所示。

表 4-5　　　　　　　　　　变量的描述性统计

变量名	N	均值	标准差	最小值	最大值
因变量					
地域代表性					
单位代表性	108	3.55	4.01	1	19
选区代表性	436	8.05	8.11	1	54
行业代表性	294	3.56	3.49	1	39
自变量					
职业背景（表4-4）	502	\	\	0	1
履职积极性	502	19.04	18.66	0	175
控制变量					
人口统计学特征					
性别	502	0.8	0.4	0	1
年龄	502	48.51	7.03	26	66
年龄平方	502	2402.72	679.12	676	4356
受教育程度	502	3.75	0.9	1	5
民族	502	0.99	0.99	0	1
党派	502	0.84	0.37	0	1
履职经验	502	0.37	0.71	0	4
退休情况	502	0.05	0.22	0	1
所在选区人大代表规模	502	50.45	19.00	9	85

四　研究模型

为了进一步探究地方人大代表行业代表性如何，本章通过泊松回归对数据进行统计分析，建立模型如下：

$$Y = \alpha + \beta_1 * occupation + \beta_2 * performance + \beta_3 * control + \varepsilon$$

其中，Y是被解释变量人大代表的地域代表性和行业代表性，α是常数项，$occupation$，$performance$皆为本章的主要解释变量，分别为代表的职业背景、履职积极性，$control$是包括代表个体特征、履职经验、退休情况和所在选区人大代表规模，ε表示随机误差项。由于被解释变量为连续变量，且为次数分布，本章采用泊松回归进行分析，在具体分析时采用分步回归，逐步纳入不同方面的控制变量，以求更为全面地阐述人大代表地域代表性和行业代表性的影响因素。

第五节 实证结果

一 地域和行业代表性

本节首先对 C 市第十一届人大代表的地域代表性和行业代表性的总体情况进行描述性统计，并在此基础上分别进行泊松回归分析，最后通过自建第一提案数据库和限制样本，即在有履职记录的人大代表使用两种方式对分析结果进行稳健性检验，从而确定是何种因素影响了人大代表的地域代表性和行业代表性。

本节专门就代表个体的地域和行业代表性情况进行了描述性分析（见图 4-4），发现 502 名代表中有 63 人不倾向于代表所在地域的利益，这部分人大代表既不会为本单位争取利益，也不会为所在选区发声。从行业代表性和地域代表性来看，211 名人大代表不曾从自身工作出发为行业争取利益，占比约为 42.0%，可见将近一半的人大代表在行业利益上保持沉默，但这与越南的"点头议员"比例相比仍稍小。[①] 这一总体情况喜忧参半，好的方面在于较大比例的代表存在为所在地域争取政策优待的行为，也有一半以上的人大代表愿意从本行业出发提出议案建议，至少在 C 市人大中完完全全的象征性代表数量不多，但同时也应注意到，地域代表性和行业代表性人大代表的均衡方面还存在一定缺陷。此外，笔者也发现个别人大代表在代表所在地域和行业时尤为积极，那么这些十分活跃的人大代表有着何种背景？为了回答这一问题，笔者对履职积极的前十位地域代表者和行业代表者进行了更为深入的探索。

---

① Edmund Malesky, Paul Schuler, "Nodding or Needling: Analyzing Delegate Responsivenessin an Authoritarian Parliament", *American Political Science Review*, Vol. 104, No. 3, August 2010, pp. 482-502.

第四章 地方人大代表的行业代表性和地域代表性

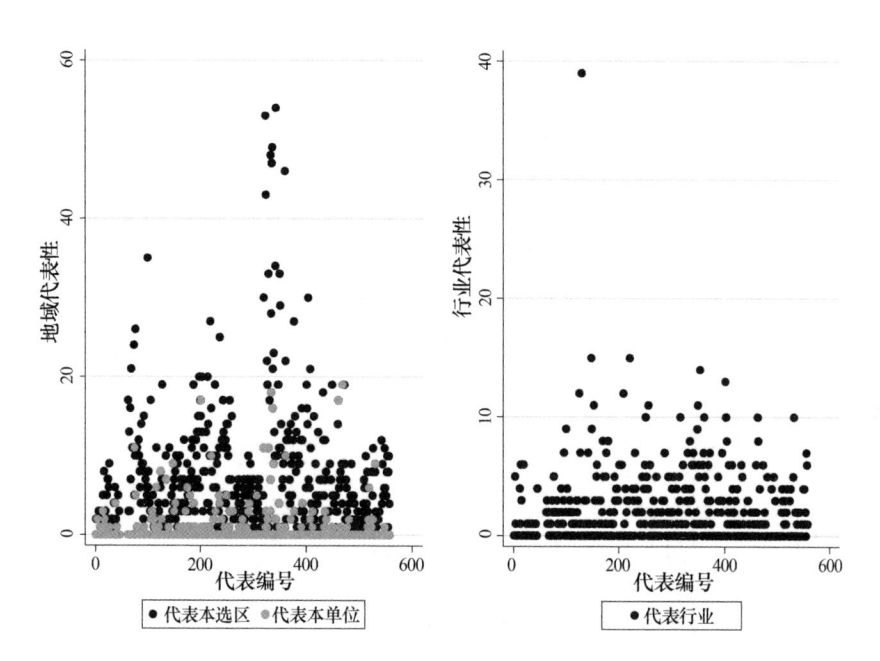

图 4-4 C 市第十一届人大代表代表地域、行业利益的议案建议总数分布

由表 4-6 可以看出，在地域代表性强的前 10 位人大代表中，男性代表占 60%，女性代表占 40%，相较于 557 位代表女性只占大约 20% 的比例看，积极的女性地域代表者占比较大。此外，这些积极的地域代表者年龄分布在 37—61 岁，多为汉族和中共党员。就受教育程度而言，多为大专及以上学历，另外，笔者发现人大系统中也存在类似其他政治系统的现象，即部分人大代表多具有在职和继续教育学历。从职业背景来看，基层干部、知识分子、党政领导干部似乎都是积极的地域代表者，其中知识分子、基层干部的地域提案件数高居前三，而实际上整届人大中知识分子代表总数为 26 人，一线工人为 7 人，总比例仅占 6% 左右，在一定程度上反映描述代表性较低的部分人大代表在实际履职工作中却展现出较强的实质代表性。另外，本节发现积极的地域代表者往往履职积极性较高，这具体反映在议案建议总数上，远远高于人大代表平均总提案数。

表4-6 地域代表性强的前10位人大代表的身份属性描述

编号	性别	年龄	民族	党派	受教育程度	职业背景	地域提案（件）	履职总数（件）
343	男	60	汉	中共党员	大学	知识分子	56	175
333	女	52	汉	中共党员	大学	知识分子	55	104
323	女	37	汉	中共党员	在职大专	一线工人	54	80
336	女	51	汉	中共党员	在职中专	事业单位领导	47	80
335	男	48	汉	中共党员	在职研究生	党政领导干部	47	90
360	女	61	汉	民盟	大学	知识分子	49	94
324	男	40	汉	中共党员	研究生	党政领导干部	46	69
334	男	44	汉	中共党员	在职大专	基层干部	46	68
329	男	41	汉	中共党员	在职大学	基层干部	44	79
320	男	39	汉	中共党员	在职研究生	基层干部	41	62

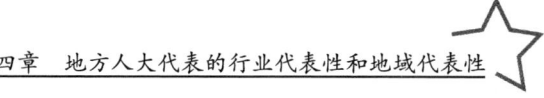

相比最积极的地域代表者，行业代表者代表行业的平均提案数远远小于前者，最积极的行业代表者共提出 39 条与其行业有关的议案建议（见表 4-7）。在十分积极代表行业的人大代表中，其中男性代表占比 80%，可以看出男性代表较女性代表更乐于从所在行业出发，为本行业发声。从年龄方面来看，这十位代表的平均年龄为 47.5 岁，和已有研究成果相符：进一步证明，较之青年人大代表和老年人大代表，中年人大代表履职最为积极。[1] 就受教育程度而言，皆为大专及以上学历。从职业背景来看，党政干部和基层干部是较为活跃的行业代表者，企业代表仅占一席，且为私企领导。所以吸纳更多民营企业家当人大代表真的可以优化营商环境、促进行业发展吗？这有待进一步通过实证来进行检验。另外，笔者发现行业代表性较强的人大代表其履职积极性也普遍较高。通过观察，可以大致描绘出一份活跃行业代表者的图像：年龄居于 40—60 岁男性汉族代表、政治面貌为中共党员、大专及其以上受教育程度的基层干部或党政领导干部。然而，这些样本层面的发现是否会扩展到总体层面将在后文进一步探讨。

二 地域代表性影响因素

为了更深入地探究人大代表的地域代表性和行业代表性受哪些因素的影响，本章运用泊松回归分别对两种代表性进行探讨，并通过两种方法进行稳健性检验。

在考察地方人大代表的地域代表性时，重点考虑了两个层次的代表性，包括选区代表性和单位代表性。本部分在模型中依次纳入个体和选区的控制变量（见表 4-8）。模型 1 仅纳入主要解释变量和被解释变量，模型 2 纳入人大代表个体的控制变量，模型 3 则在模型 2 的基础上加入选区特征的变量进一步控制。

---

[1] O'Brien J. Kevin and Lianjiang Li, "Chinese Political Reform and the Question of 'Deputy Quality'", *China Information*, Vol. 8, No. 8, 1993, pp. 20-31.

表4-7　行业代表性强的前10位人大代表的身份属性描述

编号	性别	年龄	民族	党派	受教育程度	职业背景	行业提案（件）	履职总数（件）
129	男	49	汉	中共党员	在职研究生	党政领导干部	39	67
221	男	41	汉	民盟	研究生	知识分子	15	99
147	男	51	汉	中共党员	大专	党政领导干部	15	32
352	男	41	汉	中共党员	在职研究生	党政领导干部	14	37
401	男	50	汉	中共党员	在职大专	私企领导	13	53
124	女	55	汉	中共党员	市委党校大专	基层干部	12	40
209	男	53	汉	中共党员	大学	事业单位领导	12	32
152	男	45	汉	中共党员	大专	基层干部	11	31
256	女	40	汉	无党派	在职大专	基层干部	11	57
348	男	50	汉	中共党员	在职大学	党政领导干部	11	45

表4-8　　C市地方人大代表地域代表性回归分析结果

	选区代表性			单位代表性		
	(1)	(2)	(3)	(1)	(2)	(3)
履职积极性	0.027***	0.028***	0.028***	0.024***	0.024***	0.026***
	(-0.001)	(-0.001)	(-0.001)	(-0.002)	(-0.002)	(-0.002)
职业背景						
主要领导干部	-0.711***	-0.629***	-0.622***	-2.452**	-2.460**	-2.443**
	(-0.145)	(-0.146)	(-0.146)	(-1.025)	(-1.027)	(-1.027)
事业单位领导	0.304***	0.313***	0.302***	0.039	0.038	0.191
	(-0.075)	(-0.075)	(-0.076)	(-0.224)	(-0.224)	(-0.233)
党政领导干部	0.224***	0.223***	0.228***	-1.575***	-1.574***	-1.567***
	(-0.063)	(-0.063)	(-0.063)	(-0.290)	(-0.290)	-0.291
人大领导	-0.027	0.031	0.020	-1.678	-1.684	-1.529
	(-0.135)	(-0.138)	(-0.138)	(-1.033)	(-1.035)	(-1.037)
人大工作人员	0.222**	0.227**	0.237**	-15.131	-14.610	-15.613
	(-0.098)	(-0.098)	(-0.099)	(-609.7)	(-470.2)	(-761.0)
国企领导	0.318***	0.332***	0.330***	0.184	0.184	0.252
	(-0.078)	(-0.078)	(-0.078)	(-0.276)	(-0.276)	(-0.277)
国企、政府和事业单位中层	0.029	0.033	0.032	0.123	0.127	0.11
	(-0.083)	(-0.082)	(-0.082)	(-0.233)	(-0.234)	(-0.233)
私企领导	0.172**	0.188**	0.190**	-1.298***	-1.296***	-1.330***
	(-0.080)	(-0.080)	(-0.080)	(-0.419)	(-0.419)	(-0.420)
民主党派和社会团体领导	0.190**	0.246***	0.248***	-0.471	-0.473	-0.458
	(-0.093)	(-0.094)	(-0.094)	(-0.300)	(-0.300)	(-0.301)
知识分子	-0.289***	-0.262***	-0.263***	0.337	0.338	0.334
	(-0.083)	(-0.082)	(-0.082)	(-0.278)	(-0.278)	(-0.277)
基层干部	0.242***	0.216***	0.214***	1.868***	1.871***	1.903***
	(-0.064)	(-0.064)	(-0.064)	(-0.220)	(-0.221)	(-0.222)
股份合作制与集体企业领导	-0.143	-0.122	-0.109	1.519***	1.519***	1.466***
	(-0.187)	(-0.187)	(-0.187)	(-0.327)	(-0.327)	(-0.329)
人口统计学特征						

续表

	选区代表性			单位代表性		
	(1)	(2)	(3)	(1)	(2)	(3)
中共党员	-0.067	-0.031	-0.0225	-0.361*	-0.361*	-0.544***
	(-0.057)	(-0.057)	(-0.058)	(-0.196)	(-0.197)	(-0.211)
男性	-0.259***	-0.185***	-0.187***	0.252*	0.246*	0.254*
	(-0.042)	(-0.045)	(-0.045)	(-0.141)	(-0.146)	(-0.148)
年龄	0.130***	0.163***	0.160***	0.744***	0.741***	0.795***
	(-0.031)	(-0.034)	(-0.034)	(-0.135)	(-0.139)	(-0.143)
年龄平方	0.002***	0.002***	0.002***	-0.008***	-0.008***	-0.008***
	(-0.001)	(-0.001)	(-0.001)	(-0.001)	(-0.001)	(-0.002)
汉族	-0.309**	-0.346**	-0.354***	0.105	0.108	0.191
	(-0.137)	(-0.138)	(-0.138)	(-0.720)	(-0.720)	(-0.721)
受教育程度	-0.088***	-0.102***	-0.104***	-0.050	0.052	0.046
	(-0.021)	(-0.022)	(-0.022)	(-0.062)	(-0.063)	(-0.062)
任职经验		-0.109***	-0.107***		0.011	-0.02
		(-0.035)	(-0.035)		(-0.086)	(-0.088)
退休情况		0.451***	0.457***		-0.056	-0.145
		(-0.120)	(-0.120)		(-0.627)	(-0.632)
选区人大代表规模			0.001			-0.008**
			(-0.001)			-0.003
常数项	-0.596	-1.323*	-1.272	-18.560***	-18.500***	-19.440***
	(-0.738)	(-0.797)	(-0.797)	-3.214	(-3.297)	(-3.373)
N	502	502	502	502	502	502
Prob > chi²	0.000	0.000	0.000	0.000	0.000	0.000
Pseudo R²	0.4436	0.4486	0.4488	0.4692	0.4951	0.4986

注：1. 括号内为标准误。2. * $p<0.1$，** $p<0.05$，*** $p<0.01$。3. 职业背景以"一线工人"为参照组。

实证结果表明，当加入的控制变量越全面，R^2 的值越大，即拟合优度越好。分析发现，当纳入人大代表人口统计学、任职经验等个体特征及选区人大代表规模后，履职积极性仍然对地方人大代表的选区代表

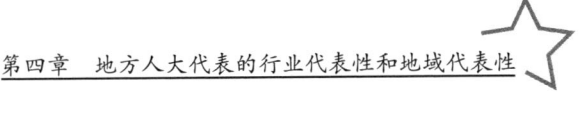

性和单位代表性产生显著的正向影响,且当地方人大代表多提出 1 个关于选区和所在单位的议案建议,其地域代表性将增加约 3 个百分点,说明履职越积极的代表,其地域代表性相应地会越强,H1 得到证实。就人大代表的职业背景而言,拥有主要领导干部背景的人大代表不倾向于代表选区和单位利益($p<0.05$),主要原因在于这部分人大代表往往由党派提名,与选民的联系较少,其本职工作中行政事务往往较重。然而,党政领导干部代表在地域代表性方面却存在差异,虽然他们不倾向于代表单位发声,但却在履职中倾向于代表选区,由此可以看出地方人大代表的地域代表性存在着一定层次性,H2a 得到部分证实。从主要领导干部和党政领导干部的差异也可以得出,行政级别在某种程度上影响了人大代表与选民的联系。本节同样关注基层干部代表的地域代表性,研究发现,这部分代表拥有很强的选区和单位代表性($p<0.01$),他们倾向于为所在地域提出议案、建议,H2b 得到证实。除了重点关注的职业背景外,本章还发现来自事业单位、国企、私企、民主党派及社会团体的人大代表也愿意为选区反映问题,股份合作制与集体企业领导代表倾向于为所在单位发声。就知识分子代表而言,从单位代表性为正可以看出,相比反映选区的具体事务,他们的地域代表性会更多地体现在维护本单位利益方面,他们倾向于为单位发声,这一点在访谈中也得到了印证,知识分子代表要么站在更为宏观的角度为全市乃至整个国家提出政策建议,要么他们会就日常生活中与单位相关的事务提出议案建议。

就控制变量而言,中共党员不倾向于代表单位提出议案建议;女性代表较男性代表更倾向于代表选区的利益,而男性代表则更多地代表本单位的利益;人大代表年龄越大,其选区代表性越强,而在单位代表性方面,中年人大代表的代表性更强;少数民族代表更倾向于为选区争取利益。有趣的是,受教育程度越高的人大代表,其选区代表性越弱,为什么教育水平越高的人大代表会不倾向于代表选区利益呢?这可能在某种程度上反映出一些知识青年存在"政治冷漠症",即受教育程度越高的人大代表没有政治热情并通过不参与的形式来表达异议，从而在某种程度上体现出一种政治脱离。① 此外仍可能存在另外两种解释：一是受教育程度越高的代表会更重视整体的利益，更多地将自己作为公共利益代表者。二是有可能由于本章的研究对象 C 市地方人大代表整体受教育程度为大专及以上，受教育程度相对较低的样本量较小。就履职经验而言，连任届数越多的代表，选区代表积极性和热情更弱，多连任 1 届，其选区代表性将减少约 10%。而已到退休年龄的人大代表热衷于发挥余热，为所在选区争取利益。基于现有文献所发现的选区人大代表规模会对地域代表性产生影响，本章印证其对地域代表性的影响主要体现在单位代表性方面，选区人大代表规模越大，人大代表的单位代表性越弱，与当前文献的发现具有一致性，即选区人大代表（议员）的规模会在一定程度上影响其代表性，在中国的大背景下，单位代表性减弱的原因可能主要在于选区代表人数越多，每位代表所受到的来自其他同选区代表的内部监督会更多，这将会给人大代表地为所在单位争取资源的履职行为带来一定压力。

三 地域代表性的稳健性检验

为保证回归结果的可靠性，本章专门对 C 市人大代表的地域代表性进行了稳健性检验（见表 4-9）。由于人大代表在提出议案建议时存在联合提名的情况，考虑到搭便车的可能性，本章首先用第一提案数据库进行稳健性检验（模型 4），解释变量不变，被解释变量为各个代表以第一提名人的身份从本选区、本单位出发所提出的议案建议的总数，控制代表个人和所在选区的特征，使用泊松分布进行回归分析。其次，考虑到部分人大代表本身就没有提出任何一条议案建议，也就不存在为所在地域争取利益的可能性，因此本章将这部分未履职的"象征性"

---

① Kevin Croke, et al., "Deliberate Disengagement: How Education Can Decrease Political Participation in Electoral Authoritarian Regimes", *American Political Science Review*, Vol. 110, No. 3, August 2016, pp. 579–600.

代表排除，排除后共有470名人大代表，后文将对这部分代表进一步进行分析（模型5）。

表4-9　　C市地方人大代表地域代表性的稳健性检验

	选区代表性			单位代表性		
	(3)	(4)	(5)	(3)	(4)	(5)
履职积极性	0.040***	0.028***	0.028***	0.030***	0.026***	0.026***
	(-0.002)	(-0.001)	(-0.001)	(-0.004)	(-0.002)	(-0.002)
职业背景						
主要领导干部	-0.756***	-0.113**	-0.622***	-20.35***	-1.785*	-2.443**
	(-0.285)	(-0.152)	(-0.146)	(-6732.3)	(-1.022)	(-1.027)
事业单位领导	0.291**	0.296***	0.302***	0.0517	0.188	0.191
	(-0.150)	(-0.076)	(-0.076)	(-0.277)	(-0.233)	(-0.233)
党政领导干部	0.170***	0.221***	0.228***	-1.962***	-1.568***	-1.567***
	(-0.135)	(-0.063)	(-0.063)	(-0.367)	(-0.290)	(-0.291)
人大领导	-0.944***	0.042	0.020	-18.64	-1.471	-1.529
	(-0.35)	(-0.138)	(-0.138)	(-4501.4)	(-1.036)	(-1.037)
人大工作人员	0.321*	0.210**	0.237**	-20.250	-14.480	-15.613
	(-0.191)	(-0.100)	(-0.099)	(-7213.0)	(-430.1)	(-761.0)
国企领导	0.441**	0.318***	0.330***	-0.117	0.253	0.252
	(-0.186)	(-0.078)	(-0.078)	(-0.330)	(-0.277)	(-0.277)
国企、政府和事业单位中层	0.049	0.0384	0.032	0.371	0.111	0.11
	(-0.187)	(-0.082)	(-0.082)	(-0.305)	(-0.233)	(-0.233)
私企领导	0.258	0.184**	0.190**	-1.478***	-1.335***	-1.330***
	(-0.176)	(-0.080)	(-0.080)	(-0.444)	(-0.420)	(-0.420)
民主党派和社会团体领导	0.165	0.280***	0.248***	-0.927**	-0.456	-0.458
	(-0.200)	(-0.095)	(-0.094)	(-0.413)	(-0.301)	(-0.301)
知识分子	-0.266	-0.281***	-0.263***	0.312	0.328	0.334
	(-0.158)	(-0.082)	(-0.082)	(-0.321)	(-0.276)	(-0.277)
基层干部	0.367***	0.211***	0.214***	1.798***	1.897***	1.903***
	(-0.131)	(-0.064)	(-0.064)	(-0.262)	(-0.222)	(-0.222)

续表

	选区代表性			单位代表性		
	(3)	(4)	(5)	(3)	(4)	(5)
股份合作制与集体企业领导	-1.01*	-0.132	-0.109	1.303***	1.456***	1.466***
	(-0.520)	(-0.188)	(-0.187)	(-0.360)	(-0.328)	(-0.329)
人口统计学特征						
中共党员	-0.064	-0.013	-0.0225	-0.491**	-0.540**	-0.544**
	(-0.116)	(-0.058)	(-0.058)	(-0.243)	(-0.211)	(-0.211)
男性	-0.290***	-0.194***	-0.187***	0.509***	0.256*	0.254
	(-0.089)	(-0.045)	(-0.045)	(-0.171)	(-0.148)	(-0.148)
年龄	0.408***	0.158***	0.160***	1.063***	0.793***	0.795***
	(-0.081)	(-0.034)	(-0.034)	(-0.182)	(-0.143)	(-0.143)
年龄平方	-0.004***	-0.002***	0.002***	-0.011***	-0.008***	-0.008***
	(-0.001)	(-0.001)	(-0.001)	(-0.002)	(-0.002)	(-0.002)
汉族	-1.224***	-0.338**	-0.354***	-0.298	0.198	0.191
	(-0.244)	(-0.138)	(-0.138)	(-0.723)	(-0.721)	(-0.721)
受教育程度	-0.137***	-0.096***	-0.104***	-0.037	0.049	0.046
	(-0.046)	(-0.022)	(-0.022)	(-0.068)	(-0.062)	(-0.062)
任职经验	-0.276***	-0.075*	-0.107***	0.0524	-0.016	-0.02
	(-0.081)	(-0.035)	(-0.035)	(-0.094)	(-0.088)	(-0.088)
退休情况	1.015***	0.487***	0.457***	-0.0578	-0.132	-0.145
	(-0.220)	(-0.120)	(-0.120)	(-0.766)	(-0.632)	(-0.632)
选区人大代表规模	0.013***	0.001	0.001	-0.004*	-0.008**	-0.008**
	(-0.002)	(-0.001)	(-0.001)	(-0.004)	(-0.003)	-0.003
常数项	-7.615***	-1.266	-1.272	-25.078***	-19.418***	-19.440***
	(-1.882)	(-0.798)	(-0.797)	(-4.236)	(-3.373)	(-3.373)
N	502	470	502	502	470	502
Prob > chi^2	0.000	0.000	0.000	0.000	0.000	0.000
Pseudo R^2	0.3502	0.4213	0.4488	0.4689	0.4858	0.4986

注:1. *** $p < 0.01$,** $p < 0.05$,* $p < 0.10$;2. 模型(4)为第一提案数据库分析结果,模型(5)为去掉总提案数为0的代表,即去除无履职记录的人大代表,模型(3)为原始泊松回归分析的全模型。

研究结果发现，人大代表的履职积极性无论在何种情况下都是非常显著的，进一步证实了 H1，履职越积极的人大代表，其地域代表性越强，这在选区和单位代表性两个层面都表现突出。此外，进一步证实了拥有主要领导干部背景的人大代表不倾向于代表所在地域发声，党政领导干部背景的人大代表的地域代表性主要体现为选区代表性。此外，无论何种情况，基层干部人大代表具有非常显著的选区和单位两方面的地域代表性。可见，本章所关注的研究假设得到进一步证实。

此外，控制变量也呈现出稳定的显著性。其中，中共党员不倾向于代表本单位提出议案建议；女性代表比男性代表更关注选区事务，男性代表则更维护单位的利益；年龄对单位这一地域代表性的影响显著，且呈倒 U 形关系，即中年人大代表的单位代表性最强；少数民族代表更关注所在选区的利益；受教育程度会对选区代表性产生负向的显著影响。此外，任职经验和退休情况对人大代表地域代表性的影响也与之前的分析具有一致性，任职经验越长的人大代表选区代表性越弱，而处于退休年龄的人大代表更乐于为选区争取利益。另外，选区人大代表规模仍然在一定程度上会显著减少人大代表的单位代表性。从表 4-9 的稳健性检验可以看出，回归结果具有很强的一致性和可靠性。

四 行业代表性影响因素

为了更深入地探究人大代表的行业代表性受哪些因素的影响，本章运用泊松回归进行分析（见表 4-10）。模型（1）仅纳入主要解释变量和被解释变量，模型（2）纳入人大代表个体人口统计学控制变量，模型（3）则在模型（2）的基础上加入代表任职经验变量进一步控制。从模型（1）到模型（3），R^2 所反映出的拟合优度增加。

表 4-10　　C 市地方人大代表行业代表性回归分析结果

	行业代表性		
	(1)	(2)	(3)
履职积极性	0.018***	0.020***	0.020***
	(-0.001)	(-0.001)	(-0.001)
职业背景			
主要领导干部	-0.990***	-0.833***	-0.827***
	(-0.236)	(-0.243)	(-0.246)
事业单位领导	0.234*	0.274**	0.271**
	(-0.128)	(-0.132)	(-0.132)
党政领导干部	0.300***	0.275**	0.276**
	(-0.110)	(-0.114)	(-0.114)
人大领导	-0.136	0.291	0.307
	(-0.193)	(-0.210)	(-0.214)
人大工作人员	-0.635***	-0.539***	-0.539***
	(-0.207)	(-0.210)	(-0.210)
国企领导	-0.251*	-0.194	-0.197
	(-0.142)	(-0.148)	(-0.148)
国企、政府和事业单位中层	-0.305*	-0.404**	-0.408**
	(-0.168)	(-0.174)	(-0.174)
私企领导	-0.133	-0.230	-0.230
	(-0.146)	(-0.150)	(-0.150)
民主党派和社会团体领导	-0.171	-0.172	-0.172
	(-0.171)	(-0.177)	(-0.178)
知识分子	-0.080	-0.100	-0.101
	(-0.132)	(-0.144)	(-0.144)
基层干部	0.334***	0.290**	0.294***
	(-0.112)	(-0.114)	(-0.115)
股份合作制与集体企业领导	-0.838**	-0.857**	-0.860**
	(-0.394)	(-0.398)	(-0.398)
人口统计学特征			

续表

	行业代表性		
	(1)	(2)	(3)
中共党员		-0.257**	-0.264**
		(-0.105)	(-0.105)
男性		0.057	0.055
		(-0.081)	(-0.085)
年龄		0.291***	0.272***
		(-0.061)	(-0.067)
年龄平方		-0.003***	-0.003***
		(-0.001)	(-0.001)
汉族		-0.279	-0.277
		(-0.277)	(-0.277)
受教育程度		0.001	0.002
		(-0.039)	(-0.039)
任职经验			-0.015
			(-0.060)
退休情况			-0.173
			(-0.263)
常数项	0.319**	-5.685***	-5.291***
	(-0.119)	(-1.470)	(-1.569)
N	502	502	502
Prob > chi²	0.000	0.000	0.000
Pseudo R²	0.1680	0.1849	0.1851

注：1. 括号内为标准误。2. * $p<0.1$，** $p<0.05$，*** $p<0.01$。3. 职业背景以"一线工人"为参照组。

回归分析发现，无论加入何种变量，履职积极性一直是影响 C 市人大代表行业代表性的关键因素，履职越积极的人大代表，其行业代表性相应地会越强，人大代表每提出 1 条议案建议，其行业代表性增加 2 个百分点，H3 得到证实。就代表的职业背景而言，拥有主要领导干部背景的人大代表更不倾向于代表行业利益（$p<0.01$），但党政领导干

部背景的人大代表乐意为所在行业代言,假设 H4b 得到部分证实。考虑到来自企业的代表可能利用政治互动为所在行业争取资源和利益,本章的回归分析并未验证这一观点,来自国企、私企、股份合作制与集体企业的人大代表皆不是典型的行业代表者,其系数皆为负,尤其是股份合作制与集体企业代表,呈显著负相关,H4a 并未得到证实。笔者认为这主要是因为来自企业的人大代表本就是政治互动的受益者,他们或许并未将提出议案建议这一履职方式作为获取资源的主要途径,这也符合有学者所提到的"在行业和阶层利益的表达方面,企业主已经由过去的个人表达转变到以直接或间接的方式通过工商联、行业协会等方式表达诉求"①。拥有基层干部身份的人大代表,是典型的行业代表者,他们倾向于立足行业提出议案建议,H4c 得到证实。十分有趣的是,有事业单位领导背景的人大代表拥有显著的行业代表性,这主要由于教育、科技、文化、卫生领域的相关组织机构大多属于事业单位的范畴,行业性鲜明,这些组织机构由国有资产支持发展,专业性强,且不以营利为目的,也正是由于其服务性、半官方性和公益性的特点,支持了实证结论,即拥有事业单位领导这一身份的人大代表更倾向于反映教科文卫行业的难题,为所在行业的发展献计献策,这与魏姝对 N 市 Q 区第一届人代会 12 个代表团共 397 名代表所提出的 573 份建议文本进行分析所得出的结论是一致的。②

就控制变量而言,中共党员这一身份背景会对人大代表的行业代表性产生显著影响,中共党员比非党员更不倾向于代表行业发声,也就意味着民主党派以及无党派人士会更多地从行业利益出发,这一观点在访谈中也得到了印证。人大代表的年龄及年龄的平方与人大代表的行业代表性皆呈显著相关,前者为正,后者为负,因此人大代表代表行业利益这一行为受年龄的影响,且呈倒 U 形曲线关系,说明中年人大代表具

---

① 王晓燕:《私营企业主的政治参与》,社会科学文献出版社 2007 年版,第 112 页。Yuhua Wang, "Relative Capture: Quasi-Experimental Evidence from the Chinese Judiciary", *Comparative Political Studies*, Vol. 51, No. 8, July 2018, pp. 1012 – 1041.

② 魏姝:《我国基层人大代表的代表性分析》,《江苏行政学院学报》2014 年第 6 期。

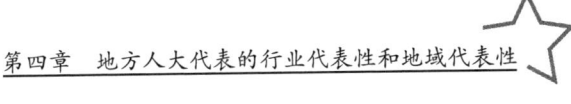

有更强的行业代表性。此外,民族、受教育程度、履职经验和退休情况皆不会对人大代表的行业代表性产生影响。

五 行业代表性的稳健性检验

为了保证回归结果的稳健性,本部分同样通过第一提案数据库[模型(4)]及剔除无履职记录的样本[模型(5)]进行稳健性检验。研究结果发现,人大代表的履职积极性无论在何种情况下都是非常显著的,进一步证实了H3,履职越积极的人大代表,其行业代表性越强。此外,进一步证实了拥有主要领导干部背景的人大代表越不倾向于代表本行业说话,而党政领导干部、事业单位领导则是坚定的行业代表性者,国企、私企、股份合作制与集体企业领导代表都不倾向于代表本行业说话。即便如此,基层干部仍然是行业代表者的中坚力量,他们非常愿意从行业的角度提出议案建议,可见,实证结果进一步得到验证。

此外,部分控制变量也呈现出稳定的显著性。其中,民主党派和无党派人大代表更倾向于代表行业的利益,年龄对行业代表性的影响显著,且中年人大代表的行业代表性最强。(见表4-11)

表4-11　C市地方人大代表行业代表性回归分析结果

	行业代表性		
	(4)	(5)	(6)
履职积极性	0.036***	0.020***	0.020***
	(-0.003)	(-0.001)	(-0.001)
职业背景			
主要领导干部	-1.409***	-0.398*	-0.827***
	(-0.425)	(-0.266)	(-0.246)
事业单位领导	0.557***	0.259**	0.271**
	(-0.190)	(-0.133)	(-0.132)

续表

	行业代表性		
	(4)	(5)	(6)
党政领导干部	0.498***	0.263**	0.276**
	(-0.175)	(-0.114)	(-0.114)
人大领导	-0.416	0.346	0.307
	(-0.402)	(-0.212)	(-0.214)
人大工作人员	-0.959***	-0.563***	-0.539***
	(-0.339)	(-0.210)	(-0.210)
国企领导	-0.795***	-0.208	-0.197
	(-0.253)	(-0.148)	(-0.148)
国企、政府和事业单位中层	-0.211	-0.404**	-0.408**
	(-0.268)	(-0.174)	(-0.174)
私企领导	-0.233	-0.239	-0.230
	(-0.224)	(-0.150)	(-0.150)
民主党派和社会团体领导	0.123	-0.148	-0.172
	(-0.258)	(-0.180)	(-0.178)
知识分子	-0.449**	-0.114	-0.101
	(-0.209)	(-0.144)	(-0.144)
基层干部	0.199*	0.283**	0.294***
	(-0.174)	(-0.115)	(-0.115)
股份合作制与集体企业领导	-2.279**	-0.888**	-0.860**
	(-1.017)	(-0.398)	(-0.398)
人口统计学特征			
中共党员	-0.478***	-0.248**	-0.264**
	(-0.152)	(-0.105)	(-0.105)
男性	-0.057	0.0486	0.055
	(-0.122)	(-0.085)	(-0.085)
年龄	1.073***	0.290***	0.272***
	(-0.138)	(-0.067)	(-0.067)
年龄平方	-0.0112***	-0.00321***	-0.003***
	(-0.001)	(-0.001)	(-0.001)

续表

	行业代表性		
	(4)	(5)	(6)
汉族	-1.042***	-0.242	-0.277
	(-0.359)	(-0.278)	(-0.277)
受教育程度	0.0588	0.0146	0.002
	(-0.058)	(-0.039)	(-0.039)
任职经验	-0.0865	0.0257	-0.015
	(-0.100)	(-0.060)	(-0.060)
退休情况	0.832**	-0.0619	-0.173
	(-0.402)	(-0.265)	(-0.263)
常数项	-24.27***	-5.747***	-5.291***
	(-3.271)	(-1.586)	(-1.569)
N	502	470	502
Prob > chi^2	0.000	0.000	0.000
Pseudo R^2	0.2421	0.1647	0.1851

注：1. 括号内为标准误。2. * $p<0.1$，** $p<0.05$，*** $p<0.01$。3. 职业背景以"一线工人"为参照组。

第六节 影响机制及行动机理

量化分析只能在一定程度上解释人大代表履职行为中的一般性规律，为了更深入地把握人大代表的地域代表性和行业代表性，笔者一方面专门对部分人大代表进行了深度访谈，另一方面也对人大代表所提出的议案建议进行了深度挖掘。访谈发现，职业将人大代表与地域相连并赋予其专业素养，代表身份所带来的责任感也有助于激励其积极履职，积极为所在行业、选区和单位发声，这也直接体现在人大代表所提的议案建议中。那么，代表们具体会如何提出议案建议以增加政策影响力呢？笔者观察到，为了使议案建议能够受到足够重视，人大代表的行为具有一定的组织性，即他们会通过联名这一"抱团"的方式来推动某项议案建议的通过，依据这样一种行动，笔者认为地方人大代表在代表地域和行业时存在联盟的组织化倾向，而这种组织化行动的实现一方面依赖于非正式关系，另一方面基于共同需求的输入。本章还发现，这种组织化倾向最终旨在促进政策输出，具体通过"要政策、要资金、要项目"的形式来保证组织利益的实现。有意思的是，笔者发现少数体制内的人大代表也会主动为自身争取利益，但往往会采用一种间接的策略来促使目标得以实现。

一 作用机制

（一）职业背景传导机制

泊松回归分析表明人大代表的职业背景在一定程度上会影响人大代表的地域代表性和行业代表性，这在访谈中得到了进一步的确认，且二者之间的潜在影响机制主要体现在职业往往与选区、单位挂钩，同时职业背景会赋予人大代表更为专业的履职视角。具体来说，首先，为了保证选举的效率性和策略性，中国的选区划分往往与人大代表的居住地、生产单位、事业单位或工作单位相关，这就在一定程度上决定了部分代表的职业与其所在地域相关，增加了人大代表为所在地域争取利益的可能性。其次，人大代表的职业为其提供了更高的专业素质，使其提出的议案建议质量更高。

在被问及什么因素会影响人大代表的履职行为时，知识分子代表 G 谈道：

> 我估计，一般来讲很多代表在其代表工作中，更多地应该从两个方面考虑，一是他的职业，二是他所生活、工作的周边区域范围，他住在哪里、在哪里工作，也可能成为他关注的重点。

X 代表是来自某高校（事业单位）的代表，民主党派人士。当被问及主观认为最应该代表谁时，X 代表说道：

如果非要从所代表的人民群众中选择主要代表的人群，我最看重的还是行业和选区。

而谈到职业对履职的影响时，他这样回答：

职业对我的影响是很大的，百分之六七十以上都是出于职业才提出的议案建议，影响主要体现在专业性方面。我一直都比较关注科教文卫事业的发展，尤其是重视学生身体素质的提高。因为我就是做这个方面的，我知道学生身体健康对体育事业发展的重要性，而且从自己比较熟悉的行业出发，提出的建议的深度和专业性更强。

这一点也得到了同样来自事业单位、专注法律研究的Y代表的赞同：

职业能够保证人大代表更专业、更科学的履职。审议政府工作报告和法院报告和我的专业契合。立法就更不用说了。我是学法律出身，法律的思维和法律的精神让我在人大工作中保持警惕和理性。我受到的法律训练，让我言之有据，表达符合逻辑，更加清晰。

来自医疗卫生行业的事业单位代表Z也表示职业对其履职的影响很大：

职业对我的履职影响十分深刻……我的代表工作主要是为专业所面对的人群负责。我议案中关注的是职业病防治，医疗方面，医保方面，医疗资源分布方面。

来自基层的街道办事处主任 F 代表则表示无论是选区还是行业的问题，皆为其关注的重点：

> 我因为做街道的主任，对涉及民意和人民群众关心的问题都比较关注。举个例子来说吧，社会保障问题，治安问题，交通问题，还有群众比较关心的贷款问题等。可以说是"在乎于心"。

那人大代表是否也会关注本职工作以外的事务呢？W 代表告诉我，由于缺乏专业性，对政策的影响力也有限。

> 政府开会，事情方方面面，不可能只关注片面事情，自己又不是其他方面的专家，如经济和旅游等方面，当然你也可以发言，但发言不发言是一样的，我们也不懂，发言也没太大意义。

通过访谈，笔者发现在地方人大代表队伍中，确实存在一群地域和行业利益代表者，他们致力于从地域和行业出发来履职，职业赋予了其专业素养，他们也希望能为所在地域和行业贡献力量。这部分代表主要来自基层和事业单位，前者是联系政府和人民群众的桥梁纽带，职能范围广泛，关乎人民群众生活的事务大多属于基层代表的地域和行业要求内。后者，则是因为教育、科技、文化、卫生部门主要都具有事业单位性质，而从议案建议分析中笔者发现，来自这些行业的人大代表更倾向于从行业利益出发提出议案建议。为了全面地了解地域代表者如何酝酿议案建议为所在选区和单位争取利益，以及行业代表者具体来自哪些行业，笔者将典型的从地域和行业出发的议案建议内容进行了呈现。

表 4-12 仅仅描述了一小部分人大代表为选区和单位所提出的议案建议。第一条由某乡科技中心干部提出，该代表是来自乡镇的基层干部，a 和 b 村皆属该乡的下辖村，这是一条典型的为所在选区部分区域民众改善居住环境而献言献策的建议。第二条建议由区级党政机关领导

提出，e 街为 E 区一条重要街道，该代表为选区内某一区域的提档升级提出政策建议。第三条和第四条建议则明确从代表自身所在单位的利益出发，为所在单位争取资源。实际上，类似的议案建议还有很多，皆体现出人大代表典型的地域代表性。

表 4-12　　　　C 市地域代表者提出的部分典型与选区、单位相关的议案建议

年份	职业背景	议案建议题目	议案建议内容
2004	A 乡科技中心主任	《关于重视 B 区 A 乡 a 村二组、b 村七组村民生产环境的建议》	a 村二组、b 村七组居民长期生活在恶劣的环境中，村民经常越级上访，甚至有过激行为，不稳定因素剧增，建议将 a 村二组居民整体搬迁至该村一组，将 b 村七组村民整体搬迁至该村闲置地方居住
2006	E 区文体局副局长	《关于对 E 区 e 街市场提档升级的建议》	目前，e 街商居混杂，使市场内消防隐患大量存在、刑事案件发案率高，盗抢违法犯罪活动突出等问题，建议：加快 H 街市场改造升级；加快市场技防设施的建设；加大投入，加强综合治理
2003	C 市精神病院院长	《关于提高市精神病医院医保病人定额（经费）的建议》	明确要求对 C 市精神病医院实行全额拨款，加大投入
2003	××电子股份公司经理	《关于××电子股份公司买下公司门面办理土地证困难的建议》	××电子股份公司买下七间门面，手续齐全，房产证在一个月内就办下来了，但土地证近四个月还未办下来。建议土地有关部门给企业一个宽松的环境，加速办理土地证有关手续，便于企业经营

表 4-13 描述了一小部分的代表行业的典型提案建议，这些行业包括了教育、文化、医疗、房地产、农业等行业。从提案的角度来看，也符合实证分析的结果，即教科文卫等事业单位、公务员和更多提出"三农"问题的来自基层的代表，更可能为行业利益代表者，更倾向于

为所在行业发声。这些行业代表者之所以能够如此积极地为行业说话，很大程度上是得益于其职业素养和专业精神。

表4-13　C市行业代表者提出的部分典型与行业相关的议案建议

年份	所属行业	议案建议题目	议案建议内容
2003	教育	《关于C市中小学教师继续教育工作亟待改革的建议》	当前，C市继续教育工作还不尽如人意，存在以下问题：继续教育内容空泛、集中培训形式单调、培训教师脱离教学实际、缺乏时间和经济保障，以上问题亟待解决
2006	医疗	《关于加大政府对卫生经费的投入，加快社区卫生服务机构基本建设的建议》	针对社区卫生服务机构政府投入严重不足而不同收入层次的群众却对其寄予很高的期待的问题，建议市政府强化政府责任，加大卫生事业经费总量的投入，调整卫生经费的投向，重心下移，推进社区卫生服务机构的基本建设，保障资金到位，同时建议有关医疗保险的运行设备资金由劳动社会保障部门承担以减轻社区卫生服务中心的负担
2004	文化	《关于切实加强文物保护工作的建议》	文物既不能再生产也不能再创造，因此希望各级政府重视文物的保护、利用和展示，建议尽快出台《C市旅游业发展规划》；政府每年要逐步加大对文物保护和景区建设的投入；早日制定颁布关于保护文物和景区的地方性法规
2005	农业	《关于解决郊县农村生产排洪电网改造的建议》	市郊农业生产的基础设施设备陈旧，既不安全，费用又高，建议列入市政农业财政计划
2003	行政	《关于统一C市公务员补贴标准，建立科学规范的分配制度的议案》	我市公务员津贴整体水平偏低，且单位和部门之间严重不均，因此建议建立科学、规范、合理的公务员津补贴分配机制；建立有效的考核和激励机制；加大预算管理和审计监督力度
2004	房地产	《关于进一步改善房地产开发投资软环境，打破行业垄断案的建议》	建议建立竞争机制，实行设计、施工、设备与材料采购全过程公开招标制度，加强对垄断行业的监督与管理，以利C市房地产开发业健康发展

第四章 地方人大代表的行业代表性和地域代表性

然而，笔者在分析中也发现级别较高的党政领导干部代表不倾向于代表所在地域的利益，因此专门就此问题和人大代表进行了交流。作为C市某民主党派领导的代表G，谈到在实际的政治生活中，是有部分人大代表在履职中不会代表地域和行业提出议案建议的，而这部分人大代表主要为级别较高的主要领导干部。在他看来：

> 也有少部分像我们这样的人大代表，可能会跨越职业这个东西，比如知识分子、党派领导，乃至有些政府公职人员，可能就不会局限于一些小事情，比如哪个地方路灯不亮呀，这些就是一些比较具体的小问题……人大代表来自不同的专业，很多人大代表可能会从他们自己专业的角度出发，但是对于我来说，我不是仅从专业出发，而且我从专业角度提出的议案建议也很少，这个职业对我的影响程度还是不太大。作为民主党派的，我会站在一定的政治高度来看问题，可能不会过于纠结自己的职业，实际上，这样的代表应该越多越好，这样就不会拘泥于一些小事情，而是从发展的大方向来把握问题。

通过对代表G的访谈，侧面反映出，主要领导干部和部分知识分子人大代表确实不是典型的地域和行业代表者，他们不倾向于从地域和行业的角度来提出议案建议，相反，他们更具全局意识，善于从更高的政治角度来把握问题，而不仅仅局限于所在地域和行业。

（二）责任驱动机制

为选区和行业争取利益和服务的责任感是激励地域和行业代表者履职的另一重要因素。在访谈中，笔者发现几乎所有的受访代表都将代表身份作为一种荣誉、一份责任。

来自事业单位的代表Z坚定且动情地说：

> 我对责任这一块有感觉。我们这一行就我一个人大代表［指

职业病防治〕。不能回避责任。〔我接触的都是〕生活在社会底层的人。我不说谁说。

积极履职的知识分子代表 Y 在被问及"如果知道不能连任，还会这么做吗？"这一问题时，斩钉截铁地答道：

> 我哪怕干一天的人大代表都会这样……我当代表〔凭的是〕知识分子的良知，情怀。士大夫精神，立功，立言，立德。我心中有高悬的道义，〔犹如〕星辰。希望中国的民主法治进步！

党政领导干部代表 H 也谈道：

> 人大是一个权力机关，也是一个政治权利平台，需要不同的声音。我担任人大代表是出于对人民切身利益的关切，为人民争取利益，这也是我个人的价值取向。

此外，两位基层代表 F 和 J 都表示，担任人大代表能够为老百姓说上一点话，提一点建议，并且看到建议得到实施，他们是非常欣慰、有成就感的，他们将其视为一种政治责任。

二　地域和行业代表性与政策制定

在访谈中，绝大多数人大代表肯定了自身能够对政策制定产生影响，且很乐意发挥自身代表性。那么，作为个体的地域和行业代表者，如何在履职中发挥其政策影响力？他们会采取何种策略施加对政策制定的作用？笔者专门对 C 市人大代表的行动机理进行了探讨。

（一）组织化行动的逻辑

既然人大队伍中存在地域和行业利益代表者，代表们也乐意为所在地域和行业争取利益，那么他们是通过何种方式争取利益的？从议案建

议分析中发现，地方人大代表会倾向于采取组织化的方式为所在地域和行业说话。具体来说，多人联名成为人大代表争取资源和关注的典型行为方式，同一个选区、单位和行业的人大代表会通过共同提出议案建议的方式来建立联盟或利益集团，从而增加讨价还价的筹码，直接体现为一个议案少则几人，多则由数十人共同提出。如同一选区或单位的人大代表会共同提出与选区发展有关的议案建议，几个区的教育局局长会组织起来，就推动教育事业的发展发出共同的声音，医疗行业的人大代表也会团结起来，就走出现有医疗困境献计献策。地域性和行业性正是创造了一种天然的归属感，并且借助这种天然的归属感、共同的职业经历和利益诉求，建立联盟或利益集团。为了验证这种集体行动的代表行为，笔者专门就人大代表联名提交议案建议的情况进行了访谈。其中大部分人大代表都提到共同提出议案建议的人数越多，尤其是有社会声望的人越多，议案建议越容易受到上级重视。W代表提到：

> 联合提名是比较政治的。有的议案需要很多代表一起提名显得更重要。

G代表也反映：

> 有些代表在提出议案建议的时候，为了引起更多的重视，就会去召集其他的代表来签名，像我参与的一些议案，就是别人来找我签的名，这种多人联名的情况基本上都是为了让议案引起更多的重视。

通过多人联名这一"抱团"的方式，以谋求更多的关注，至少可以给人大代表带来受到更多重视的主观感受，这种组织化的方式反过来也可能使党和政府为防范群体性事件而积极做出回应，联名的方式在某种程度上发挥了信号释放的作用，即通过联名情况透视哪些事件更容易影响社会稳定，需要重视并解决。

那么促成人大代表们联名这一"抱团"行为的因素是什么？通过访谈，本章总结出两方面的原因：其一，碍于"面子"与私交的非正式因素；其二，共识或共同需求的作用。

在被问及出于何种考虑会与其他人大代表共同提出多条议案建议，X代表提到：

> 我们几个都在S单位，因此很多问题都是共同关注的问题，再加上比较容易碰到，更容易达成共识。个人关系肯定是有，但只是一部分原因，联名提建议主要还是因为有共识、平时比较方便接触。

W代表认为确实存在代表自愿联名的情况，这主要是因为：

> 大家真正对同一个问题比较关注。

可见，共识是实现人大代表组织化的重要因素，这种共识会促成共同的需求，当需求产生就会以议案建议的形式形成输入，政治系统为了维护其稳定和平衡就必须对需求做出回应，从而产生政策输出。除了共识之外，非正式因素也是不可忽视的。W代表结合其亲身经验谈道：

> 有时候联合提名我是不太愿意的，大家在一起他请你帮忙签个字，有的人会拒绝，但我们不太好拒绝，碍于面子你也不好拒绝……很多提案看起来是联名的，很多时候代表是被迫的，碍于面子不好拒绝，反正也不犯法。

Z代表也认为，除了共同需求以外，"私交"也是影响代表们采取联名方式的原因之一：

除了有的时候是同一领域的代表，有的时候同意他的观点，也有的时候是因为和其他代表个人私交不错，关系比较好。

受中国"人情"文化的影响，第一提名人会自觉或不自觉地利用个人关系寻求支持，而被要求一方预期到可能存在二次甚至长期交往，或顾及"面子"，就很容易陷入一种"人情困境"，但为了维持这种"交往"，要求联名的代表不得不遵循"人情法则"。更何况只是签名这种交换，并不涉及实质性的利益，也并不像会议记录等文件一样签名就存在风险分担的情况，反而是，如果联名的提案受到重视，很可能为自身带来一些额外的收益，因此，基于成本—收益分析，人大代表会愿意在同事、朋友的议案建议中签字。

除了以上两个因素以外，考虑到集体行动会面临一定的困境，即代表们联名可能存在搭便车的行为，即一部分不履职的代表需要通过联合提名的方式来体现自身的存在感，笔者专门就提案中是否存在搭便车的行为进行了了解。X代表表示：

极少数的是单纯挂名的，大部分都是对某个问题有共识或者对议案建议进行了补充的。

W代表也明确谈道：

搭便车这种行为几乎不存在。

G代表也表示：

基本上不存在代表为了体现在履职，主动要求第一提案人将自己的名字也写上这种搭便车的行为。

通过访谈，进一步确认了地方人大代表实现组织化的因素，主要是由于"关系"和"共识"的推动，几乎不存在搭便车的情况。

（二）多元的行动策略

人大代表们都是以何种具体的方式争取利益和资源的呢？

通过对议案建议的文本分析发现，地域和行业代表者主要通过"要政策""要项目""要资金"三种方式寻求资源、要求政策输出。"要政策"主要体现为要求制定或调整某项政策或给予特定方面的政策优待，如"应尽早出台住房维修基金使用办法的建议"，"关于取消或调整兴建住宅配套建设教育设施（X政办〔1999〕129号文），切实减轻企业和消费者负担的建议"，"关于保护知识产权打击音像盗版制定相关政策净化繁荣市场的建议"等，通过要求建立办法、制定和调整政策或寻求政策优惠的方式来为地域、行业代言。"要项目"和"要资金"往往紧密联系，主要体现在人大代表从地域和行业利益出发，明确要求就某难题进行立项或给予资金投入，从而促进地域或行业的发展，如"关于在××地区投资建设大型体育设施的建议"，"关于逐步解决社区群干待遇问题的建议"，"关于集中财力抓好远城区城关镇司法所建设的建议"，"关于做大做强C市国际会展中心，打造国内会展业第四都的建议"等，这些议案建议就地域和行业发展中所遇到的瓶颈寻求资金或项目的支持，以解燃眉之急。通过对地方人大代表的访谈，笔者发现大约一半的议案建议都会有"要项目和资金"及"要政策"的情况。由表4-14可知，三分之一以上的议案建议都有"要项目和资金"的行为，百分之二十左右的比例是要求政策扶持。而就这些争取资源和利益的行为，笔者专门了解了人大代表的看法，访谈发现大部分代表对"要政策""要项目""要资金"三种争取政策输出的方式具有十分正面的评价。X代表认为：

> 代表有这个权利。这个东西很重要，就需要立项来解决，不立项解决问题的方法是一个短期行为，立项就成为一个长期行为了，立项有助于建立解决类似问题的长效机制，如食品安全检查，就要在经费、

人力等方面形成全民的长效机制，要持续实行下去的，而不立项可能更多地涉及一些小问题，如某路段路灯的问题。此外，要资金、优惠政策都是十分必要的，因为解决一个问题必然会涉及各自资源。

这一观点也得到了 G 代表的进一步确认：

> 这个肯定会有的，为选区、单位等争取利益和资源，这是很正常的，因为要真正解决问题，需要物质、政策等各方面的保障，这是十分必要的，而且代表们来要这些政策、资金等资源也是理所应当的，因为他们本来就代表着自己的选区、单位，必须为其争取利益。

人大代表"要政策""要项目""要资金"的行为一方面反映了地域和行业代表者争取利益的策略，同时也在某种程度上体现了政治关联的重要性，即人大代表这一政治身份确实为地域和行业代表者获得资源提供了更好的渠道和机会。

表 4-14　　　　人大代表"要项目和资金"及
　　　　　　　　"要政策"行为的描述性分析

年份	要项目和资金	要政策
2003	159 (30.99%)	86 (16.76%)
2004	174 (27.19%)	117 (18.28%)
2005	252 (37.78%)	99 (14.84%)
2006	253 (36.14%)	132 (18.86%)

很有意思的是，在访谈中笔者发现少数体制内的人大代表也会为所在地域和行业争取利益。具体体现为个别公职人员由于身份的局限往往不会作为第一提名人，即使其在议案建议的形成中贡献了最大的力量，

他们也会更倾向于把自己在议案建议中的排名放在后边，这在某种程度上说明在争取资源中，公职人员身份可能存在某种劣势。

第七节 本章小结

来自不同地域和行业的人大代表，是否能够代表所在地域和行业说话以及如何说话，这是一个兼具理论和实践意义的议题。本章基于数据的可得性，对地方人大代表的地域代表性和行业代表性进行了尝试性的探讨，发现人大代表的结构政策所规定的描述代表性能够在一定程度上转化为实质代表性，部分代表是坚定的地域代表者和行业代表者，激励人大代表积极履职也能够带来更好的实质代表性，但现有结构政策仍然存在包容性和均衡性不够等局限，这就为进一步改进和创新人民代表大会制度提供了合理的论据和说辞。

本章从实证的角度对地方人大中哪些代表作为地域代表者和行业代表者在积极地为选区、单位和行业争取利益，以及他们是如何代表地域和行业利益的这一系列问题进行了探讨。通过对湖北省C市十一届人大代表履职行为的回归分析，发现人大代表的职业背景确实会对代表的地域和行业代表性产生影响，具体来看，主要领导干部背景的人大代表尤其不倾向于代表所在地域和行业说话；职能的特殊性使得基层干部代表成为坚定的地域代表者和行业代表者；党政领导干部代表的地域代表性具有一定的层次性，其热衷于为选区代言，但不倾向于代表单位提出议案建议；而来自股份合作制与集体企业的人大代表善于为单位争取利益。同时，党政领导干部和有事业单位背景的人大代表是行业代表者中的重要组成部分，他们乐意从行业的角度提出议案建议。来自企业的人大代表，无论是国企、私企还是股份合作制与集体企业，作为政治互动的受益者皆不倾向于代表行业提出议案建议，但部分企业会为单位代言。此外，履职积极性确实会对人大代表的地域代表性和行业代表性产

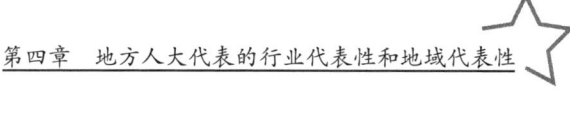

生正向的影响。为了探究其中的潜在机制及地域和行业代表者的具体行动机理,笔者专门对人大代表进行了访谈,并就典型议案建议的内容进行了文本分析。发现人大代表的地域和行业代表性确实与代表的职业背景有所联系,因为职业往往与人大代表所在选区、单位相勾连,且职业赋予了代表们更为专业的视角,充实了服务地域和行业的力量。除了职业因素之外,责任感也是激励地方人大代表积极履职、充分发挥地域和行业代表性的动力源泉。为了探讨地域和行业代表者是如何为所在地域和行业争取利益的,笔者观察到代表者的行为具有一定的组织性,而组织化的实现依赖于非正式关系和共同需求的输入。这种组织化的联盟行为具体通过"要政策、要资金、要项目"这一多元的行动策略来保证组织利益的实现。

中国各级人民代表大会关于人大代表结构的规定或结构政策是否具有合理性?首先,中华人民共和国成立以来中国的社会结构发生了翻天覆地的变化,而中国关于人大代表结构的调整也与时俱进,这一点值得肯定。其次,基于本章对C市人大代表的混合方法研究,发现政策所倡导的增加一线工人、农民、知识分子代表是具有合理性的,因为基层代表确实很好地代表了选区、单位和行业,妇女代表也具有很强的选区回应性,很好地发挥了组织所期待的代表作用,但来自一线的工人和农民正是现有结构中忽视的社会群体,这部分群体由于缺乏描述代表性,其实质代表性也无从谈起。最后,政治配额制或政治保留政策是否会带来实质代表性?这是各个国家都非常关注的问题,国内外有大量学者对美国黑人和拉丁裔议员[①]、英国黑人亚裔及其他

---

① Kathleen A. Bratton, "The Behavior and Success of Latino Legislators: Evidence from the States", *Social Science Quarterly*, Vol. 87, No. 5, December 2006, pp. 1136 – 1157. Juenke Eric Gonzalez and Robert R. Preuhs, "Irreplaceable Legislators? Rethinking Minority Representatives in the New Century", *American Journal of Political Science*, Vol. 56, No. 3, July 2012, pp. 705 – 715. Michael D. Minta, "Legislative Oversight and the Substantive Representation of Black and Latino Interests in Congress", *Legislative Studies Quarterly*, Vol. 34, No. 2, May 2009, pp. 193 – 218. Walter Clark Wilson, "Descriptive Representation and Latino Interest Bill Sponsorship in Congress", *Social Science Quarterly*, Vol. 91, No. 4, December 2010, pp. 1043 – 1462.

少数民族议员①、罗马尼亚少数民族议员②、印度在册种姓及在册部落议员③、新西兰毛利议员④的政治保留政策进行了分析,这些国家为了促进少数民族或特定族裔、部落议员的实质代表性专门制定席位保留政策,以保证特定群体的描述代表性,但到目前为止对于描述代表性能否转化为实质代表性仍存在较大争论,由于鲜有对中国这一具有自己特色的人大政治吸纳的具体探讨,本章基于对地方人大的考察,发现人大代表结构上的描述代表性在一定程度上可以转化为实质代表性,部分人大代表能够很好地发挥其地域和行业代表性,但同时还要看到,现有的人大代表结构仍有待进一步完善,如主要领导干部、企业家代表的实质代表性仍然有待提高。

---

① Saalfeld, Thomas, "Parliamentary Questions as Instruments of Substantive Representation: Visible Minorities in the UK House of Commons, 2005 – 2010", *Journal of Legislative Studies*, Vol. 17, No. 3, 2011, pp. 271 – 289.

② King, Ronald F., and Cosmin Gabriel Marian, "Minority Representation and Reserved Legislative Seats in Romania", *East European Politics & Societies*, Vol. 26, No. 3, August 2012, pp. 561 – 588.

③ Chattopadhyay, Raghabendra, and Esther Duflo, "The Impact of Reservation in the Panchayati Raj: Evidence from a Nationwide Randomized Experiment", *Economic and Political Weekly*, Vol. 39, No. 9, 2004, pp. 979 – 986. Simon Chauchard, "Descriptive Representation Change Beliefs about a Stigmatized Group? Evidence from Rural India", *American Political Science Review*, Vol. 108, No. 2, May 2014, pp. 403 – 422. Dunning, Thad, and Janhavi Nilekani, "Ethnic Quotas and Political Mobilization: Caste, Parties, and Distribution in Indian Village Councils", *American Political Science Review*, Vol. 107, No. 1, February 2013, pp. 35 – 56. Jansenius, Francesca, *Power, Performance and Bias: Evaluating the Electoral Quotas for Scheduled Castes in India*, Ph. D. diss., University of California at Berkeley, 2013.

④ Crisp, Brian F., et al., "The Role of Rules in Representation: Group Membership and Electoral Incentives", *British Journal of Political Science*, Vol. 48, No. 1, January 2018, pp. 47 – 67.

第五章
地方人大代表的党派代表性

党的十八大以来,中国特色社会主义进入新时代,以分配正义为合法性基础的论断不断被强调。与此相适应的是,人大制度和政党制度所内生的民主、法治、参与和协商等要素被进一步激活。这两项重要的政治制度也成为在推动国家治理体系和治理能力现代化的重要力量。

本章从中国共产党领导的多党合作和政治协商制度、人民代表大会制度在地方的政治实践出发,围绕民主党派人大代表在地方人大的政治参与,尝试回答以下三个问题:(1)民主党派人大代表是谁?(2)他们的政治参与[①]行为有何特点?(3)党派身份是否显著影响了人大代表的政治参与行为?

为了回答以上问题,本章首先对 C 市从第一届到第十三届人大代表的党派构成进行了描述性分析,发现民主党派人大代表在 C 市人大占 10% 左右。然后,基于 C 市第十届和第十一届人大代表的履历信息,挖掘基于党派这一变量的描述代表性。通过 Anova 分析,笔者发现:(1)民主党派人大代表通常为年龄相对较低的、受教育程度相对较高的女性,并且这一特点在统计学意义上显著;(2)民主党派人大代表

---

① 本章所讨论的民主党派人大代表的政治参与,均指的是其在人大的政治参与,因此本文所指的"政治参与"与标题中的"人大参与"同义。

更有可能是知识分子和民主党派和社会团体领导,而共产党员身份的人大代表更有可能是主要领导干部和国企领导;(3)民主党派人大代表更有可能来自地域代表性较高的地区,而且具有更丰富的参政议政经验。

在实质代表性方面,笔者发现民主党派身份的人大代表在代表市级利益、要求资金分配和政策供给这几个有关人大参与的指标方面,显著高于共产党和没有党派身份的人大代表,即民主党派身份对于人大代表的人大参与产生了积极影响。

为了进一步检验这一假设,笔者通过关联C市第十届(1998—2002年)和第十一届(2003—2006年)人大代表提交的议案建议和C市这两届人大代表的履历信息,利用第十届、第十一届两个样本,采用混合OLS、组间回归和随机效应模型三个模型,将人大代表的党派身份对人大参与做回归,发现在控制人口统计学变量、职业背景变量、参政经验变量以及地域背景变量后,民主党派身份仍然对代表的人大参与产生了正面影响。

本章提供了有关民主党派人大代表人大参政议政的实证经验,回应了基于党派的描述代表性是否可以转换成实质代表性的问题,对人民代表大会制度和中国共产党领导的多党合作和政治协商制度在地方的实践进行了有益的探索。

第一节　引言

成熟有效的代议制度和政党制度是一个国家政治有效运行的关键,也是国家治理体系和治理能力现代化的重要标志。同时,代议政治和政党政治,一直以来也是政治学领域的重要议题。在西方价值观下,自由选举和政党竞争是代议制度和政党制度产生和得以存在的重要前提和假设。近一个世纪以来,西方民主国家围绕民主选举、代议机构、代表性、政党竞争、政党有效性等主题的研究层出不穷。但同时,我们也发现，即使是在发展中国家，选举、议会以及多元政党等"准民主制度"也同样存在，而且正在经历着从设计、产生到不断演化的过程。① 这些带有民主色彩的制度发展是否象征着以及是否带来了民主转型，仍然是一个具有争论的问题。尽管如此，民主化并非我们研究准民主制度所依赖的前提，准民主制度也并非仅仅是实现民主转型的工具。在发展中国家，我们同样需要回到政治学、公共行政学的根本问题，即在政治共同体的共识基础上，回到"我们如何治理我们自己"的问题上来。②

中华人民共和国成立以来，伴随着时代的发展和国家社会结构的变化，中国的人民代表大会制度和政党制度也经历了制度性成长。③ 尤其是党的十八大以来，中国特色社会主义进入新时代，以习近平同志为核心的党中央从发展社会主义民主政治、建设社会主义现代化国家的战略高度，对发展社会主义协商民主作出一系列重要部署。党的十八大指出，健全社会主义协商民主制度。党的十八届三中全会强调，在党的领导下，以经济社会发展重大问题和涉及群众切身利益的实际问题为内容，在全社会开展广泛协商，坚持协商于决策之前和决策实施之中。党的十九大强调，发挥社会主义协商民主重要作用，明确了新时代社会主义协商民主建设的战略任务和基本路径。④ 与此相适应的是，人大制度和政党制度所内生的民主、法治、参与和协商等要素被进一步激活。因此，作为中国的根本政治制度和基本政治制度，人民代表大会制度和中

---

① LiLy L. Tsai, "Bringing in China: Insights for Building Comparative Political Theory", *Comparative Political Studies*, Vol. 50, No. 3, March 2017, pp. 295–328.

② Jane Mansbridge, "What Is Political Science For?", *Perspectives on Politics*, Vol. 12, No. 1, 2014. 景跃进：《中国政治学的转型：分化与定位》，《政治学研究》2019 年第 2 期。

③ O'Brien J. Kevin, Laura M. Luehrmann, "Institutionalizing Chinese Legislatures: Trade-Offs between Autonomy and Capacity", *Legislative Studies Quarterly*, Vol. 23, No. 1, 1998. Ming Xia, "China's National People's Congress: Institutional Transformation in the Process of Regime Transition (1978–1998)", *The Journal of Legislative Studies*, Vol. 4, No. 4, 1998. 何俊志、霍伟东：《从嵌入到规范：中国地方人大制度化路径的新模式》，《华中师范大学学报》（人文社会科学版）2018 年第 4 期。

④ 张庆黎：《全面发展协商民主》，中共中央党校（国家行政学院），2022 年 11 月 18 日，https://www.ccps.gov.cn/xxwx/202211/t20221118_155767.shtml。

国共产党领导的多党合作和政治协商制度需要得到更多的关注和研究。

近20年来，关于对人民代表大会制度、中国共产党领导的多党合作和政治协商制度的研究有了一定的发展，在经验发现和理论建构上均积累了一定成果。从宏观层面来看，当前研究主要集中于探讨人大制度、政党制度以及政协制度的变迁，或是研究各级人大、政协的组织结构、权力责任、制度属性，或民主党派的组织建设等；也有一部分文献探讨了这两项政治制度对于促进中国特色社会主义民主政治发展的合理性和必要性。近几年来，有关这两项政治制度的中微观层面的实证研究逐渐增加。大部分研究主要聚焦于各级人大代表的选举、履职，民主党派人大代表的参政议政、代表性等问题；也有部分文献开始关注人大机构与政府、党之间的关系，民主党派和共产党之间的关系等。以上研究为本章提供了一部分的理论基础。人民代表大会是中国人民行使国家权力的机关，也是民主党派成员和无党派人士参政议政和发挥监督作用的重要机构。保证民主党派人大代表的描述代表性是历史的选择，也是实现中国共产党领导的多党合作的重要内容。在各级人大中，在配额制的要求下，[1] 民主党派人大代表必须保证占据一定份额。那么，对于在人大制度和政党协商制度的共同作用下产生的民主党派人大代表，相比共产党员身份以及没有党派身份[2]的人大代表，他们在年龄、性别、民族、学历、职业背景乃至参政经验上的构成是否有差异？即，民主党派人大代表是谁？民主党派身份是否为他们的人大参与呈现出特殊的行为特征和模式有所贡献？民主党派人大代表在人大机构中的描述代表性是否转化成了实质代表性？

民主党派人大代表在地方人大的参政议政行为，为我们从微观视角

---

[1] 《中共中央关于进一步加强中国共产党领导的多党合作和政治协商制度建设的意见》（中发〔2005〕5号文件）规定："保证民主党派成员和无党派人士在各级人大代表、人大常委会委员和人大专门委员会委员中占有适当比例，在各级人大领导班子成员中有适当数量。在全国省级人大常委会中应有民主党派成员或无党派人士担任副秘书长。"可以看出，此规定仅对配额制做了定性的要求，并未做具体数量或比例上的规定。

[2] 区别于"没有党派身份"，"无党派"被归为"民主党派"之列。

考察人民代表大会制度和中国共产党领导的多党合作和政治协商制度如何回应中国地方人大代表性、政党政治以及基层民主政治提供了切入口。此外，在地方政治环境中考察民主党派人大代表的政治行为，可以帮助我们更深入地揭示中国代议机构中的党派代表性和党派组织与代议机构的相互作用，展现地方政治的丰富性和复杂性，从而提炼一般性的发现。

本章选取中国中部城市 C 市为样本。本章的主要目标是描绘民主党派人大代表的构成和代表行为，分析民主党派人大代表的政治参与特点，测量民主党派身份对民主党派人大代表政治参与的影响，以期描绘中国地方人大的党派代表性。[①] 具体来说，本章首先对 C 市第一届至第十三届人大代表的党派构成进行了描述性分析，发现民主党派人大代表在 C 市人大中所占比例在 5%—10%。其次，基于 C 市第十届和第十一届人大代表的履历信息，通过 Anova 分析，笔者发现，民主党派人大代表通常为年龄相对较低的、受教育程度较高的女性，并且这一特点在统计学意义上显著。最后，笔者还发现，民主党派人大代表在表征人大参与的几个指标方面显著高于共产党和没有党派身份的人大代表。即民主党派人大代表更倾向于代表市级利益、要求资金分配和政策供给，民主党派身份对于地方人大效能产生了积极的正面影响。为了进一步检验这一假设，笔者通过关联 C 市第十届（1998—2002 年）和第十一届（2003—2006 年）的代表议案建议和 C 市这两届人大代表履历信息，将人大代表的党派身份对地方人大效能做回归，发现在控制人口统计学变量、职业背景变量以及地域背景变量后，民主党派身份仍然对代表在人大的政治参与产生了正面影响。在结论和讨论部分，笔者结合与 C 市民主党派人大代表的访谈，尝试分析了民主党派人大代表履职更积极的

---

① 需要注意的是，这里讨论的是人大中的党派代表性，而非政党研究中讨论的民主党派代表性。后者指的是民主党派（组织）对特定社会群体的代表性。本章关注的是代议机构中的党派代表性，即民主党派人大代表在人大代表中的构成是否映射民主党派党员在社会中的构成，以及民主党派人大代表是否在人大机构中代表民主党派组织，和该组织所代表的党派成员及相关社会群体的利益。

原因，以期补充民主党派人大代表参与政治背后的逻辑。

第二节 文献综述

一 党派代表性

民主党派人大代表在人大参政议政时应该代表谁的利益，又倾向于代表谁的利益？目前学界针对民主党派人大代表在人大参政议政的微观实证经验尚未得到充分挖掘，但有关民主党派成员在人大的参政议政，以及党派代表性仍然得到了部分学者的关注。比如，围绕民主党派在人大、政协的个人提案和集体提案，林伟和鲁开垠基于广东省江门市的一项实证研究，发现民主党派对本党派成员利益的关注程度较低，在参政议政中更多地参与和社会弱势群体相关的利益以及公共利益的表达，界别分工成为影响民主党派代表性的重要因素。[①] 路运占也指出，根据《中国的政党制度》白皮书，民主党派在人大的协商活动不以党派名义进行，"民主党派成员的党派属性基本上被消隐"。[②]

事实上，目前关于中国民主党派人大代表的文献主要集中在论证描述代表性的合理性和民主党派人大代表的结构及其变迁方面。在利益尚未固化、不信任因素仍然存在的社会，描述代表性对于协商民主的发展尤其重要；同时它还会在政权的统治能力和合法性方面产生积极的外部效应。[③] 比如斯韦农·阿内森等通过挪威的一项调查研究发现，传统意义上的弱势群体相比其他公民而言更加重视政治机构中的描述代表性，同时描述代表性对于民众接受那些不受他们欢迎的政策起到了缓冲调节

[①] 林伟、鲁开垠：《地方民主党派代表性问题研究——以广东省江门市人大议案和政协提案的实证分析为基础》，《中共浙江省委党校学报》2014年第2期。

[②] 路运占：《改革开放以来政党协商的发展与基本经验——以北京市为例》，《天津市社会主义学院学报》2016年第4期。

[③] Mansbridge, Jane, "Should Blacks Represent Blacks and Women Represent Women? A Contingent 'Yes'", *Journal of Politics*, Vol. 61, No. 3, August 1999, pp. 628–657.

作用。① 同样关注印度议会选举中配额制影响的萨德·邓宁等指出，建立在种姓制度基础上的配额制并未给受到配额制照顾的弱势群体带来实质性的利益分配，政策分配结果更多依赖于党派的偏好和影响力。② 安德森·萨拉等③分析美国州议员的议会参与行为时也发现，党派对于议员决策的影响远远胜于选民偏好带来的影响。

在研究中国人大制度与人大机构的文献中，党派构成一直以来都是一个重要的考察方面。首先，人民代表大会制度要求代表的来源需要具有广泛性，这就包括了党派来源的广泛性和多样性；同时为了统一战线的需要，中国民主党派成员及无党派人士在人大代表构成中占有一定比例。④ 不少学者对民主党派代表的比例结构和民主党派代表参政议政的价值与意义等进行了描述。⑤ 但是目前关于中国民主党派人大代表的文献主要探讨论证描述代表性的合理性和民主党派人大代表的结构及其变迁，研究更多偏向规范分析，未对民主党派代表参政议政的具体行为及地方人大效能做系统性深入分析。

一些学者对中国历届人大中民主党派人大代表所占比例的变化进行了研究，发现在第一届至第十一届全国人大中，民主党派和无党派身份

---

① Sveinung Arnesen and Yvette Peters, "The Legitimacy of Representation: How Descriptive, Formal, and Responsiveness Representation Affect the Acceptability of Political Decisions", *Comparative Political Studies*, Vol. 51, No. 7, June 2018, pp. 868 – 899.

② Thad Dunning and Janhavi Nilekani, "Ethnic Quotas and Political Mobilization: Caste, Parties, and Distribution in Indian Village Councils", *American Political Science Review*, Vol. 107, No. 1, Februare 2013, pp. 35 – 56.

③ Anderson Sarah., et al., "Legislative Institutions as a Source of Party Leaders' Influence", *Legislative Studies Quarterly*, Vol. 41, No. 3, August 2016, pp. 605 – 631.

④ 杨云彪：《从议案建议透视人大代表的结构比例》，《人大研究》2006年第11期。

⑤ 杨云彪：《从议案建议透视人大代表的结构比例》，《人大研究》2006年第11期；吴锦旗：《论权力分享和运作机制下的民主党派参政议政》，《陕西行政学院学报》2010年第4期；秦立海：《民主党派成员参与人大工作初探》，《陕西社会主义学院学报》2011年第3期；刘乐明、何俊志：《谁代表与代表谁？十一届全国人大代表的构成分析》，《中国治理评论》2013年第2期；郑劲松：《对人大中民主党派成员作用发挥问题的思考》，《江苏省社会主义学院学报》2013年第5期；朱海英：《全国人大常委会组成人员结构分析：比较的观点》，《人大研究》2014年第8期。

的人大代表所占比例总体上呈下降趋势。① 也有学者从更微观的层面出发，对个别届别的人大常委会组成人员的党派结构进行分析，以十届全国人大为例，民主党派和无党派人士 50 人，约占 31.5%，全国人大各专门委员会主任、副主任 15 人，全国人大常委副委员长中，民主党派中央主要领导人占 6 人，他们在人大立法中能够起到、也实际起着重要作用。②

从理论上来说，中国人大的制度环境使得民主党派人大代表的描述代表性具备转化成实质代表性的条件。但是值得关注的一个实证问题是：民主党派代表结构比例的划分是否能促进代表履行职责，他们的政治参与是否会对政策产生实际影响？在比例代表制国家的背景下，欧莱·福尔克对此做出了回答。③ 他利用断点回归分析验证了瑞典议会成员的党派代表性与移民政策、环境政策和税收政策的因果关系，发现来自非执政党的议员对影响到绝大多数人的主流政策（primary policies/frontline policies）的影响不显著，而对影响到部分群体的非主流政策（secondary policies）会产生很大影响。在中国的人民代表大会制度设计下，《中共中央关于坚持和完善中国共产党领导的多党合作和政治协商制度的意见》（中发〔1989〕14 号文件）、《中共中央关于进一步加强中国共产党领导的多党合作和政治协商制度建设的意见》（中发〔2005〕5 号）都规定，民主党派人大代表在各级人大中要以人大代表的身份进行活动，不以界别和党派划分。尽管如此，民主党派人大代表通过人大反映党派及党派成员诉求，不仅被部分学者认为是有必

---

① 吴锦旗：《论权力分享和运作机制下的民主党派参政议政》，《陕西行政学院学报》2010 年第 4 期；秦立海：《民主党派成员参与人大工作初探》，《陕西社会主义学院学报》2011 年第 3 期；刘乐明、何俊志：《谁代表与代表谁？十一届全国人大代表的构成分析》，《中国治理评论》2013 年第 2 期。

② 王继宣：《中国民主党派在立法中的作用》，《中央社会主义学院学报》2005 年第 4 期；吴锦旗：《论权力分享和运作机制下的民主党派参政议政》，《陕西行政学院学报》2010 年第 4 期；朱海英：《全国人大常委会组成人员结构分析：比较的观点》，《人大研究》2014 年第 8 期。

③ Olle Folke, "Shades of Brown and Green: Party Effects in Proportional Election Systems", *Journal of the European Economic Association*, Vol. 12, No. 5, October 2014, pp. 1361–1395.

要的,① 而且也成为部分民主党派人大代表的呼声。在由民主党派人大代表撰写的出版物文章中,人大成了他们通过立法实现党派利益的重要途径,比如,郭天玲称:"人大的工作更实,……在参政方面也有更为直接的实际效果","尽量把意见,包括农工党成员的意见和我个人的意见,在人大的几次有关会议上提出来。……该条例终于……通过……这一类决策在政协的议政舞台上比较难办……反映党派成员和党派组织的意见……人大的直接立法和执法监督,意义、效力、效果和作用都不同。"② 由此可以看出,民主党派成员不仅在政治意识上十分重视人民代表大会这一政治参与平台,而且民主党派成员的政治参与意识和人大参与行为也会受到其党派身份的影响。

二 人大参与

当代表们参与到人大活动中,比如起草或者联名提出建议和议案时,他们的目的是什么?在西方国家,虽然再次当选被普遍认为是议员最主要关心的目标,③ 但是这些议员也可能会有其他的考虑。比如,取得议会成就(legislative success)。④ 为了捕捉和测量议员的行为以及议会成就,学者们发展了许多测量方式。通常来说,他们会通过观察在个人层面和制度层面,根据议员行为的异质性来做推断。自从唐纳德·马修斯第一个提出用"议会效能"(legislative effectiveness)这个术语描述议员在议会努力的结果之后,许多学者开始就这个议题进行了实证检验。⑤ 比如说,再次当选、推进政策议程、获得信息、要求为其所在选

---

① 刘长泰:《没有民主就没有合作——谈谈民主党派在"人大"提议案问题》,《民主与科学》1989 年第 2 期。

② 郭天玲:《民主党派参政与人大代表工作的关系》,《前进论坛》1999 年第 5 期。

③ David R. Mayhew, *Congress: The Electoral Connection*, Yale University Press, 1974.

④ Donald R. Matthews, *United States Senators and Their World*, University of North Carolina Press, 1960. Michael K. Moore and Thomas Sue, "Explaining Legislative Success in the U. S. Senate: The Role of the Majority and Minority Parties", *The Western Political Quarterly*, Vol. 44, No. 4, 1991. Gary W. Cox and William C. Terry, "Legislative Productivity in the 93d-105th Congresses", *Legislative Studies Quarterly*, Vol. 33, No. 4, November 2008, pp. 603 – 618.

⑤ Donald R. Matthews, *United States Senators and Their World*, University of North Carolina Press, 1960.

区和选民提供公共物品、获得权力以及建立政治人脉关系等都被视作议员的议会效能，也是他们产生议会行为的动机。①

中国的人大代表同样关注他们的"地方人大效能"。比如，有些学者发现，省人大代表会利用有效的策略来让他们的主张被政府采纳，从而影响政策。② 也有研究关注了成为人大代表带来的经济回报。③ 在人大中构建政策支持联盟也是人大代表的行为动机之一。④ 中国地方人大的地域代表性，包括伸张当地利益、提供公共物品和服务也在大量研究中得到了证实。⑤ 还有大量有关中国人大的研究工作聚焦于人大代表的角色实现。比如基于和人大代表的访谈数据，奥布莱恩发现并定义了两种类型的人大代表：代理人和谏言者。而对于监督者这一角色，大部分研究工作还未达成统一意见。⑥ 比如，赵英男认为中国地方人大已经成为

---

① Richard Fenno, "Home Style: House Members in Their Districts", *Legislative Studies Quarterly*, Vol. 4, No. 1, 1979, pp. 121 – 140. Wendy J. Schiller, "Senators as Political Entrepreneurs: Using Bill Sponsorship to Shape Legislative Agendas", *American Journal of Political Science*, Vol. 39, No. 1, February 1995, pp. 186 – 203. William D. Anderson, et al., "The Keys to Legislative Success in the U. S. House of Representatives", *Legislative Studies Quarterly*, Vol. 28, No. 3, August 2003, pp. 357 – 386. Gary W. Cox and William C. Terry, "Legislative Productivity in the 93d – 105th Congresses", *Legislative Studies Quarterly*, Vol. 33, No. 4, November 2008, pp. 603 – 618.

② Xia Ming, "Political Contestation and the Emergence of the Provincial People's Congresses as Power Players in Chinese Politics: A Network Explanation", *Journal of Contemporary China*, Vol. 9, No. 24, 2000, pp. 185 – 241. Chen Chuanmin, "Getting Their Voices Heard: Strategies of China's Provincial People's Congress Deputies to Influence Policies", *The China Journal*, Vol. 82, July 2019, pp. 46 – 70.

③ Li Hongbin, et al., "Why Do Entrepreneurs Enter Politics? Evidence from China", *Economic Inquiry*, Vol. 44, No. 3, July 2006, pp. 559 – 578. Rory Truex, "The Returns to Office in a 'Rubber Stamp' Parliament", *American Political Science Review*, Vol. 108, No. 2, May 2014, pp. 235 – 251. Yue Hou, et al., *Participatory Autocracy: Private Entrepreneurs, Legislatures, and Property Protection in China*, [Ph. D.]. USA: Massachusetts Institute of Technology, 2015.

④ Lv Xiaobo, et al., "Policy Coalition Building in an Authoritarian Legislature: Evidence from China's National Assemblies (1983 – 2007)", *Comparative Political Studies*, Vol. 53, No. 9, August 2020, pp. 1380 – 1416.

⑤ Xia Ming, "Political Contestation and the Emergence of the Provincial People's Congresses as Power Players in Chinese Politics: A Network Explanation", *Journal of Contemporary China*, Vol. 9, No. 24, 2000, pp. 185 – 241. Melanie Manion, "Authoritarian Parochialism: Local Congressional Representation in China", *The China Quarterly*, Vol. 218, June 2014, pp. 311 – 338. Chen Chuanmin, "Getting Their Voices Heard: Strategies of China's Provincial People's Congress Deputies to Influence Policies", *The China Journal*, Vol. 82, July 2019, pp. 46 – 70.

⑥ Kevin J. O'Brien, "Agents and Remonstrators: Role Accumulation by Chinese People's Congress Deputies", *Legislative Studies Quarterly*, Vol. 18, No. 1, February 1993, pp. 138 – 138.

了监督的权力主体，并且把监督者的角色，而非代理人的角色作为代表的主要角色。① 奥斯卡·阿曼指出，考虑到中国干部管理制度中的党管干部原则，作为最高权力机关人大监督政府仍有推进空间。②

在西方国家，有关党派如何影响议员在议会内部和议会外部行为的文献以及党派带来不同政策结果的文献较多。③ 但是，这一研究在发展中国家相对较少。然而，来自不同党派的议员可能会在偏好、观点和行为上与其他议员不同，这一点可能是不分国家的。比如，埃德蒙德·马累斯基等就发现，在越南国会，那些构成议会大多数群体的党派成员不一定总是和中央领导的利益保持一致。④

三 民主党派人大代表的人大参与

人大代表的党派代表性，不仅是现有人大研究中的重要主题之一，也是政党研究关注的重点。民主党派的政治参与一直以来在政党研究和协商政治中占据着重要位置。而人民代表大会是民主党派参政议政的最主要途

---

① Cho Young Nam, "From 'Rubber Stamps' to 'Iron Stamps': The Emergence of Chinese Local People's Congresses as Supervisory Powerhouses", *The China Quarterly*, No. 171, September 2002, pp. 724 – 740. Cho, Y. N., "Public Supervisors and Reflectors: Role Fulfillment of the Chinese People's Congress Deputies in the Market Socialist Era", *Development and Society*, Vol. 32, No. 2, 2003, pp. 197 – 227.

② Oscar Almén, "Only the Party Manages Cadres: Limits of Local People's Congress Supervision and Reform in China", *Journal of Contemporary China*, Vol. 22, No. 80, March 2013, pp. 237 – 254.

③ Michael K. Moore and Thomas Sue, "Explaining Legislative Success in the U. S. Senate: The Role of the Majority and Minority Parties", *The Western Political Quarterly*, Vol. 44, No. 4, 1991. Wendy J. Schiller, "Senators as Political Entrepreneurs: Using Bill Sponsorship to Shape Legislative Agendas", *American Journal of Political Science*, Vol. 39, No. 1, February 1995, pp. 186 – 203. William D. Anderson, et al., "The Keys to Legislative Success in the U. S. House of Representatives", *Legislative Studies Quarterly*, Vol. 28, No. 3, August 2003, pp. 357 – 386. Gary W. Cox and William C. Terry, "Legislative Productivity in the 93d – 105th Congresses", *Legislative Studies Quarterly*, Vol. 33, No. 4, November 2008, pp. 603 – 618. Gregory Wawro, *Legislative Entrepreneurship in the US House of Representatives*, University of Michigan Press, 2010. Olle Folke, "Shades of Brown and Green: Party Effects in Proportional Election Systems", *Journal of the European Economic Association*, Vol. 12, No. 5, October 2014, pp. 1361 – 1395. Jeffrey R. Lax, et al., "The Party or the Purse? Unequal Representation in the US Senate", *American Political Science Review*, Vol. 113, No. 3, 2019.

④ Edmund Malesky, Paul Schuler, "Nodding or Needling: Analyzing Delegate Responsiveness in an Authoritarian Parliament", *American Political Science Review*, Vol. 104, No. 3, August 2010, pp. 482 – 502.

径。民主党派成员当选人大代表，也是实现民主党派政治功能的重要方式。

一方面，在人民代表大会制度和政治协商制度的框架下，民主党派人大代表（特别是人大常委会委员）可以在现有的制度框架内进行利益的表达，积极参政议政，发挥影响力。另一方面，民主党派人大代表参政议政、发挥代表作用，具备一定的政治参与优势，保障民主党派人大代表比例对于发挥人大民主协商功能具有重要意义。比如，民主党派成员可以把各类社会群体的诉求收集并反映上来，为经济社会发展提供有价值的信息和建议。① 考虑到民主党派人大代表政治身份的特殊性，保证民主党派人大代表的议案、建议质量也是人大代表所属党派在落实参政议政效果过程中的重要关注点。因此，早期的学者曾提出应在人大中成立党团组织，统一人大代表中党派成员的思想到本党派主张上来②，允许民主党派人大代表以民主党派的身份在人大发表意见或提出议案。③ 近期的一些学者则更多强调，民主党派人大代表应该加强调查研究，提高自身素质，④ 也有学者指出尝试让一部分民主党派代表和委员率先专职化。⑤

以上研究大多从实证的角度考察民主党派人大代表在人大参与政治应该代表谁的利益。笔者更加关注的是，民主党派人大代表的人大参与行为倾向于代表谁的利益？目前学界还未对这一实证问题做系统性的研究，但在有关人大代表政治参与的文献中，我们发现，人大代表的政治

---

① 郑劲松：《对人大中民主党派成员作用发挥问题的思考》，《江苏省社会主义学院学报》2013年第5期。

② 刘长泰：《没有民主就没有合作——谈谈民主党派在"人大"提议案问题》，《民主与科学》1989年第2期。

③ 尽管中发〔1989〕14号文件和中发〔2005〕5号文件都规定，在人大代表工作中，民主党派人大代表要以人大代表，而不能以党派成员的身份进行活动。部分学者和党派成员仍然建议，具有民主党派身份的人大代表应当有权以党派成员的身份进行提案或联名提案。有关此问题的讨论，参见张英健《为什么民主党派成员中的人大代表不能以民主党派的身份在人大进行活动？》，《中国统一战线》2003年第11期。李一文《民主党派中的人大代表以何种身份参加人大活动》，《四川统一战线》2003年第9期。

④ 吴锦旗：《论权力分享和运作机制下的民主党派参政议政》，《陕西行政学院学报》2010年第4期；郑劲松：《对人大中民主党派成员作用发挥问题的思考》，《江苏省社会主义学院学报》2013年第5期。

⑤ 蔡永飞：《让部分民主党派代表委员先专职化起来》，《团结》2012年第2期。

身份，即人大代表是否为民主党派成员，对人大代表的政治参与积极性产生了影响，同时民主党派人大代表的参政行为还呈现出一定的特点。

首先是人大代表的身份背景。中国的八大民主党派成员大多数是各行业的专家或学者。一方面，现阶段各民主党派经过几十年的发展，党派成员的综合素质有了明显的提高，表现为大都有大学以上学历和中高级职称。近来民主党派主要从社会精英中吸收成员的趋势也加深了民主党派"精英性"的色彩。另一方面，从成立之初，民主党派就以代表不同阶层、界别为特点，以代表党派所联系成员的利益著称。党派在吸纳成员时，职业背景和学历背景是重点考察要素。在党派内部，成员的职业差异和学历差异很小，这也使得民主党派成员分布十分广泛，涉及经济、科教文卫、归侨等各方面。① 但是近几年来，越来越多的研究发现，民主党派的界别色彩趋于淡化，为了吸引成员，个别党派放宽了加入的要求，② 这无疑也会对民主党派人大代表的职业背景和行业背景的构成产生影响。③ 有意思的是，在不同的身份背景或性别背景下，民主党派成员身份有时候意味着不同程度的参政议政门槛。陈钊、陆鸣和何俊志就发现，在企业家群体中，民主党派成员要比共产党党员更容易以企业家的身份参政议政，民主党派身份的作用约为共产党员身份作用的5倍。④ 换句话说，对于企业家来说，相比成为共产党员，成为民主党派成员更有利于其当选人大代表或政协委员。还有研究发现，在某地方人大机构中，女性人大代表和男性人大代表在党派构成方面的差异显著，民主党派身份成为女性代表参选的重要参考依据。⑤ 基于以上研

---

① 郑劲松：《对人大中民主党派成员作用发挥问题的思考》，《江苏省社会主义学院学报》2013年第5期。

② 比如，随着国家社会结构的变化，民革和台盟面临着发展成员的困境，因此适当放宽了加入要求。

③ 沈艳：《新世纪新阶段民主党派代表性问题研究》，《辽宁省社会主义学院学报》2010年第3期。

④ 陈钊、陆铭、何俊志：《权势与企业家参政议政》，《世界经济》2008年第6期。

⑤ 刘莉：《基于混合研究方法的地方人大代表性别结构差异分析——以湖北省A市为例》，硕士学位论文，武汉大学，2019年。

究，我们不难提出以下问题：民主党派人大代表的职业构成不平衡的特点是否普遍存在于八大民主党派中，呈现出以企业家为主的特点？① 性别构成是否同样不平衡，而呈现出主要以女性为主的优势？这些有待进一步的实证检验。

其次，民主党派人大代表的政治参与受到哪些因素影响？安德森·克丽丝蒂的研究宣称：在个人层面，年龄、性别、教育水平、党派、收入等因素均会对政治参与产生影响；在组织社会层面，学者也发现了有关组织成员身份、社会网络、工作单位、邻里环境等影响政治参与的经验证据。尤其需要指出的是，组织成员身份为个体公民参与政治事务提供了重要的网络机会，从而在组织激励公民参与政治事务方面发挥不可替代的作用，②而长期政治社会化的过程被证明对少数群体的政治参与起到了关键作用。③

尽管相关文献已经发现民主党派身份对于人大代表参政议政产生了重要影响，但是针对民主党派人大代表如何体现出不同于共产党员身份人大代表的参政议政特点，目前鲜有文献专注于此。如前文所述，有关党派代表性的文献已经证明，从组织层面来看，民主党派会对包括民主党派人大代表在内的党派成员，在参政议程的过程中施加影响。那么，究竟这一组织因素在民主党派人大代表政治参与过程中发挥了多大的作用？

第三节 研究设计

一 数据来源

本章选取 C 市人大作为研究对象，分析对象是 C 市第十届和第十

---

① 这有利于我们判断"民主党派身份"是否提高企业家参政议政可能性，排除仅仅有个别倾向于企业家群体的党派呈现出该特点，比如民建的可能性。
② Andersen Kristi, "Mobilization, Participation, and Democracy in America", *American Political Science Review*, Vol. 88, No. 3, September 1994, p. 771.
③ Ruth Dassonneville, and Ian McAllister, "Gender, Political Knowledge, and Descriptive Representation: The Impact of Long-Term Socialization", *American Journal of Political Science*, Vol. 62, No. 2, April 2018, pp. 249–265.

一届人大代表。本章使用的数据主要包括：第一，C 市第十届和第十一届（1998—2006 年）的人大议案和建议，共计 4421 条；第二，两届人大代表的简历信息，包括姓名、性别、出生年月、教育水平、工作单位、工作职位和所在选区信息；第三，C 市 1998—2006 年期间的市志，主要收集了各选区的人口和经济信息；① 第四，C 市档案馆保存的自第一届至第十三届人大代表名单及党派背景信息；第五，笔者与 C 市民主党派人大代表的部分访谈数据。

另外，考虑到第十届的人大代表仅有 28% 连任至第十一届，如果合并为一个长的面板数据，将造成数据的严重不平衡。因此在后文的实证分析中，笔者将分别对第十届人大代表及其在 1998—2002 年所提议案建议，第十一届人大代表及其在 2003—2006 年所提议案建议进行处理。

二 人大代表党派身份的结构变化：1954—2012 年

表 5-1 展示了 C 市从 1954 年第一届人民代表大会至 2012 年第十三届人民代表大会，民主党派人大代表所占比例的变化。数据来源于 C 市档案馆公开资料，其中第五届、第七届、第八届和第九届的数据缺失。可以看到，从 C 市第六届人大开始，也就是自 1979 年开始，民主党派和没有党派身份的人大代表比例降低。从第十届开始，民主党派人大代表所占比例基本稳定在 5%—10%，共产党员身份的人大代表所占比例在 80%—85%，没有党派身份的人大代表占比在 10% 左右。

表 5-1　C 市第一届至第十三届人大共产党/民主党派
（含无党派和工商联）/没有党派身份的人大代表占比情况

届别	总数（人）	民主党派（%）	共产党（%）	没有党派身份（%）
第一届	413	14.29	55.69	30.02
第二届	444	13.96	40.32	45.72

① 人口信息完整，经济信息不全。

续表

届别	总数（人）	民主党派（%）	共产党（%）	没有党派身份（%）
第三届	446	19.96	49.10	30.94
第四届	443	18.96	53.05	27.99
第六届	967	5.48	76.84	17.68
第十届	540	9.44	81.48	9.07
第十一届	557	5.57	84.92	9.52
第十二届	561	5.35	85.38	9.27
第十三届	558	6.63	84.41	8.96

1954—2012年，C市民主党派人大代表的具体党派构成如表5-2所示。第一届至第四届的数据显示，在C市民主党派人大代表中，有一半来自中国民主建国会（简称"民建"）。从第六届开始，这一比例从55.93%降到了20.75%。除了在第六届、第十届、第十一届中，中国民主同盟（简称"民盟"）占比最大之外，民建始终是民主党派人大代表中占比最大的党派之一。民建成员主要是以在大中城市的工商企业家和经济界的中高层人士为主。吸纳这部分群体进入人大参与政治，是人民代表大会制度、中国共产党领导的多党合作制度的要求，也是民主党派履行参政党职能的要求。

表5-2　　1954—2012年C市人大代表民主党派具体构成情况

届别	N	民建（%）	民盟（%）	民革（%）	民进（%）	农工（%）	九三（%）	台盟（%）	致公（%）
第一届	59	55.93	23.73	10.17	0	10.17	0	0	0
第二届	62	67.74	14.52	9.68	3.23	0	4.84	0	0
第三届	86	43.82	21.35	7.87	4.49	16.85	5.62	0	0
第四届	84	44.05	21.43	9.52	7.14	14.29	3.57	0	0
第六届	53	20.75	33.96	11.32	11.32	11.32	11.32	0	0
第十届	51	15.69	19.61	11.76	15.69	15.69	11.76	3.92	5.88

续表

届别	N	民建(%)	民盟(%)	民革(%)	民进(%)	农工(%)	九三(%)	台盟(%)	致公(%)
第十一届	31	22.58	25.81	19.35	6.45	9.68	12.90	0	3.23
第十二届	30	20.00	13.33	20.00	16.67	3.33	13.33	3.33	10.00
第十三届	37	21.62	13.51	16.22	21.62	5.41	8.11	2.70	10.81

除了在第六届、第十届、第十一届人大中占据最高比例，民盟在前四届人大中都是民主党派人大代表中占比第二高的党派。民盟成员主要来自文化教育界，以中高级知识分子比如中学和大学的教师居多。这或许与C市教育资源丰富、大学生群体体量庞大有一定关系。

在第十二届人大，中国国民党革命委员会（简称"民革"）则取代民盟，与民建一同成为占比最高的党派。民革成员通常是由国共内战时的中国国民党左派及其后裔组成。C市的历史背景可能一定程度解释了民革在C市人大的席位占比较高的原因。

中国民主促进会（简称"民进"）是一个主要由从事教育文化以及出版工作的高中级知识分子组成的党派。与民盟类似的是，其成员大多来自教育界，但与民盟不同的是，民进党派成员以中小学教师为主，而民盟成员则以中高等教育行业的教师为主。民进在民主党派人大代表的占比呈上升趋势，在第十三届达到了21.62%，与民建并列第一。

医药卫生界中高级知识分子成为构成中国农工党（简称"农工"）的主要力量。在第十一届人大以前，来自农工党的人大代表占比为9%—17%，在第十二届和第十三届人大，这一比例则降到了5%左右。

与此类似的是九三学社。九三学社是以科学技术界中高级知识分子为主的具有政治联盟特点的政党。第六届以前其在C市民主党派人大代表中的占比为5%左右，第六届及其之后，九三学社人大代表在所有民主党派人大代表中的比例稳定在10%左右。

与以上几个党派从具有特色的行业中吸纳成员不同，台湾民主自治同盟（简称"台盟"）和致公党对成员的身份要求较为严格。台盟主要由居住在中国大陆的台湾人士构成。致公党则主要由归侨、侨眷和与海外有联系的人士组成。由于这两个党派的成员人数本身较少，这两个党派在民主党派人大代表中的占比在部分届别为0。值得注意的是，致公党从第十二届开始，占比达到了10%左右。

还需要注意的是，C市档案馆资料公布的总体统计口径与代表具体名单有些许差异。后文针对第十届和第十一届的数据分析，将以具体的代表名单为准。

三 变量测量与描述

（一）因变量：地方人大效能

在西方民主国家，关于议会效能最常用的测量包括三个部分：以第一提案人名义以及联名提案人身份提案的数量，提出的议案得到通过的数量，和通过议案的比例。① 在中国的全国人大和地方人大的研究中，人大代表通过议案和建议的方式，充分发挥代表作用，也是人大代表参与政治的最重要形式。人大代表提出的议案和建议既是代表履职、参与政治的载体，也是人大代表实现对选民的政策回应，发挥实质代表性的重要方式。实际上，人大代表提议案建议的数量被视作人大代表在人大的产出以及履职绩效的最可信的测量，且已经被系统研究了很长时间。②

---

① Donald R. Matthews, *United States Senators and Their World*, University of North Carolina Press, 1960. Frantzich, Stephen, "Who Makes Our Laws? The Legislative Effectiveness of Members of the US Congress", *Legislative Studies Quarterly*, Vol. 4, No. 3, 1979, pp. 409 – 428. Michael K. Moore and Sue Thomas, "Explaining Legislative Success in the US Senate: The Role of the Majority and Minority Parties", *Western Political Quarterly*, Vol. 44, No. 4, 1991, pp. 959 – 970. Gary W. Cox and William C. Terry, "Legislative Productivity in the 93d – 105th Congresses", *Legislative Studies Quarterly*, Vol. 33, No. 4, November 2008, pp. 603 – 618. Gregory Wawro, *Legislative Entrepreneurship in the US House of Representatives*, University of Michigan Press, 2010. Kathleen A. Bratton, and Stella M. Rouse, "Networks in the Legislative Arena: How Group Dynamics Affect Co-sponsorship", *Legislative Studies Quarterly*, Vol. 36, No. 3, August 2011, pp. 423 – 460.

② 之所以选取提出的议案建议数量这一维度作为人大代表"人大效能"的测量标准，主要是出于数据获取难度的考虑。实际上，议员所提议案建议的数量和通过议案建议的数量以及通过议案建议的比例这三者一起，构成了议员的议会效能的主要测量。在中国的地方实践中，有关代表所提议案数量的数据比较容易获取。

加茂具树等基于对扬州市人大代表于2001—2005年所提交的部分议案进行分析后发现，越来越多的人大代表在为其当选地域的选民争取利益，且地方人民代表大会已经成为地方利益协调的重要平台。① 桑玉成和邱家军以第十一届全国人大二次会议人大代表所提出的议案建议为样本进行分析，发现基层代表所提的议案和建议绝大部分（约占75%）都明显地具有"代议"特色，并指出需要进一步进行有效的制度设计，构建充分发挥人大代表作用的平台和程序，使人大代表的各种议案建议能够发挥作用。② 当前，在中国人大的实证研究中，学者们也大量地将人大代表的履历信息和代表提出的议案建议作为人大代表参与政治的主要文本进行分析。比如，不少学者收集全国人大代表的履历信息，对收集的人大代表的议案建议进行人工编码，对代表构成的动态发展、政治参与情况，即代表的描述代表性和实质代表性进行分析。③

具体来说，本章利用C市第十届和第十一届人大代表提出的议案建议，测量人大代表在人大的政治参与。表5－3展示了从1998年到2006年，C市人大代表在每一年度提交的议案建议总数和人均提交的议案建议数量，可以看出，C市人大代表人均提案数逐年上升。其中第十届人均提交建议3.60条，第十一届人均提交4.67条。

---

① Tomoki Kamo, and Hiroki Takeuchi, "Representation and Local People's Congresses in China: ACase Study of the Yangzhou Municipal People's Congress", *Journal of Chinese Political Science*, Vol. 18, No. 1, 2013, pp. 41 – 60.

② 桑玉成、邱家军：《从代表议案和建议看代表属性及其履职之效率——以十一届全国人大二次会议为例》，《江苏行政学院学报》2010年第1期。

③ Kevin J. O'Brien, "Agents and Remonstrators: Role Accumulation Theory by Chinese People's Congress Deputies", *The China Quarterly*, No. 138, June 1994, pp. 359 – 380. 杨云彪：《从议案建议透视人大代表的结构比例》，《人大研究》2006年第11期；王利民：《关于南京市人大代表履职情况的调研报告》，《中共南京市委党校南京市行政学院学报》2007年第3期；Cho Young Nam, *Local People's Congresses in China: Development and Transition*, New York: Cambridge University Press, 2009；桑玉成、邱家军：《从代表议案和建议看代表属性及其履职之效率——以十一届全国人大二次会议为例》，《江苏行政学院学报》2010年第1期；何俊志、刘乐明：《全国人大代表的个体属性与履职状况关系研究》，《复旦学报》（社会科学版）2013年第2期。

表 5-3　　　C 市人大代表每年提交议案建议的描述统计（1998—2006 年）

第十届			第十一届		
年份	议案建议总数（件）	均值	年份	议案建议总数（件）	均值
1998	301	0.57	2003	513	0.95
1999	340	0.65	2004	640	1.18
2000	343	0.65	2005	670	1.24
2001	433	0.82	2006	703	1.30
2002	478	0.91			
总数	1895	3.60	总数	2526	4.67

具体到每一位人大代表，其在人大的政治参与以及由此形成的人大效能如何测量，是本章需要解决的一个关键问题。借鉴议会研究中对议员产出最直接的测量，同时受数据可得性的制约，本章也将每位人大代表在任期内的提案数量作为代表政治参与产物的主要测量指标，即将议案建议数量作为人大效能的主要测量内容。

为了更进一步细化人大代表在人大的具体行为，从而测量人大代表在每一个具体代表模式下的产出，即测量代表提出有关某个代表模式的议案建议的数量，基于笔者所在的"代表性与政治参会"课题组对人大代表议案建议的编码工作，本章将主要的代表模式分为以下三个方面：批评、立法和代表。具体来说，"批评"进一步细化为批评人大、政府及公检法；"立法"则是人大代表要求通过或完善某项具体法律；"代表"主要指的是为地域利益"代言"，其中地域又可进一步划分为C 市和选区这两个层次。

除了关注以上所列的由于"目的"不同而划分的代表模式之外，本章还对由于"方式"不同划分的代表模式做了辅助的分类。这包括：第一，要求资金分配到人大代表所在的地域；第二，对某项现存政策，争取政策倾斜；第三，提出某项具体的新的政策供给。人大代表提出的议案建议可能同时要求资金分配和政策供给,因此辅助分类之间并不排斥。

具体的编码过程如下。包括笔者在内的课题组成员首先对代表议案建议的内容主题进行编码。通常,一条完整的议案建议包含以下几个信息:建议编号、标题、代表姓名、事由、内容、解决方案和承办单位。接下来以C市某一年的标题为《关于强烈要求××殡仪馆搬迁的议案》为例,对此进行举例说明。

关于强烈要求××殡仪馆搬迁的议案

建议编号:040

代表姓名:袁××,刘××,胡××,金××,吴××,代××,龚××,谭××,胡××,罗××,张××,尹××,李××,刘××,王××

事由:关于强烈要求××殡仪馆搬迁的议案

内容:随着××城市的发展,××殡仪馆已经完全不能适应××城市经济的发展配套,不论是从环境问题出发和方便市民丧事的处理,以及周边地区居民的生活、学习、工作都有着极大的障碍和危害。市人大代表不断要求市政府应重新给予新的选址和规范,但时至今日仍未实现,市民意见很大,周边地区的居民已多次向民政部门申诉及要求,关系越来越紧张,众多的外资企业和企业老板在该地区投资后,都深受其害,叫苦不迭。强烈要求市政府及早下定规划搬迁的决心。

承办单位:市民政局

首先,笔者所在的课题组匹配了议案建议数据和代表履历信息数据。将代表联名或单独提出的议案建议划分至代表个人,依据第十届和第十一届人大代表名单,整理出每一位代表在每一年所提的议案建议情况。其次,综合代表履历信息和议案建议文本,对每一条议案建议下,该代表体现出的具体代表行为进行编码。最后,统计每一位代表每一种代表行为的议案建议的数量,作为该代表在该类代表行为下的人大效能测量。编码工作由三人独立完成,互相印证、反复确认,一定程度上确保了数据的信度。

部分分类有较为固定的编码标准,比如,有立法需求的议案建议通常会在文本中出现"《……的立法》"及类似字样。属于批评这一类的议案建议通常包含较为负面的情感态度,且一般都会具体指出所涉及的单位,因此可以进一步分为对政府的批评、对公检法的批评和对人大的批评。再比如,为局部地域代言的议案建议通常会出现该市的某个区、某条路、某个具体单位的名称。要求资金支持的议案建议通常会出现货币单位,或出现"资金"及其相关词。大多数情况下,每一位编码者都需要通读文本,并将其与代表个人信息相匹配,然后给出合适的编码。

(二) 自变量:党派身份

如前文所述,民主党派人大代表在 C 市第十届人大中占比 9.44%,在第十一届这一比例则降到了 5.57%。

C 市第十届和第十一届人大代表的党派身份信息主要来自人大代表的履历信息。去掉军队代表和因罢免、补选以及以省人大代表身份提案等原因导致信息不全的代表,最终在第十届市人大代表中,共产党员身份的代表有 427 人,民主党派身份的代表有 48 人,没有党派身份的代表有 45 人。在第十一届市人大中,共产党员身份的代表有 457 人,民主党派身份代表有 30 人,没有党派身份的代表有 50 人。

由于党派身份是分类变量,因此在后面的回归中,将没有党派身份这一类作为参照组,设置共产党员身份和民主党派身份两个虚拟变量。

(三) 控制变量

选区规模可能也会影响 C 市人大代表的行为表现。因此笔者用选区人口数量作为对选区规模的测量指标,是选区层面的控制变量。除此之外,在 C 市第十届和第十一届人大期间,城乡尚未实现选举"同票同权",因此笔者还控制了人大代表所在代表团的规模。将选区和代表团层面的控制变量纳入考量，除了可以较好地吸收代表是否来自城市或农村这一变量外，一定程度上也是考虑代表在访谈中体现出的地域代表性特征。通过与民主党派人大代表的访谈，笔者发现，各位人大代表都非常清楚他们来自哪个选区，即使他们通常是通过党派提名而非通过选区提名获得人大代表身份的。而且他们更多地关注来自同一代表团的人大代表。人大通常也以代表团为单位组织会议。因此，从现实来看，有必要将选区层面的这两个变量纳入模型中。

在人大代表个人层面，主要的控制变量包括人大代表的人口统计学变量和职业背景变量。人口统计学变量包括：性别、年龄、受教育水平和民族。其中受教育水平区分了党校学历和普通高校学历，在职和全日制。

依据代表在C市人大登记的职业信息，本章将职业背景分为以下13个类别：主要领导干部，党政领导干部，事业单位领导，人大领导，人大工作人员，民主党派和社会团体领导，国企领导，国企、政府和事业单位中层，私企领导，股份合作制与集体企业领导，知识分子，基层干部，一线工人和农民。其中，一线工人和农民代表数量较少，故作为参照组。

人大代表个人层面的控制变量还包括人大代表的政治参与经验。对于第十届人大代表来说，我们测量了其是否在第八届和第九届担任人大代表，对于第十一届人大代表来说，我们测量了其是否在第九届和第十届担任人大代表。

四 研究假设

本章从人民代表大会制度、中国共产党领导的多党合作和政治协商制度在地方的政治实践出发，主要探究以下3个问题：（1）民主党派人大代表是谁？即民主党派人大代表的描述代表性。（2）他们的政治参与[1]行为有何特点？即民主党派人大代表的实质代表性。（3）党派身

---

[1] 本章所讨论的民主党派人大代表的政治参与，均指的是其在人大的政治参与，从这个意义上说，本篇文章所指"政治参与"皆指"人大参与"。需要指出的是，就其本身的定义来说，政治参与这一概念所涉及的内容范围大于人大参与；后者将政治参与限定在了议会这一场域中。

份是否显著影响了人大代表的政治参与行为？即民主党派人大代表的描述代表性是否可以转化成实质代表性。

对于问题（1）和问题（2），本章将通过 Anova 分析，对不同党派身份的人大代表在人口统计学、职业背景、政治参与经验等描述代表性指标上的差异进行刻画，对其在人大参与的各个表征实质代表性的变量上的差异进行刻画。

对于问题（3），笔者基于定量数据进行假设检验，提出以下研究假设：

H1：民主党派身份对人大代表的地方人大效能有显著的正向作用。

H1a：民主党派身份对人大代表提交的议案建议数量有显著的正向作用。

H1b：民主党派身份对人大代表要求立法的行为有显著的正向作用。

H1c：民主党派身份对人大代表批评谏言行为有显著的正向作用。

H1d：民主党派身份对人大代表的地域代表性有显著的正向作用。

H1e：民主党派身份对人大代表要求资金分配的行为有显著的正向作用。

H1f：民主党派身份对人大代表争取政策倾斜的行为有显著的正向作用。

H1g：民主党派身份对人大代表要求政策供给的行为有显著的正向作用。

H2：共产党员身份对人大代表的地方人大效能有显著的正向作用。

H2a：共产党员身份对人大代表提交的议案建议数量有显著的正向作用。

H2b：共产党员身份对人大代表要求立法的行为有显著的正向作用。

H2c：共产党员身份对人大代表批评谏言行为有显著的正向作用。

H2d：共产党员身份对人大代表的地域代表性有显著的正向作用。

H2e：共产党员身份对人大代表要求资金分配的行为有显著的正向作用。

H2f：共产党员身份对人大代表争取政策倾斜的行为有显著的正向作用。

H2g：共产党员身份对人大代表要求政策供给的行为有显著的正向作用。

五 模型与方法选择

从描述代表性和实质代表性的检验中，笔者发现，党派身份与代表的政治参与和地方人大效能均有一定的相关关系。为了进一步对此进行检验，笔者将党派身份对地方人大效能做回归分析，利用面板数据的优势，尝试揭示两者的因果关系。本章的数据为高度平衡的面板数据。

从第一节描述代表性的分析来看，党派身份这一变量存在很强的内生性。比如，民主党派人大代表同时也意味着女性、高学历、知识分子代表。因此民主党派人大代表在政治效能上体现出的显著的活跃度究竟是党派身份带来的，还是性别或学历或职业背景或其他因素带来的，这很难解释。而遗漏变量是党派身份内生性的最主要来源。[①] 为了解决这一问题，笔者在回归方程中，将人大代表个人层面的因素，包括人口统计学变量和职业背景因素以及参政经验等变量都纳入模型中，将选区层面的因素，包括选区规模和代表团规模也纳入其中，再来看党派身份对地方人大效能的影响。

笔者首先利用（1）混合 OLS 回归模型，将 n 年的横截面数据混合，进行 OLS 估计。其次，为了估计组间差异，笔者采用（2）组间估计方法，将党派身份对地方人大效能做回归。最后，由于党派身份这一核心解释变量不随时间变化，因此笔者采取（3）随机效应模型对党派身份进行估计。采取随机效应模型的前提是，无法观察到的个体效应与

---

① 一般来说，党派身份先于人大效能发生，且代表对其党派身份的登记是明确的，因此反向因果和测量误差的问题不严重。

随时变化的解释变量无关,即随时变化的自变量与误差项无关。在本章中,人大代表个体层面仅存在年龄这一唯一的随时变化的自变量,其本质是时间效应。因此,基本可以认为这一时间变量与其他不可观察的、固定的个体效应无关,所以采用随机效应模型从理论上来说会更加有效。

为此,笔者构造了方程(1)如下:

$$LegislativeProductivity_{it} = \alpha_0 + \beta_1 DPG_i + \beta_2 CCP_i + \delta X_{it} + \gamma_1 DistrictSize_{it} + \gamma_2 DelegationSize_{it} + \mu_{it} \tag{1}$$

其中,$LegislativeProductivity_{it}$是被解释变量人大代表$i$在$t$年的地方人大产出或地方人大效能,反映的是人大代表在某一年的政治参与效果,α_0是常数项,DPG_i和CCP_i为代表i的党派身份,如果是民主党派,则DPG_i取1,如果是中共党员,则CCP_i取1,如果是没有党派身份的人大代表,则DPG_i和CCP_i均取0。X_{it}为人大代表个体层面的控制变量,主要包括不随时间变化的性别、受教育水平、民族、职业背景、政治参与经验和随时间变化的年龄。$DistrictSize_{it}$和$DelegationSize_{it}$指的是人大代表i所在选区在t年的人口规模和所在代表团的规模,属于选区与代表团层次的控制变量。μ_{it}是误差项。

第四节 实证结果

一 描述代表性

民主党派人大代表是谁?要回答这个问题,需要将民主党派人大代表和具有共产党员身份和没有党派身份的人大代表的背景信息进行比较。因此,笔者以C市第十届、第十一届人大代表的个体履历信息为基础,基于党派身份的不同,进行Anova分析,探究不同党派身份的代表在(1)性别、年龄、民族和受教育水平这几个人口统计学指标上的差异，在（2）职业背景上的差异，和在（3）政治参与经验上的差异。

（一）人口统计学差异

表5-4汇总了不同党派身份的人大代表的性别、受教育水平、民族和年龄构成及三者之间均值的差异。

表5-4　　　　不同党派身份人大代表人口统计学背景差异
（两个样本，1998—2002年和2003—2006年）

	第十届（1998—2002年）					
	Diff^b, c	M^a	M^b	M^c	Diff^a, b	Diff^a, c
男性	0.85	0.69	0.62	0.16 ***	0.23 ***	0.06
受教育水平	3.14	3.78	3.24	-0.64 ***	-0.11 *	0.53 ***
汉族	1	0.96	0.98	0.03 ***	0.02 ***	-0.01
年龄	51.04	52.44	43.4	-1.40 ***	7.64 ***	9.04 ***
	第十一届（2003—2006年）					
	Diff^b, c	M^a	M^b	M^c	Diff^a, b	Diff^a, c
男性	0.85	0.62	0.54	0.23 ***	0.31 ***	0.08
受教育水平	3.82	4.12	3.48	-0.30 ***	0.34 ***	0.64 ***
汉族	0.99	1	0.98	-0.01	0.01	0.02 *
年龄	50.31	47.56	43.12	2.75 ***	7.19 ***	4.44 ***

注：表中呈现的是每位民主党派人大代表在每个变量下的均值。a代表共产党员代表，b代表民主党派代表，c代表没有党派身份的代表。* $p<0.10$，** $p<0.05$，*** $p<0.01$。

N^a (10th) =427，N^b (10th) =54，N^c (10th) =45

N^a (11th) =457，N^b (11th) =34，N^c (11th) =50

性别层面，在第十届和第十一届的样本中，共产党员身份的人大代表与民主党派及没有党派身份的人大代表相比，具有显著差异。对于人大代表来说，共产党员身份同时更有可能意味着男性。而民主党派和没有党派身份的人大代表则更有可能是女性。

受教育水平层面，民主党派人大代表的学历水平显著高于共产党员和没有党派身份的人大代表。这与民主党派人大代表的来源密切相关：

几乎所有民主党派的成员都是由知识分子构成的，而共产党员身份和没有党派身份的人大代表来源则更加广泛，平均来看，民主党派人大代表的学历也无疑是最高的。共产党员和没有党派身份的人大代表虽然也在受教育水平上有显著差异，但在 C 市第十届人大中，共产党员人大代表的受教育水平明显低于没有党派身份的人大代表的受教育水平，到了第十一届则相反。

民族层面，在 C 市第十届人大中，共产党员身份人大代表显著区别于民主党派和没有党派身份的人大代表，其更有可能是汉族。但是到了第十一届，后两者的汉族代表比例提高，使这一差异变得不再显著。在第十届，所有的共产党员身份人大代表都是汉族，但是到了第十一届，所有的民主党派身份人大代表都是汉族。

年龄层面，在两个样本中，没有党派身份的人大代表的平均年龄始终显著低于民主党派和共产党员身份的人大代表的平均年龄，即这个群体最有可能是最年轻的代表，在 40 岁左右。从第十届到第十一届，民主党派身份的人大代表的年龄趋于年轻化，从平均 52 岁下降到平均 47 岁左右。与此对应的是，在第十届中，民主党派身份的人大代表的年龄显著高于共产党员身份的人大代表的年龄；而在第十一届中，前者显著低于后者。

（二）职业背景差异

在第十届中，共产党员身份的人大代表在事业单位领导（23%）、国企领导（23%）、主要领导干部（14%）以及基层干部（12%）这几个职业背景上的分布较多，占到了全部共产党员身份代表的 72%。第十一届人大呈现出类似的情况。

民主党派人大代表的职业背景分布主要集中在知识分子、民主党派和社会团体领导两个类别。在第十届中，有近一半的民主党派人大代表（44%）是知识分子；在第十一届中，这一占比也达到了 35%。民主党派和社会团体领导在第十届中占民主党派人大代表的 13%，在第十一届这一比例是 32%。在第十届中，国企、政府和事业单位中层是民主党派人大代表的主要职业背景来源之一（31%），在第十一届中这一比例降到了15%，紧随事业单位领导（21%）其后。在第十届中，事业单位领导仅占4%。在第十届中，没有党派身份的人大代表除了主要领导干部、人大领导这两类外，几乎在各个职业背景类别中的分布都较为均匀。但到了第十一届，有超过一半的没有党派身份的人大代表是私企领导（52%）。

对比三者在两个样本中的职业背景分布，笔者发现，几乎在每一种职业背景类别，三种党派身份的人大代表的分布差异都非常显著。也就是说，党派类别一定程度上与职业背景类别相契合。具体来说，共产党员身份的人大代表更有可能是主要领导干部、事业单位领导、国企领导和基层干部；民主党派身份的人大代表更有可能是知识分子；没有党派身份的人大代表更有可能是私企领导。

表5-5汇总了不同党派身份人大代表在职业背景上的差异。①

表5-5 **不同党派身份人大代表职业背景比较**

（两个样本，1998—2002年，2003—2006年）

	第十届（1998—2002年）					
	Diff^b, c	M^a	M^b	M^c	Diff^a, b	Diff^a, c
主要领导干部	0.14	0.02	0	0.12***	0.14***	0.02**
党政领导干部	0.07	0.07	0.09	-0.01	-0.02	-0.01
事业单位领导	0.23	0.04	0.09	0.20***	0.15***	-0.05**
人大领导	0.04	0.02	0	0.02	0.04***	0.02**
人大工作人员	0.06	0.04	0.02	0.02	0.03**	0.01
民主党派和社会团体领导	0.02	0.13	0.11	-0.11***	-0.09***	0.02
国企领导	0.23	0	0.11	0.23***	0.12***	-0.11***
国企、政府和事业单位中层	0.04	0.31	0.20	-0.27***	-0.16***	0.11***

① 注：排除了军队代表。

续表

	第十届（1998—2002 年）					
	Diff^b, c	M^a	M^b	M^c	Diff^a, b	Diff^a, c
私企领导	0.04	0	0.11	0.04 ***	-0.08 ***	-0.11 ***
股份合作制与集体企业领导	0.03	0.02	0.07	0.01	-0.04 ***	-0.05 ***
知识分子	0.05	0.44	0.24	-0.40 ***	-0.20 ***	0.20 ***
基层干部	0.12	0	0.02	0.12 ***	0.09 ***	-0.02 **
一线工人和农民	0.01	0	0.02	0.01 *	-0.01	-0.02 **
	第十一届（2003—2006 年）					
	Diff^b, c	M^a	M^b	M^c	Diff^a, b	Diff^a, c
主要领导干部	0.12	0.06	0	0.06 **	0.12 ***	0.06 ***
党政领导干部	0.07	0.06	0.02	0.02	0.05 ***	0.04 *
事业单位领导	0.22	0.21	0.02	0.02	0.20 ***	0.19 ***
人大领导	0.07	0.03	0	0.04 *	0.07 ***	0.03 **
人大工作人员	0.06	0.06	0	0	0.06 ***	0.06 ***
民主党派和社会团体领导	0.04	0.32	0.04	-0.29 ***	0	0.28 ***
国企领导	0.20	0	0.06	0.20 ***	0.14 ***	-0.06 ***
国企、政府和事业单位中层	0.04	0.15	0.08	-0.11 ***	-0.04 ***	0.07 *
私企领导	0.07	0.12	0.52	-0.04 *	-0.45 ***	-0.40 ***
股份合作制与集体企业领导	0.02	0	0.02	0.02	0	-0.02 *
知识分子	0.04	0.35	0.2	-0.31 ***	-0.16 ***	0.15 ***
基层干部	0.12	0	0.04	0.12 ***	0.08 ***	-0.04 **
一线工人和农民	0.02	0	0.02	0.02	0	-0.02 *

注：表中呈现的是每个党派代表在每个变量下的均值。a 代表共产党员代表，b 代表民主党派代表，c 代表没有党派身份的代表。* $p<0.10$，** $p<0.05$，*** $p<0.01$。

N^a (10th) = 427，N^b (10th) = 54，N^c (10th) = 45

N^a (11th) = 457，N^b (11th) = 34，N^c (11th) = 50

(三) 政治参与经验差异

表5-6汇总了不同党派身份人大代表的政治参与经验差异,即他们在过往两届人大是否任职以及他们所在选区规模和代表团规模。

表5-6 不同党派身份人大代表政治参与经验比较
(两个样本,1998—2002年,2003—2006年)

	第十届 (1998—2002年)					
	Diff^b, c	M^a	M^b	M^c	Diff^a, b	Diff^a, c
人大参政经验						
第八届任职	0.10	0.15	0.02	-0.05**	0.08***	0.13***
第九届任职	0.31	0.39	0.24	-0.08***	0.06*	0.14***
选区和代表团规模						
代表团人数	48.55	55.57	51.38	-7.02***	-2.83**	4.20**
选区人数	6.40E+05	6.10E+05	7.30E+05	27555.72*	-8.8e+04***	-1.2e+05***
地域代表性	14366.06	11794.7	15509.77	2571.36***	-1143.71***	-3715.07***
	第十一届 (2003—2006年)					
	Diff^b, c	M^a	M^b	M^c	Diff^a, b	Diff^a, c
人大参政经验						
第九届任职	0.09	0.12	0	-0.03	0.09***	0.12***
第十届任职	0.29	0.32	0.16	-0.03	0.13***	0.16***
选区和代表团规模						
代表团人数	50.08	53.85	51.82	-3.77**	-1.74	2.03
选区人数	6.90E+05	6.70E+05	7.50E+05	19010.15	-6.4e+04***	-8.3e+04***
地域代表性	14733.57	13181.63	15679.85	1551.94***	-946.28**	-2498.22***

注:表中呈现的是每个党派代表在每个变量下的均值。a代表共产党员代表,b代表民主党派代表,c代表没有党派身份的代表。* $p<0.10$,** $p<0.05$,*** $p<0.01$。

N^a (10th) =427,N^b (10th) =54,N^c (10th) =45

N^a (11th) =457,N^b (11th) =34,N^c (11th) =50

从政治参与经验来看，民主党派人大代表的政治参与经验比共产党员人大代表丰富，这一差异在第十届人大样本中是显著的。在第十届人大中，有15%的民主党派人大代表在第八届任过职、39%在第九届任过职；在第十一届人大中，在第九届和第十届人大任过职的民主党派人大代表分别占12%和32%。没有党派身份的人大代表，在两届人大中的政治参与经验都显著地少于民主党派和共产党员身份的人大代表。

在选区规模和代表团规模上，民主党派人大代表所在的代表团人数通常是最多的，且与共产党员人大代表相比在两个样本中都十分显著。没有党派身份的人大代表所在选区的人数是最多的，在两届样本中，与共产党员人大代表和民主党派人大代表相比都很显著。

地域代表性是笔者构造的一个变量，是用选区人数除以代表团人数得到的。该指标反映的是代表所在的选区，一位人大代表所代表的该选区人口数。该指标越大，说明一位人大代表所代表的人数越多，反映的是地域的过低代表性。笔者发现，民主党派人大代表所在的选区是地域过低代表性程度最低的选区，而没有党派身份的人大代表所在的选区被显著地过低代表了，共产党员人大代表所在选区居中。三者的差异在两届的样本中都是显著的。

二 实质代表性

表 5-7 展示了不同党派身份人大代表在地方人大活动和地方人大效能上差异的具体结果。人大代表在这些活动上的产出和效能直接反映了其实质代表性。

表 5-7　　　不同党派身份人大代表地方人大效能比较

（两个样本，1998—2002 年，2003—2006 年）

	第十届（1998—2002 年）					
	Diff^b, c	M^a	M^b	M^c	Diff^a, b	Diff^a, c
提交的议案建议总数	2.78	5.5	2.95	−2.72 ***	−0.17	2.55 ***

续表

	第十届（1998—2002 年）					
	Diff^b, c	M^a	M^b	M^c	Diff^a, b	Diff^a, c
批评谏言	0.11	0.19	0.08	−0.08 **	0.03	0.12 ***
要求立法	0.1	0.26	0.16	−0.16 ***	−0.06 ***	0.09 **
代表市利益	0.92	2.24	1.04	−1.32 ***	−0.12	1.20 ***
代表选区利益	1.65	2.8	1.67	−1.15 ***	−0.02	1.14 ***
要求资金	1.44	2.49	1.34	−1.05 ***	0.1	1.15 ***
政策倾斜	0.28	0.37	0.25	−0.09 **	0.03	0.12 **
政策供给	0.26	0.62	0.35	−0.36 ***	−0.09 **	0.27 ***
	第十一届（2003—2006 年）					
	Diff^b, c	M^a	M^b	M^c	Diff^a, b	Diff^a, c
提交的议案建议总数	3.98	5.43	4.67	−1.44 ***	−0.68 *	0.76
批评谏言	0.1	0.15	0.11	−0.05	−0.01	0.04
要求立法	0.14	0.16	0.14	−0.02	0	0.02
代表市利益	1.94	3.02	2.52	−1.09 ***	−0.58 ***	0.51
代表选区利益	1.81	2.1	1.91	−0.29	−0.1	0.19
要求资金	1.88	2.34	1.98	−0.46 **	−0.1	0.36
政策倾斜	0.43	0.51	0.46	−0.08	−0.03	0.05
政策供给	0.69	1.1	0.9	−0.40 ***	−0.20 **	0.2

注：表中呈现的是每个党派代表在每个变量下的均值。a 代表共产党员代表，b 代表民主党派代表，c 代表没有党派身份的代表。* $p<0.10$，** $p<0.05$，*** $p<0.01$。

N^a (10th) =427, N^b (10th) =54, N^c (10th) =45

N^a (11th) =457, N^b (11th) =34, N^c (11th) =50

值得注意的是，在实质代表性方面，民主党派人大代表在 C 市第十届人大中，表现出显著的与共产党员身份及没有党派身份的人大代表的差异。在第十届人大中，民主党派人大代表人均提交的议案建议数为 5.5 条，几乎是共产党员身份人大代表和没有党派身份人大代表的 2 倍。

在两个样本中，民主党派人大代表在提交的议案建议中都更加倾向于代表选区和市的利益，第十届人大代表人均分别提了 2.8 条和 2.24

条议案建议，第十一届人大代表人均分别提了2.1条和3.02条议案建议。在具体方式上，他们更倾向于要求资金的分配，在两个样本中人均提交的议案建议数分别是2.49条、2.34条。

不同党派身份的人大代表在地方人大效能上的差异仅在个别指标上显著。民主党派人大代表在提交的议案建议总数、代表市利益、代表选区利益、要求资金和政策倾斜这五个方面，显著地比共产党员身份人大代表和没有党派身份的人大代表更活跃。而在第十一届人大中，表5-7显示，民主党派人大代表和没有党派身份的人大代表在第十一届的政治参与产出中，差异不太显著。

三　回归分析

为了检验研究假设H1和H2，笔者将共产党员身份代表和民主党派身份的人大代表在不同代表模式下的效能，即提交的议案建议数量分别进行了回归分析。为了检验结果的稳健性，本章在此节汇总三个模型的数据结果。

从表5-8至表5-15，笔者依次汇总了不同因变量的结果。总体上来看，两个样本在三个模型下的结果的一致性比较好。混合OLS由于不考虑时间因素，容易出现偏误。出于对主要解释变量——党派——不随时变化的考虑，笔者对面板数据做了组间估计。组间估计模型实际上是对个体在时间上取平均值，利用平均值做回归分析，因此优于混合OLS，但是也无法解决内生性的问题。随机效应模型是三个模型中，相对而言最严格的；在第十届人大中，依然表现出了党派身份在被解释变量部分维度上的显著相关性。在具体的操作中，笔者对混合OLS模型控制了年份，组间回归和随机效应模型均对稳健标准误在人大代表个体层面进行了聚类。

综合组间估计模型的结果，笔者发现，在第十届人大中，在控制了人口统计学变量、职业背景变量、政治参与经验、选区规模和代表团规模之后，民主党派身份对所有衡量地方人大效能的因变量的影响都为正,其中对代表市利益、资金分配和政策供给这三个因变量的影响显著为正。共产党员身份人大代表对要求立法和政策供给的影响为负,在其他变量上的影响为正,但都不显著。

在第十一届人大中,党派身份对地方人大效能的影响均不显著,其中共产党员身份对代表市利益和政策供给的影响为负,民主党派身份对要求立法和批评谏言的影响为负。

(一) 党派与提案数

衡量人大代表在人大产出的最直观指标是其在人大提出的议案建议的数量。表5-8汇总了两个样本在三个模型下的结果。因变量是代表 i 在 t 年提交的议案建议总数。总的来说,党派对人大代表提交议案建议的影响是正向的。民主党派身份带来的这一影响大于共产党员身份。在第十届人大,共产党员身份意味着代表提交的议案建议数平均增加0.3条,民主党派身份意味着代表提交的议案建议数平均增加1条。但在第十一届人大中,民主党派身份的影响降为了0.8条,而共产党员身份的影响增加到了0.5条左右。尽管都不显著,但是党派身份对人大代表提交的议案建议数量带来的影响均是正向的。

表5-8　　　　　　　　党派与提案数

	第十届			第十一届		
	混合OLS	组间回归	随机效应	混合OLS	组间回归	随机效应
共产党员身份	0.39	0.31	0.26	0.48	0.47	0.72
	(0.32)	(0.59)	(0.62)	(0.40)	(0.67)	(0.64)
民主党派身份	1.24***	1.17	1.01	0.80	0.81	0.82
	(0.39)	(0.72)	(0.84)	(0.54)	(0.90)	(0.94)
人口统计学	YES	YES	YES	YES	YES	YES
职业背景	YES	YES	YES	YES	YES	YES
政治参与经验	YES	YES	YES	YES	YES	YES
选区规模	YES	YES	YES	YES	YES	YES
代表团规模	YES	YES	YES	YES	YES	YES

续表

	第十届			第十一届		
	混合OLS	组间回归	随机效应	混合OLS	组间回归	随机效应
年份	YES			YES		
常数项	-811***	-13.65**	-1.06	454.37***	-6.82	-1.31
	(113)	(5.61)	(3.84)	(175.78)	(6.95)	(5.32)
样本数量	2630	2630	2630	2164	2164	2164
R^2	0.1899	0.1726	0.1449	0.2322	0.2296	0.2266

注：组间回归和随机效应模型，稳健标准误聚类于个体层面。 * $p<0.10$, ** $p<0.05$, *** $p<0.01$。

（二）党派与要求立法

在对议案建议内容进行编码时，"要求立法"这一类别通常指的是在文本中有明确的法律所指，如直接提出"关于……的立法"。大部分可能是由代表联名提出的人大立法计划，因此党派身份在其中的影响可能有限。

表5-9汇总了党派身份与代表要求立法的议案建议数量的回归结果。综合不同模型在不同样本中的结果，从系数上来看，党派身份对要求立法这一因变量的影响非常小，几乎都在0—0.03，而且均不显著。

表5-9　　　　　　　党派与要求立法

	第十届			第十一届		
	混合OLS	组间回归	随机效应	混合OLS	组间回归	随机效应
共产党员身份	-0.01	-0.01	-0.01	0.03	0.03	(0.04)
	(0.03)	(0.04)	(0.04)	(0.04)	0.04	(0.04)
民主党派身份	0.04	0.04	0.04	-0.00	-0.00	-0.00
	(0.04)	(0.04)	(0.06)	(0.05)	(0.05)	(0.05)
人口统计学	YES	YES	YES	YES	YES	YES
职业背景	YES	YES	YES	YES	YES	YES
参政经验	YES	YES	YES	YES	YES	YES

续表

	第十届			第十一届		
	混合OLS	组间回归	随机效应	混合OLS	组间回归	随机效应
选区规模	YES	YES	YES	YES	YES	YES
代表团规模	YES	YES	YES	YES	YES	YES
年份	YES			YES		
常数项	31.66***	-0.93***	-0.81***	72.83***	0.22	0.32
	(10.13)	(0.34)	(0.28)	(15.78)	(0.39)	(0.32)
样本数量	2630	2630	2630	2164	2164	2164
R^{-2}	0.0716	0.0675	0.0677	0.0661	0.0564	0.0569

注：组间回归和随机效应模型，稳健标准误聚类于个体层面。* $p<0.10$，** $p<0.05$，*** $p<0.01$。

（三）党派与批评谏言

批评谏言（remonstration）是人大研究中发现的地方人大在近年来的一个突出代表模式。[1] 知识分子通常被认为更倾向于批评政府；而民主党派的主体就是知识分子。但是观察表5-10发现，当控制了知识分子这一职业背景以及受教育水平变量时，民主党派身份对批评谏言的影响在第十一届样本中变成了负向。而共产党员身份的影响在两个样本和三种模型中始终为正，且在第十届的混合OLS模型中在5%的水平上显著。这意味着，刨除知识分子、受教育水平以及性别等因素后，民主党派身份其实意味着更加保守的态度，不倾向于批评政府。相反，共产党员身份意味着对政府一定程度的批评，尽管影响系数很小。

---

[1] O'Brien J. Kevin, "Agents and Remonstrators: Role Accumulation Theory by Chinese People's Congress Deputies", *The China Quarterly*, No. 138, June 1994, pp. 359-380. Xia Ming, "Political Contestation and the Emergence of the Provincial People's Congresses as Power Players in Chinese Politics: A Network Explanation", *Journal of Contemporary China*, Vol. 9, No. 24, 2000, pp. 185-241. Melanie Manion, "Authoritarian Parochialism: Local Congressional Representation in China", *The China Quarterly*, No. 218, June 2014, pp. 311-338.

表 5-10　　　　　　　　党派与批评谏言

	第十届			第十一届		
	混合 OLS	组间回归	随机效应	混合 OLS	组间回归	随机效应
共产党员身份	0.09**	0.09	0.09	0.07	0.07	0.06
	(0.04)	(0.06)	(0.07)	(0.05)	(0.10)	(0.09)
民主党派身份	0.02	0.02	0.02	-0.04	-0.03	-0.04
	(0.05)	(0.08)	(0.09)	(0.07)	(0.13)	(0.09)
人口统计学	YES	YES	YES	YES	YES	YES
职业背景	YES	YES	YES	YES	YES	YES
参政经验	YES	YES	YES	YES	YES	YES
选区规模	YES	YES	YES	YES	YES	YES
代表团规模	YES	YES	YES	YES	YES	YES
年份	YES			YES		
常数项	-20.12	-0.48	-0.45	11.90	0.19	-0.70
	(15.18)	(0.62)	(0.31)	(23.60)	(0.99)	(0.62)
样本数量	2630	2630	2630	2164	2164	2164
R^2	0.0481	0.0474	0.0471	0.0714	0.0712	0.0694

注：组间回归和随机效应模型，稳健标准误聚类于个体层面。* $p<0.10$，** $p<0.05$，*** $p<0.01$。

(四) 党派与地域代表性

人大代表的地域代表性也是近十几年来在文献中发现的中国地方人大代表的一个主要代表模式。① 党派身份可以影响代表为选区以及其所在的市"代言"的行为吗？尽管民主党派人大代表是由党派提名的，但是他们也要通过选区的选民才能被选举上来，因此民主党派对地域代表性的影响尤其值得关注。

表 5-11 和表 5-12 分别汇总了代表市级利益和代表选区利益这两

---

① O'Brien J. Kevin, "Local People's Congresses and Governing China", *China Journal*, Vol. 61, January 2009, pp. 131–141. Melanie Manion, "Authoritarian Parochialism: Local Congressional Representation in China", *The China Quarterly*, No. 218, June 2014, pp. 311–338.

种地域代表性的具体模式。

表 5-11　　　　　　　　　党派与代表市级利益

	第十届			第十一届		
	混合 OLS	组间回归	随机效应	混合 OLS	组间回归	随机效应
共产党员身份	0.12	0.09	0.06	-0.03	-0.03	-0.08
	(0.13)	(0.21)	(0.23)	(0.22)	(0.33)	(0.37)
民主党派身份	0.57***	0.54**	0.46	0.38	0.38	0.37
	(0.16)	(0.25)	(0.31)	(0.29)	(0.44)	(0.57)
人口统计学	YES	YES	YES	YES	YES	YES
职业背景	YES	YES	YES	YES	YES	YES
参政经验	YES	YES	YES	YES	YES	YES
选区规模	YES	YES	YES	YES	YES	YES
代表团规模	YES	YES	YES	YES	YES	YES
年份	YES			YES		
常数项	-371***	-5.49***	-1.37	-174.16*	-4.59	-4.39*
	(45.7)	(1.99)	(1.66)	(94.00)	(3.40)	(2.53)
样本数量	2630	2630	2630	2164	2164	2164
R^2	0.1916	0.1695	0.1608	0.2269	0.2256	0.2252

注：组间回归和随机效应模型，稳健标准误聚类于个体层面。* $p<0.10$，** $p<0.05$，*** $p<0.01$。

表 5-12　　　　　　　　　党派与代表选区利益

	第十届			第十一届		
	混合 OLS	组间回归	随机效应	混合 OLS	组间回归	随机效应
共产党员身份	0.19	0.15	0.15	0.41*	0.40	0.63**
	(0.20)	(0.35)	(0.34)	(0.22)	(0.35)	(0.31)
民主党派身份	0.61**	0.56	0.54	0.46	0.47	0.48
	(0.25)	(0.43)	(0.48)	(0.29)	(0.46)	(0.45)
人口统计学	YES	YES	YES	YES	YES	YES
职业背景	YES	YES	YES	YES	YES	YES

续表

	第十届			第十一届		
	混合 OLS	组间回归	随机效应	混合 OLS	组间回归	随机效应
参政经验	YES	YES	YES	YES	YES	YES
选区规模	YES	YES	YES	YES	YES	YES
代表团规模	YES	YES	YES	YES	YES	YES
年份	YES			YES		
常数项	-451***	-6.75**	-0.81	543.79***	-2.64	1.71
	(70)	(3.36)	(2.30)	(95.19)	(3.56)	(3.18)
样本数量	2630	2630	2630	2164	2164	2164
R^2	0.1524	0.1378	0.1182	0.1787	0.1651	0.1572

注：组间回归和随机效应模型，稳健标准误聚类于个体层面。* $p<0.10$，** $p<0.05$，*** $p<0.01$。

在表 5-11 中，民主党派在两个样本及三个模型下，对代表市级利益模式的影响始终为正，在第十届的系数为 0.5 左右，即民主党派身份可以增加 0.5 条有关代表市级利益的议案建议。在第十届中，这一影响在混合 OLS 模型和组间回归模型中，在统计意义上十分显著。

在表 5-11 中，共产党员身份在第十届样本中对代表市级利益的影响为正，而在第十一届中，其系数为负，大概在 -0.05 附近。

在表 5-12 中，党派身份对代表选区利益的影响在不同样本中、不同模型下均为正。在第十届中，共产党员身份的系数为 0.15 左右，但均不显著；而民主党派身份的系数为 0.6 左右，在混合 OLS 模型下大约于 5% 的水平上显著。在第十一届中，共产党员身份的系数为 0.5 左右，且在混合 OLS 和随机效应模型下显著；民主党派身份的系数在 0.47 左右，但均不显著。

（五）党派与资金分配

要求资金分配到自己的选区或所在市，是人大代表实现地域代表性的一个重要途径。表 5-13 汇总了回归结果。

民主党派在这一因变量上表现出非常显著的相关性。纵向来看，第十届和第十一届人大,民主党派身份的系数分别在 0.7、0.6 左右,且几乎在所有模型下都显著。

共产党员身份总体上来说对资金分配的影响都是正向的。在两个样本中的系数分别为 0.15、0.3 左右。

表 5-13　　　　　　　　党派与资金分配

	第十届			第十一届		
	混合 OLS	组间回归	随机效应	混合 OLS	组间回归	随机效应
共产党员身份	0.21	0.17	0.10	0.32	0.31	0.33
	(0.16)	(0.28)	(0.25)	(0.20)	(0.30)	(0.24)
民主党派身份	0.73***	0.69**	0.59*	0.63**	0.62	0.65*
	(0.20)	(0.34)	(0.36)	(0.26)	(0.40)	(0.36)
人口统计学	YES	YES	YES	YES	YES	YES
职业背景	YES	YES	YES	YES	YES	YES
参政经验	YES	YES	YES	YES	YES	YES
选区规模	YES	YES	YES	YES	YES	YES
代表团规模	YES	YES	YES	YES	YES	YES
年份	YES			YES		
常数项	-512***	-5.64**	-1.39	14.03	-1.39	-1.09
	(57)	(2.62)	(1.92)	(85.19)	(3.07)	(2.56)
样本数量	2630	2630	2630	2164	2164	2164
R^2	0.1551	0.1276	0.1100	0.1861	0.1860	0.1858

注：组间回归和随机效应模型,稳健标准误聚类于个体层面。* $p<0.10$, ** $p<0.05$, *** $p<0.01$。

(六) 党派与政策倾斜

在人大代表提交的议案建议中针对某项具体政策,要求惠及自己的选区或所在市,是其实现地域代表性的另一重要途径。表 5-14 显示,尽管在三种模型中,影响都不显著,但是党派身份对人大代表履职行为

（要求政策倾斜）的影响在所有模型中均为正向。共产党员身份和民主党派身份在第十届和第十一届人大中的影响系数均在0.1附近。总体来说，就影响程度而言，民主党派身份的系数比共产党员身份的系数高，说明民主党派身份相比共产党员身份，对代表要求政策倾斜建议的贡献要大。

表5-14　　　　　　　　　　党派与政策倾斜

	第十届			第十一届		
	混合OLS	组间回归	随机效应	混合OLS	组间回归	随机效应
共产党员身份	0.08*	0.08	0.04	0.07	0.07	0.08
	(0.05)	(0.06)	(0.05)	(0.07)	(0.08)	(0.08)
民主党派身份	0.11*	0.10	0.06	0.10	0.10	0.10
	(0.06)	(0.07)	(0.06)	(0.09)	(0.11)	(0.12)
人口统计学	YES	YES	YES	YES	YES	YES
职业背景	YES	YES	YES	YES	YES	YES
参政经验	YES	YES	YES	YES	YES	YES
选区规模	YES	YES	YES	YES	YES	YES
代表团规模	YES	YES	YES	YES	YES	YES
年份	YES			YES		
常数项	-250***	-0.58	-0.41	79.54***	-0.83	-0.81
	(16.12)	(0.54)	(0.41)	(29.91)	(0.83)	(0.71)
样本数量	2630	2630	2630	2164	2164	2164
R^2	0.1224	0.0367	0.0398	0.0813	0.0778	0.0781

注：组间回归和随机效应模型，稳健标准误聚类于个体层面。* $p<0.10$，** $p<0.05$，*** $p<0.01$。

（七）党派与政策供给

除了要求资金分配和政策倾斜，人大代表也可以通过直接提供政策选项的方式提供政策供给。相比前两者，这一途径的"门槛"相对较高，要求人大代表不仅需要了解当下政策，还要提出新政策，这背后需要的政治知识储备更多，付出的政治参与成本也相对更高。

表5-15显示，在C市第十届和第十一届人大，共产党员身份和民主党派身份对政策供给呈现了相反的作用。共产党员身份的影响为负，民主党派身份的影响为正。在第十届人大中的三个模型中影响都显著，平均系数大约为0.19。

表5-15　　　　　　　　　　党派与政策供给

	第十届			第十一届		
	混合OLS	组间回归	随机效应	混合OLS	组间回归	随机效应
共产党员身份	-0.02	-0.03	-0.02	-0.08	-0.08	-0.08
	(0.05)	(0.06)	(0.07)	(0.10)	(0.12)	(0.13)
民主党派身份	0.19***	0.18**	0.19*	0.17	0.17	0.17
	(0.06)	(0.08)	(0.10)	(0.13)	(0.16)	(0.22)
人口统计学	YES	YES	YES	YES	YES	YES
职业背景	YES	YES	YES	YES	YES	YES
参政经验	YES	YES	YES	YES	YES	YES
选区规模	YES	YES	YES	YES	YES	YES
代表团规模	YES	YES	YES	YES	YES	YES
年份	YES			YES		
常数项	-48.94***	-1.02*	-0.33	-25.58	-0.49	-0.30
	(17.48)	(0.59)	(0.52)	(42.66)	(1.24)	(1.12)
样本数量	2630	2630	2630	2164	2164	2164
R^2	0.0753	0.0717	0.0721	0.1128	0.1126	0.1126

注：组间回归和随机效应模型，稳健标准误聚类于个体层面。* $p<0.10$，** $p<0.05$，*** $p<0.01$。

第五节　本章小结

一　结论

本章的研究结论主要有以下几点。

首先，本章利用 C 市第十届和第十一届人大代表的个体属性资料，对民主党派和共产党员身份的人大代表的描述代表性进行了分析检验。研究发现，第一，民主党派身份人大代表更有可能是受教育水平较高的女性。在当届样本中（第十届或第十一届），民主党派身份人大代表有可能是年龄较小的，且民主党派人大代表有年轻化的趋势。第二，党派类别一定程度上与职业类别相契合。具体来说，共产党员身份的人大代表更有可能是主要领导干部、事业单位领导、国企领导和基层干部；民主党派身份的人大代表更有可能是知识分子；没有党派身份的人大代表更有可能是私企领导。第三，民主党派身份的人大代表的政治参与经验比共产党员身份的人大代表丰富。民主党派身份的人大代表所在的选区是地域过低代表性程度最低的选区，而没有党派身份的代表所在的选区被显著地过低代表了，共产党代表所在选区居中。

其次，利用 1998—2006 年 C 市人大的议案建议文本，本章对不同党派身份的人大代表的实质代表性进行了分析检验。民主党派身份的人大代表在第十届人大中，表现出显著的与共产党员身份及没有党派身份的人大代表的差异。民主党派身份的人大代表在议案建议中都更加倾向于代表选区和市的利益；在具体方式上，他们更倾向于要求资金分配。在第十届人大中，民主党派身份人大代表人均提交的议案建议数为 5.5 条，几乎是共产党员身份和没有党派身份人大代表的两倍。在第十一届人大中，党派身份带来的影响并不明显。

最后，本章还对人大代表属性资料和议案建议文本进行了匹配，将党派身份对人大代表的地方人大效能影响做回归分析，检验党派身份对人大代表的政治参与活动是否有显著的影响。研究发现在控制了个体层面的人口统计学变量、职业背景和政治参与经验，选区层面的选区规模和代表团规模后，民主党派身份人大代表在代表市级利益、要求资金分配以及政策倾斜这几个代表活动行为方面表现出较为显著的积极性。

二　讨论

从前两节可以看到，民主党派身份的人大代表在人大参与中体现出显著的活跃度。但是，党派身份如何影响人大代表在人大的政治参与及其产生效能。为此，笔者通过访谈和案例的方式，对民主党派身份是如何影响人大代表的地方人大效能这一问题，稍做探讨。

笔者采访的两名对象分别为 C 市第十届人大代表和 C 市第十四届人大代表，均为市级代表、民革成员、男性，且都来自高校。[1]

尽管从描述代表性来看，民主党派人大代表更有可能是受教育水平较高的女性知识分子，但在回归分析中，笔者控制了人口统计学因素、政治参与经验、职业背景、选区规模和代表团规模之后，民主党派身份仍然在代表市利益、资金分配和政策供给这三个因变量上呈现显著的正向影响。而在传统认为的批评谏言变量上，体现出负向影响。笔者因此考虑民主党派身份是通过组织层面的因素对人大代表的地方人大效能产生影响的。组织层面的因素可能主要包含三个方面：组织网络、政治社会化和组织挑选。笔者将结合访谈数据做出尝试性的分析。

第一，笔者考虑党派组织带来的社会网络的作用。组织成员身份为个体公民参与政治事务提供了重要的网络机会，间小波等发现政策联盟的塑造可以通过两个全国性的政治平台以如下两种方式实现：地理纽带和非执政党组织。事实上，有许多学者已经发现党派身份和党派同盟是提升人大效能的关键力量。[2] 那么，在地方人大，是否来自同一个党派成员之间的联系会影响他们的人大参与呢？代表是否会因为来自同一个党派而更有可能和其党派成员一起在人大联名提案？从访谈数据来看，

---

[1] 受新冠疫情影响，访谈过程中断，因此访谈人数远未达到预期，导致访谈对象的背景信息并不具备多样性的特点，是本书的主要缺点。

[2] Lv Xiaobo, et al., "Policy Coalition Building in an Authoritarian Legislature: Evidence from China's National Assemblies (1983 – 2007)", *Comparative Political Studies*, Vol. 53, No. 9, August 2020, pp. 1380 – 1416. Gregory A. Caldeira and Samuel C. Patterson, "Political Friendship in the Legislature", *The Journal of Politics*, Vol. 49, No. 4, November 1987, pp. 953 – 975. Justin H. Kirkland and R. Lucas Williams, "Partisanship and Reciprocity in Cross-Chamber Legislative Interactions", *The Journal of Politics*, Vol. 76, No. 3, July 2014, pp. 754 – 769. Paolo Parigi, and Laura Sartori, "The Political Party as A Network of Cleavages: Disclosing the Inner Structure of Italian Political Parties in the Seventies", *Social Networks*, Vol. 36, 2014, pp. 54 – 65.

这一假设并不成立。

> 我在人大的时候，很少知道其他的民主党派成员。其他的民主党派成员也不会因为党派身份来接近你，我也不会。

受访者 A 是一名普通的民主党派人大代表。他告诉笔者，在考虑联名提案的时候，他最后想到的才是党派身份。

> 我的确有更多的机会去接触其他七个民主党派的成员，因为我是××党支部的主委。我们和其他党派一起共用一个办公室召开会议（所以有机会与其他党派成员接触）。但是，在人大里面去认识其他民主党派成员的机会很少。

受访者 B 是其中一个民主党派的省级领导。他向笔者详细地介绍了民主党派如何参与地方政治的过程。作为该民主党派省委副主委之一，他在起草议案、收集信息和调查研究上肩负许多责任。

> 我们每年选三到四个议题作为本民主党派当年关注的重点议题。我会把这些议题分派给党内算是这个领域专家的成员。因为我们有来自党组织的经费，所以我们的成员更有可能参与到这些活动当中。

因此，对于党派领导来说，他们在地方人大之外的网络帮助他们在地方人大中获得了比较多的联名。对于普通成员来说，网络则很弱。

第二，笔者考虑党派组织对党派成员价值观和行为方式的影响。政治知识被认为是政治参与的重要组成要件之一，[①] 而长期政治社会化的

---

① Sidney Verba, and Norman H. Nie, *Participation in America: Political Democracy and Social Equality*, NewYork: Harper & Row, 1972.

过程被证明对少数群体的政治参与起到了关键作用。① 多党合作制度要求各民主党派积极参政议政。这一组织目标一定程度上也内化成了党派成员的价值观，影响着他们的行为模式。

当笔者问受访者为什么要提交建议和议案时，他们都毫不犹豫地指向了"代表性"。尽管民主党派人大代表是由党派组织提名的，他们认为自己当选合法性的来源是选民。比如，其中一名受访者说："我是从××区选出来的（注：多次提到这句话），所以我需要代表那个选区的人民。"尽管他们知道被选进人大或许与选民没有太大关系，但他们仍然认为为所在选区的选民说话是非常重要的。比如，一位受访者告诉笔者，当他得知自己当选的时候，他本人还在美国做研究。他对提名和选举过程知道得极少，"我在美国的时候，一天我的夫人突然让我给她寄一张照片回去，一个月以后，她告诉我被选为了人大代表"。

尽管民主党派组织在规模上通常不大，民主党派人大代表仍有一种强烈的道德和责任的约束感。一名受访者说：

> 如果我哪件事做得不好，我觉得我的党派会因此受到牵连，因为我们党支部很小，别人看你就是看你这个党派。党内的领导也希望我在人大有好的表现。

从这个意义上来说，社会身份的意识和利他精神互相影响了民主党派身份人大代表的行为。詹姆斯·福勒发现利他精神和社会身份意识都会显著增加政治参与。② 在这里民主党派人大代表在地方人大中的较低比例使其意识到他们的行为代表他们所在的党派。尽管每一个民主党派都代表特定群体的利益，实际上，这些党派在近些年越来越趋向于代表

---

① Ruth Dassonneville, and Ian McAllister, "Gender, Political Knowledge, and Descriptive Representation: The Impact of Long-Term Socialization", *American Journal of Political Science*, Vol. 62, No. 2, April 2018, pp. 249–265.

② James H. Fowler, and Cindy D. Kam, "Beyond the Self: Social identity, Altruism, and Political Participation", *The Journal of politics*, Vol. 69, No. 3, August 2007, pp. 813–827.

更广泛群体的利益。因此民主党派人大代表在人大参与政治也并不会仅限于反映党派关注的议题，为了有一个正面积极的政治参与印象，他们也会代表更广泛群体的利益。

第三，政治挑选。党派竞争的缺失可能会使党派身份对人大代表参与地方人大的内在动力机制变得难以解释。但是，党派在中国政治体系中还扮演着一个重要的角色——政治挑选。当笔者和受访者谈论有关民主党派在人大当中的影响时，他们的回答通常会回到有关中国政治体制、人大的性质以及民主党派的性质以及选举规则上来。一位民革身份的市人大代表告诉笔者：

> 共产党会在人民代表大会召开之前的一两天，把人大代表中的共产党员召集起来先开一个党组织会。人大中唯一的党组织是共产党。民主党派不可以在人大组织会议。

尽管如此，民主党派组织与民主党派人大代表有着密切的联系。

> 我是先被选为人大代表，然后加入民主党派的。从我进学校以来，因为我特别的身份（注：知识分子、国民党后裔），我被好几个民主党派领导邀请加入，但是因为某些原因我拒绝了这些邀请。……之后在我加入民革后，我与党派领导都有着很密切的联系。最后，他们提名我为市人大代表和省人大代表。

提名人大代表人选是民主党派的一项重要工作，必须考虑周全。通常来说，党派领导对提名的人大代表都非常熟悉。他们也希望提名上的代表能在人大有好的参政议政表现，以完成党派参政议政的目标。另一名受访者谈道：

> 其实我希望卸任支部主委，毕竟年纪也大了，我想把机会给其

他的年轻党员。但是领导们对我更熟悉一些,希望我能继续在这个位置上,因为我在人大可以说得上话。

因此,笔者认为,民主党派人大代表在人大的政治参与及其产生的效能实际上是政治挑选的重要指标。墨宁在地方人大代表的研究中发现,选民能够提名并选出"好的"(good type)代表。[①] 本章补充了这一论断,认为民主党派同样也会提名和选出"好的"代表并且会鼓励他们积极地参与到人大中。考虑到在本章样本中,民主党派人大代表的连任率十分低,且连任的民主党派人大代表几乎全是民主党派的领导。同时笔者观察到,从纵向来看,民主党派人大代表的年龄逐步年轻化,笔者认为这一组织层面的因素可能是造成党派身份影响人大代表政治参与和地方人大效能的重要方面。

三 贡献与不足

本章系统地研究了党派群体在人大的描述代表性和实质代表性,着重讨论了民主党派人大代表在人大的政治参与行为,阐释了党派身份影响人大代表政治参与和地方人大效能的重要机制,为中国地方的人大参与和民主党派参政议政提供了经验证据。未来的研究可以进一步挖掘民主党派成员在政协的参政议政行为,为丰富这一群体的政治参与活动提供更充实的经验观察。

本章的发现还回应了代表性理论,验证了基于党派的描述代表性向实质代表性转换的重要理论。民主党派身份人大代表的构成体现出明显的精英化特征。这一群体的代表行为也呈现出精英色彩。比如,民主党派身份对代表市利益有显著的正向作用。随着近几年民主党派身份人大代表来源的多样化、代表社会群体利益的广泛化,民主党派身份人大代

[①] Melanie Manion,"'Good types' in Authoritarian Elections: The Selectoral Connection in Chinese Local Congresses", *Comparative Political Studies*, Vol. 50, No. 3, March 2017, pp. 362 – 394.

表更倾向于关注涉及全局性的议题。再比如，民主党派身份对要求资金分配有显著正向作用。而民主党派人大代表更倾向于针对某项议题，提出政策选项，要求政策供给，更是反映了其作为精英群体在代表行为上更倾向于具有创设性、对政治知识储备要求较高的活动。

受限于数据获取的难度以及文章篇幅等原因，本章亦存在一定不足。首先，最大的缺憾是访谈数据量远低于预期，未来的研究可以在这一方面进一步充实。其次，中国地方人大的活动数据与人大代表个人信息的匹配以及编码是一项耗时的工作，未来可以尝试利用计算机辅助的自动内容分析方法，提高与人大议案建议编码有关的工作的效率和精度。

第六章
地方人大女性代表的政策偏好

第一节 引言

联合国妇女署强调，妇女平等参与和领导政治与公共生活对于到2030年实现可持续发展目标至关重要。然而在立法领域，女性仍是弱势群体，她们在世界立法机构中的代表人数不足，导致女性的声音较少被听到，她们的政治关切也不太能在国家的政治议程中得到关注。

为了提升女性在立法机构和政府部门的代表性，一些国家采取了强制性配额制，以确保更多的女性获得立法席位。然而，尽管对女性（缺乏）代表权的关注越来越多，并且做出了这些制度上的努力，但在当今世界，女性和男性在立法机构中的描述代表性方面仍然存在差距。

学者们试图用不同的方法来解释女性在政治舞台上的代表性低下的原因。有学者认为，女性缺乏代表性是由于制度上的障碍，因为当选举规则鼓励更多的女性竞选政治职位时，女性更有可能成为有效的候选人，选民更有可能接受女性候选人，女性在立法机构中的代表性更有可能在该州得到改善，有时甚至在未来的几十年里得到改善。[1] 然而很多

---

[1] Fabrizio Gilardi, "The Temporary Importance of Role Models for Women's Political Representation", *American Journal of Political Science*, Vol. 59, No. 4, October 2015, pp. 957–970.

国家尚未制定推进妇女参政的相关法规政策。除了制度环境，还有学者指出，女性代表的缺乏可能是因为选举政治中女性候选人的供求问题，守门人对男性候选人更偏爱，或者女性候选人面临敌对的党内环境。① 此外，为了解释女性缺乏代表性，还有学者认为，女性在人数上的不足应该归因于女性自身的社会化，因为女性不太可能显露表面上的政治野心，她们更不可能自愿考虑加入竞争性选举，有人认为，这种男女之间政治野心的不平衡可以追溯到幼年时期。②

面对机构设置、传统政治文化、歧视性的党内政治，以及女性自身（缺乏）政治资历和性别社会化经验等各种障碍，女性如何才能克服这些障碍，在立法部门获得一席之地，并在政治舞台上发出自己的声音？我们认为，这些都是需要回答的重要问题，应该引起重视。

长期以来，虽然女性在政治舞台上的代表性一直很低，但一些研究者认为女性的描述代表会导致在公共政策问题上的实质代表。有观点认为，与男性立法者相比，女性立法者在制定政治议程时更倾向于自由主义，她们的公共政策偏好更可能倾向于保护弱势群体的权利、教育、环保和促进文化艺术等问题。换句话说，正如经验证据所表明的那样，女性的描述代表有可能导致实质代表，她们有可能在政治舞台上发出自己独特的声音。如果作为一个群体来考虑，她们的政策偏好很可能会改变立法机构的政治倾向或政治议程的结构。

本章试图回答以下两个关于女性在中国地方人民代表大会中的代表性问题。首先，女性在进入政治舞台时面临着有形的、相当大的制度和文化障碍，与男性立法者相比，女性立法者作为人大代表的履职情况如何？

---

① Jennifer L. Lawless, and Kathryn Pearson, "The Primary Reason for Women's Underrepresentation? Reevaluating the Conventional Wisdom", *Journal of Politics*, Vol. 70, No. 1, January 2008, pp. 67 – 82.

② Richard L. Fox, and Jennifer L. Lawless, "Gendered Perceptions and Political Candidacies: A Central Barrier to Women's Equality in Electoral Politics", *American Journal of Political Science*, Vol. 55, No. 1, January 2011, pp. 59 – 73. Richard L. Fox, and Jennifer L. Lawless, "Econciling Family Roles with Political Ambition: The New Normal for Women in Twenty-first Century u. s. Politics", *R Journal of Politics*, Vol. 76, No. 2, 2014, pp. 398 – 414.

由于女性进入立法机关的门槛较高,一旦她们成为人大代表,其表现是否有可能超过男性代表?其次,当女性代表制定自己的政治议程时,她们的公共政策偏好是否显示出独特的模式?换句话说,当作为一个整体来考量时,女性代表的公共政策偏好是与男性代表相似,还是有独特的风格?

本章要研究的案例是中国地方人民代表大会中的女性代表。重点关注的是女性人大代表的履职情况和公共政策偏好。

我们选择这个案例的原因如下。首先,在查找文献的过程中发现,到目前为止,很少有研究关注中国的女性人大代表的履职情况和公共政策偏好。大多数关于女性立法者及其公共政策偏好的研究都集中在西方国家的立法者身上,很少有人试图研究不同政治体制下女性立法者的履职情况。现有文献对民主国家女性立法者的政治态度和政治行为进行了大量的调查和研究,但对其他政治制度下的女性立法者的实证研究还存在空白。与西方民主国家的女性立法者相比,不同政治制度下的女性立法者是否有类似的公共政策偏好,或者她们是否提供了一套独特的政治议程?本书希望从实证上讨论这个问题。其次,中国地方人大的案例为控制政党认同提供了一个有效的案例,因为在各级人民代表大会中,中共党员往往占据了很大比例。由于具有相同的政党认同,人大代表在公共政策议程中的不同公共政策偏好反映了他们自己的政治态度。在控制了党派的影响后,本书认为中国地方人大的案例为我们提供了一个更直接观察性别与政治行为之间联系的机会。

第二节 文献回顾

当选人大代表是女性参政议政的重要途径之一。因此,对女性人大代表的研究也向来被学者们当作女性参政议政研究领域中的细分类别。笔者认为,对细分类别的了解需要在宏观视角上对整体加以考察。鉴于此,笔者拟从女性政治参与的角度,对国内外文献进行梳理。经过考察,围绕女性的政治参与,现有研究主要包括如下几个方面:(1)女性政治参与的现状;(2)女性政治参与的重要性和必要性,以此证明女性政治参与的合理性;(3)影响女性政治参与的因素。经过总结,现有研究通常从"供给端"和"需求端"两个方面分析影响女性政治参与的因素,说明女性政治参与不足的原因。本章也将从上述几个方面对女性政治参与的现有研究进行梳理和呈现。需要说明的是,与国外研究相比,国内学者对女性政治参与现状的研究相对缺乏,将研究对象定位于人大立法机构的相关研究更是寥寥无几。因此,本章内容多选取国外学者对此问题较为充分的探讨。此外,鉴于女性政治参与在一国各个政治机构当中的相似性,笔者在文献选取时也将范围从立法机构拓展到了其他重要政府部门和党派候选。

一 女性政治参与的现状

据统计,2017 年,在全球 152 个国家中,有 11 个国家的最高领导人是女性,占比约为 7.2%;在联合国 193 个会员国中,政府首脑为女性的国家也为 11 个,占比约为 5.7%。① 有学者统计了 11 个国家的 71 个党派,共 441 位领导者,发现其中女性领导者有 61 人,占比约为 13.8%。② 可以看出,女性在政治生活中的占比处于弱势地位。此外,女性在政治机构中担任的职位,政治声望、权利、竞争力方面都相对较小。③ 换句话说,若一个岗位可以调动的资源较少、拥有的权利较小,那么这个岗位更有可能被女性占据。米歇尔·瑞安等将这一现象称为"玻璃悬崖"(glass cliff),研究发现,当某个党派获胜的可能性较小、

---

① https://www.unwomen.org/en/digital-library/publications/2017/4/women-in-politics-2017-map.

② O'Brien D. Z. , "Rising to the Top: Gender, Political Performance, and Party Leadership in Parliamentary Democracies", *American Journal of Political Science*, Vol. 59, No. 4, October 2015, pp. 1022 – 1039.

③ Maria C. Escobar-Lemmon, and Michelle M. Taylor-Robinson, "Getting to the Top: Career Paths of Women in Latin American Cabinets", *Political Research Quarterly*, Vol. 62, No. 4, December 2009, pp. 685 – 699. Andrew Reynolds, "Women in the Legislatures and Executives of the World: Knocking at the Highest Glass Ceiling", *World Politics*, Vol. 51, No. 4, July 1999, pp. 547 – 572. Vicky Randall, *Women & Politics: An International Perspective*. Chicago, IL: University of Chicago Press, 1987.

出现"领导者失败"的概率较大时,党派才更倾向选择女性作为领导者。① 即使女性当上了国家领导人,也常常不是在那些最有话语权的国家当选,她们更多地扮演着出于国家礼仪所需的"傀儡"角色,在她们身后,真正掌权的依旧是男性。②

"玻璃天花板"是女性在政治参与过程中的另一困境。里克·卡塞雷斯-罗德里格莱兹等认为,尽管女性在公共部门中的占比逐渐上升,但仍然属于公共部门内部较低的层级,与较高职位之间存在"玻璃天花板"效应。③

与西方国家"自下而上"的选举不同,一般来讲,中国女性的政治参与是国家通过"自上而下"的政治动员来实现的。④ 尽管参与方式存在差异,但二者所面临的现状和困境却较为相似。2010年开展的第三期中国妇女社会地位调查⑤指出,女性在各级领导岗位上任职的比例偏低,担任正职的女性更少。即使是在社会组织中,女性担任高层和中层管理者的比例也低于男性。2.2%的在职女性为国家机关、党群组织、企业、事业单位负责人,仅为男性相应比例的一半。一项高层次人才调查显示,在高层次人才所在单位,领导者是男性的占80.5%,单位领导班子成员中没有女性的占20.4%。高层人才所在单位有20.6%存在"只招男性或同等条件下优先招用男性"的情况;有30.8%存在"同等条件下男性晋升比女性快"的情况;有47.0%存在"在技术要求高、有发展

---

① Michelle Ryan, and S. Alexander Haslam, "The Glass Cliff: Exploring the Dynamics Surrounding the Appoint-ment of Women to Precarious Leadership Positions", *Academy of Management Review*, Vol. 32, No. 2, April 2007, pp. 549 – 572.

② Farida Jalalzai, "Women Rule: Shattering the Executive Glass Ceiling", *Politics & Gender*, Vol. 4, No. 2, June 2008, pp. 205 – 231. Farida Jalalzai, *Shattered, Cracked, or Firmly Intact? Women and the Executive Glass Ceiling Worldwide*, New York: Oxford University Press, 2013.

③ Rick Caceres-Rodriguez, "The Glass Ceiling Revisited Moving Beyond Discrimination in the Study of Gender in Public Organizations", *Administration & Society*, Vol. 45, No. 6, August 2013, pp. 674 – 709.

④ 张轲:《国内妇女政治参与研究述评(2000—2015年)——以CNKI收录核心期刊及博士论文为主要研究对象》,《理论观察》2017年第8期。

⑤ 第三期中国妇女社会地位调查课题组:"Executive Report of the 3rd Survery on the Status of Chinese Women",《妇女研究论丛》2011年第6期。

前途的岗位上男性比女性多"的情况。总而言之,在全球范围内,无论是在数量上还是在职位层级上,女性政治参与都处于绝对的弱势地位。

二 女性政治参与的重要性和必要性

据联合国统计,截至 2022 年 11 月 30 日,全球 80 亿人口中男女比例是 116.9∶100,作为占全球一半人口的群体,女性在政治机构中的代表性还远远不足,那么,女性参与政治生活是否有其必要性和作用?针对这一问题,学者们的研究结论主要分为两类:一类关注女性政治参与对女性权益的保护和提升,另一类关注女性政治参与为推动政治环境更加公平和促进全人类福祉所带来的有益改进。

首先,更多的女性参与政治意味着女性的权益有更大的可能性和更多的渠道被提出、被关注、被保障。有学者发现,当讨论政治话题时,若女性人数在讨论小组内占比较少,小组最后的决定会更少地照顾到女性的利益和偏好。[①] 研究表明,女性在男性居多的环境中,会减少发言的次数,且提出的观点更容易被忽视;反之,当数量增加时,她们会更多地为自己争取利益。其次,除了为自身争取利益,女性数量的增长还会为其他女性起到显著的"示范"作用,激励更多女性参与政治。法布里齐奥·吉拉尔迪研究了瑞士超过 1500 个选举区,发现一个选举区内若有女性候选人成功当选,则下一届选举中,该选举区以及相邻的选举区内参选的女性候选人都会显著增加。[②] 此外,若女性获得了领导职位,则接下来的几年中,女性领导者所在的区域会有更多的女性得到晋升。[③]

政治生活中,女性数量的增加还会影响到选民以及政党:对选民来

---

① Rachel Croson, and Uri Gneezy, "Gender Differences in Preferences", *Journal of Economic Literature*, Vol. 47, No. 2, June 2009, pp. 448–74.

② Fabrizio Gilardi, "The Temporary Importance of Role Models for Women's Political Representation", *American Journal of Political Science*, Vol. 59, No. 4, October 2015, pp. 957–970.

③ Farida Jalalzai, *Shattered, Cracked, or Firmly Intact? Women and the Executive Glass Ceiling Worldwide*, New York: Oxford University Press, 2013.

说，女性在政治参与中表现出来的优异绩效会逐渐淡化选民原有的性别偏见，让选民相信女性在政治领域也是有能力的，从而增加投票给女性候选人的可能性。① 对党派而言，当某一党派内女性的比例上升时，会对其政治对手产生很大的压力，促使他们也吸纳更多的女性。②

女性政治参与不仅会对女性群体产生影响，并且会影响到政治环境以及政策输出，从而对政策结果产生影响。有学者发现，当机构中女性数量增加时，党派内部讨论社会公平问题的概率也会同时上升；③ 当一个小组内男性数量占比较多的时候，组内的交流方式会呈现出较多的"男性特征"，例如竞争、主导、个人表现等。而当小组内有较多女性时，组内的交流方式则会更多地偏向合作、亲密以及包容。④ 此外，彩虹·默里认为，当政治机构将女性排除在外的时候，由于没有实现公平的竞争，在更低水平的男性和更高水平的女性之间选择了前者，机构最终纳入人选的整体质量是下降的，可能会影响到机构最终的绩效。⑤ 值得注意的是，研究还发现女性官员贪污腐败的可能性较低，同时更少地卷入政治风波。因此，促使女性更多地参与公共服务，可以在减少腐败现象发生的同时减少官员不当的政治行为，保障行政机构的独立公允地位。⑥

---

① Lori Beaman et al., "Female Leadership Raises Aspirations and Educa-tional Attainment for Girls: A Policy Experiment in India", *Science*, Vol. 335, No. 6068, 2012, pp. 582-586.

② Richard E. Matland, and Donley T. Studlar, "The Con-tagion of Female Candidates in SingleMember District and Proportional Representation Electoral Systems: Canada and Norway", *Journal of Politics*, Vol. 58, No. 3, 1996, pp. 707-733.

③ Miki Caul Kittilson, "Women, Parties and Platforms in Post-Industrial Democracies", *Party Politics*, Vol. 17, No. 1, January 2011, pp. 66-92.

④ Kathryn Dindia, and Mike Allen, "Sex Differences in Self-Disclosure: A Meta-Analysis", *Psychological Bulletin*, Vol. 112, No. 1, July 1992, pp. 106-124.

⑤ Rainbow Murray, "Quotas for Men: Reframing Gender Quotas as a Means of Improving Representation for All", *American Political Science Review*, Vol. 108, No. 3, August 2014, pp. 520-532.

⑥ Oliveros, V. and Schuster, C., "Merit, Tenure, and Bureaucratic Behavior: Evidence from a Conjoint Experiment in the Dominican Republic", *Comparative Political Studies*, Vol. 51, No. 6, May 2018, pp. 759-792.

三 影响女性政治参与的因素

有学者从供给端和需求端两个方面探讨影响女性政治参与的因素。其中，供给端是实际上有政治参与行为的女性数量；需求端是政党、性别配额政策、选民等对女性政治参与的需求以及所提供的机会。

（一）供给端：政治抱负

从供给端来看，皮帕·诺里斯等在对英国议会竞选制度进行研究后发现，候选人是否决定参与竞选取决于其所拥有的可使用的资源，包括时间、资金、能力以及政治抱负。① 其中，参与竞选的意愿，即政治抱负，是女性在政治领域中被过低代表的主要原因。② 首先，自我效能感作为政治抱负的一部分，是阻碍女性政治参与非常重要的影响因素。同等条件下，潜在的女性候选人与男性候选人相比，更容易对自身的竞选能力产生怀疑。③ 一方面，年轻的女性缺少优秀的角色模范提升其政治抱负；另一方面，某些媒体以及立法机构对女性政治家的轻视（嘲笑）对潜在的女性候选人也是一种心理威慑，减少了其参与政治的意愿。④ 需要指出的是，女性较低的自我效能感不仅体现在政治领域，还涉及其他各个方面，例如语言、艺术等，男性和女性对自身的评价相当，但是女性实际上在这些领域比男性取得了更好的成绩；⑤ 男性倾向于高估自己的智商，而女性往往会低估自己的智商；在工作经验和能力相似的情况下，女性通常会比男性接受更低水平

---

① Pippa Norris, and Joni Lovenduski, *Political Recruitment: Gender, Race and Class in the British Parliament*, Cambridge: Cambridge University Press, 1995.

② Lawless, Jennifer L., and Richard L. Fox, *It Still Takes a Candidate: Why Women Don't Run for Office*, Cambridge: Cambridge University Press, 2010.

③ Lawless, Jennifer L., "Politics of Presence? Congresswomen and Symbolic Representation", *Political Research Quarterly*, Vol. 57, No. 1, March 2004, pp. 81 – 99.

④ Denis, Daphnee, "Sun Rises, French Female Minister Gets Heckled, Sun Sets", *Slate*, July 2012.

⑤ Pajares, Frank, "Gender and Perceived Self-Efficacy in Self-Regulated Learning", *Theory Into Practice*, Vol. 41, No. 2, Spring 2002, pp. 116 – 125.

的薪资。①

其次,不公平感也影响了女性的政治抱负。若女性预设自己在政治参与的过程中会受到性别歧视等不公平待遇,那她们就不会选择参与政治生活;② 此外,由于性格、生长环境和家庭教育的差异,相对于男性,女性更可能会因为其他干扰而放弃竞争,③ 当一个岗位竞争比较激烈的时候,相对于男性,会有更少的女性参与竞争。④

最后,家庭对女性事业的影响远远高于男性,⑤ 从心理上来看,尽管男性和女性都会在施展政治抱负和照顾家庭之间感受到冲突,但是女性感受到的冲突要远远大于男性。从家庭责任上来看,女性的家庭角色被过度强调。研究发现,即使女性已经成为了州议员,她们也仍然承担着做家务和照顾子女的主要责任。⑥ 现实情况也表明,女性常常会推迟她们参与政治的时间,直到家庭责任减轻。⑦

如前文所述,大量研究发现女性的政治抱负不足是阻碍其政治参与的重要因素,但也有学者发现,一旦竞选成功,女性政治家和男性政治

---

① Hannah Riley Bowlew, et al., "Constraints and Triggers: Situational Me-chanics of Gender in Negotiation", *Journal of Personality and Social Psychology*, Vol. 89, No. 6, December 2005, pp. 951 – 965.

② Richard L. Fox, and Jennifer L. Lawless, "Gendered Perceptions and Political Candidacies: A Central Barrier to Women's Equality in Electoral Politics", *American Journal of Political Science*, Vol. 55, No. 1, January 2011, pp. 59 – 73.

③ Muriel Niederle, and Lise Vesterlund, "Do Women Shy Away from Competition? Do Men Compete Too Much?", *Quarterly Journal of Economics*, Vol. 122, No. 3, August 2007, pp. 1067 – 1101.

④ Muriel Niederle, and Lise Vesterlund, "Explaining the Gender Gap in Math Test Scores: The Role of Competition", *Journal of Economic Perspectives*, Vol. 24, No. 2, Spring 2010, pp. 129 – 144.

⑤ Adam N. Glynn and Maya Sen, "Identifying Judicial Empathy: Does Having Daughters Cause Judges to Rule for Women's Issues?", *American Journal of Political Science*, Vol. 59, No. 1, January 2015, pp. 37 – 54.

⑥ Thomas Sue, "The Personal is the Political: Antecedents of Gendered Choices of Elected Representatives", *Sex Roles*, Vol. 47, No. 7 – 8, October 2002, pp. 343 – 353.

⑦ Virginia Sapiro, "Private Costs of Public Commitments or Public Costs of Private Commitments? Family Roles Versus Political Ambition", *American Journal of Political Science*, Vol. 26, No. 2, 1982, pp. 265 – 279.

家的晋升意愿并没有差异。① 此外,尽管她们在政治参与的过程中遭遇了种种阻碍,也承担了更多的家庭责任,但这些因素都没有减弱她们的晋升追求。② 也就是说,更多的家庭责任可能影响了女性政治参与的时间,但没有对她们的政治抱负产生较大影响。③

(二) 需求端

1. 政党

政党在政治候选人的选择上起着重要的作用④,其是否愿意选择女性进入党派在很大程度上影响了女性的政治参与。保罗·韦伯等研究了全球11个民主国家的71个政党,发现当政党的发展前景较好,成为执政党的可能性较大时,其更不可能选择女性作为该党领导人。而当政党前景不明,或者是少数党的时候,女性成为领导人的概率更大。究其原因,一方面,执政党领导人可以分享到更多的"战利品",提供更大的组织力量以及更多的收入,⑤ 因此,实力较强的党派领导人职位对男性的吸引力更大,会有很多男性候选人参与竞选,在这种情况下,党派更愿意选择男性候选人作为领导者;反之,在野党或者少数党在政治机构内可获得的政治资源以及政治利益都较少,其领导岗位对男性的吸引力较小,当男性候选人数量不足时,女性候选人竞选成功的可能性就更大;另一方面,当党派赢得选举的可能性较小时,为改变现状,其更愿意进行多元化的尝试,这就为女性成为

---

① Davidson-Schmich, Louise K. , *A Glass Half Full*: *Gender Quotas and Political Recruitment in Germany*, Ann Arbor, MI: University of Michigan Press, 2015.

② Olle Folke, and Johanna Rickne, "The Glass Ceiling in Politics: Formalization and Empirical Tests", *Comparative Political Studies*, Vol. 49, No. 5, April 2016, pp. 567 – 599.

③ Richard L. Fox, and Jennifer L. Lawless, "Reconciling Family Roles with Political Ambition: The New Normal for Women in Twenty-first Century u. s. Politics", *Journal of Politics*, Vol. 76, No. 2, April 2014, pp. 398 – 414.

④ Mona Lena Krook, "Beyond Supply and Demand: A Feminist-Institutionalist Theory of Candidate Selection", *Political Research Quarterly*, Vol. 63, No. 4, December 2010, pp. 707 – 720.

⑤ Paul Webb et al. , *Political Parties in Advanced Industrial Democracies*, Oxford: Oxford University Press, 2002.

少数党、在野党领导人提供了机会。①

在同等条件下，政党更倾向于选择男性，有很大一部分原因是因为性别偏见和性别歧视。一项调查表明，在西方国家，政党领导人普遍不信任女性的选举能力，表示可能不会支持女性成为候选人。② 还有学者发现，国会中的女性相对同层级的男性，通常会有更多的政治经验。③ 这就说明，被选入国会的女性和男性在资质上是有差异的，对于女性的筛选标准可能更为苛刻。除此之外，政党对女性政治家的评判标准也与男性政治家存在差异。例如学者艾丽丝·伊格利等就发现，在以男性为主导的政党政治环境中，女性的工作绩效更有可能被低估。④

2. 性别配额政策

性别配额政策在很大程度上影响到了女性的政治参与。如前文所述，为了提升女性在公共部门的数量、克服性别歧视，很多国家都规定女性在政治机构内部必须要达到一定的比例，也就是性别配额政策。《选举法》规定，全国人民代表大会和地方各级人民代表大会的代表应当具有广泛的代表性，应当有适当数量的妇女代表，并逐步提高妇女代表的比例。第十一届全国人民代表大会在代表选举中明确指出，妇女代表的比例不低于22%。这是全国人大第一次对妇女代表的比例作出明确规定。但是，中国只对全国人大代表中的女性比例做了规定，对地方人大或政府部门并没有出台相关法律法规。因此，一些地方人大和政府部门在具体的性别政策的实施上就具有很大的自由

---

① O'Brien D. Z., "Rising to the Top: Gender, Political Performance, and Party Leadership in Parliamentary Democracies", *American Journal of Political Science*, Vol. 59, No. 4, October 2015, pp. 1022 – 1039.

② Kira Sanbonmatsu, *Where Women Run: Gender & Party in the American States*, Ann Arbor: University of Michigan Press, 2006.

③ Kathryn Pearson, and Eric McGhee, "Why Women Should Win More Often Than Men: Reassessing Gender Bias in U. S. House Elections", Unpublished Manuscript, University of Minnesota, 2009.

④ Alice H. Eagly, et al., "Gender and the Evaluation of Leaders: A Meta-Analysis", *Psychological Bulletin*, Vol. 111, No. 1, January 1992, pp. 3 – 22.

裁量权,通常会把模糊的配额降低为 10%—20% 这一比例。①

关于性别配额政策的影响,国外学者的研究相对充分,奥布莱恩等在对瑞典的社会民主党派进行研究后发现,性别配额政策不仅对当前女性代表比例的增加具有积极影响,且对女性代表在领导岗位的比例提高也具有长期的作用。② 洛里·比曼等也发现,性别配额政策对女性在事业上的野心以及政治参与积极性都有较为显著的正向作用。③ 但是,也有一些学者持反对意见。他们认为,性别配额政策只对当前政治系统中女性数量的增加具有一些影响,但是长期来看,对性别配额的过度强调反而损害了女性在政治系统中的来源的权威性,导致选民、政党,甚至女性自身都认为,那些成功跻身政治系统内部的女性,不是因为真才实学,而是因为性别配额政策为女性的进入降低了门槛。④ 鉴于此,雷恩博·默里认为,针对现今立法机关强制规定女性立法委员比例的做法,应该用规定男性比例最高限额的做法来代替,例如规定立法机构中男性占比不得超过60%,以此减轻女性受到的偏见,实现代表更大范围内的代表性。⑤

3. 选民

在选举中,选民是否会给女性投票对女性的政治参与也有重要的影响。现有研究发现,选民对女性候选人存在性别偏见和性别歧视。一方面,选民更加偏好有"男子气概"的候选人;⑥ 有23%的成年人认为

---

① Guo Xiajuan and Zheng Yongnian, "Women's Political Participation in China." China's Policy Institute Briefing Series 34: 1 – 12. January. http://www.nottingham.ac.uk/cpi/documents/briefings/briefing-34-women-political-participation.pdf. ,2008.

② O'Brien D. Z. and Rickne J., "Gender Quotas and Women's Political Leadership", American Political Science Review, Vol. 110, No. 1, February 2016, pp. 112 – 126.

③ Lori Beaman, et al., "Female Leadership Raises Aspirations and Educational Attainment for Girls: A Policy Experiment in India", Science, Vol. 335, No. 6068, February 2012, pp. 582 – 586.

④ Rainbow Murray, "Second among Unequals? A Study of Whether France's 'Quota Women' Are up to the Job", Politics & Gender, Vol. 6, No. 1, March 2010, pp. 93 – 118.

⑤ Rainbow Murray, "Quotas for Men: Reframing Gender Quotas as a Means of Improving Representation for All", American Political Science Review, Vol. 108, No. 3, August 2014, pp. 520 – 532.

⑥ Shirley M. Rosenwasser, and Norma G. Dean, "Gender Role and Political Office: Effects of Perceived Masculinity Femininity of Candidate and Political Office", Psychology of Women Quarterly, Vol. 13, No. 1, March 1989, pp. 77 – 85.

男性不容易被情绪左右，不会意气用事，因此在政治参与上比女性更加合适。[1] 有学者的研究也证明，当女性在政治参与的过程中呈现出一些男性特征的时候，会更容易获得成功。[2] 但是，如果女性表现得太过"男子气"，容易不被选民喜欢；太过女性化，则会被选民认为是没有能力的表现。[3] 此外，有21%的美国人认为男性领导者比女性领导者更好，并且有51%的人认为"许多美国人还没有准备好推选女性到更高的职位上"[4]。这些都表明了选民对女性存在刻板印象，由于偏见导致女性在政治参与过程中受到选民的不公正对待。

如果说性别偏见是选民对女性政治参与不足的现状所做出的不信任的反映，性别歧视则从源头上阻碍了支持女性政治参与的可能。在一项调查中，有11%的美国民众公开表示，即使女性有足够的资质可以胜任，他们也不会选择女性作为总统。[5] 对于各级领导岗位上女性数量相对较少的原因，有57.6%的受访者都认为是"社会对女性有偏见"。上述案例都揭示了社会文化偏见对女性参政的深刻影响。

（三）其他因素

一些研究指出，受教育程度、性别以及党派关系往往相互关联，例如，无党派领导者更有可能具有博士学位或者为女性。[6] 此外，也有研究发现传统意义上的背景变量对中国女性政治活动的参与和态度具有一

---

[1] Kathleen A. Dolan, *Voting for Women: How the Public Evaluates Women Candidates*. Boulder, CO: Westview Press, 2004.

[2] Tsfira Grebelsky-Lichtman, and Bdolach, L., "Talk Like a Man, Walk Like a Woman: An Advanced Political Communication Framework for Female Politicians", *Journal of Legislative Studies*, 2015, pp. 1–26.

[3] McGinley, A. C., "Hillary Clinton, Sarah Palin, and Michelle Obama: Performing Gender, Race, and Class on the Campaign Trail", *Denver University Law Review*, No. 86, 2009, pp. 709–725.

[4] Pew Research Center, "Men or Women? Who's the Better Leader?", *Social and Demographic Trends*, August 25, 2008.

[5] Frank Newport, and Joseph Carroll, *Analysis: Impact of Personal Characteristics on Candidate Support*. Princeton, NJ: Gallup News Service, 2007.

[6] Su Fubing, "Gender Inequality in Chinese Politics: An Empirical Analysis of Provincial Elites", *Politics and Gender*, Vol. 2, No. 2, June 2006, pp. 143–163.

定程度的影响作用。①

为保障少数群体的利益，各级人大往往会对其在人大的比例做配额上的规定。为了满足配额，在具体的实施过程中，人大也会倾向于挑选可以同时满足多个配额的人选。② 例如，若一位候选人既是女性，又是少数民族，那么会有更大的概率成为人大代表。

除了背景因素，孙晨光和刘茜在对城市女性进行研究后发现，社会资本，即朋友、社团等人情网络也对城市女性的政治参与有影响，并认为提升横向社会组织的品质与优化人情网络，是提高城市女性政治参与的有效途径。③ 周海燕则从宏观视角出发，对中国女性政治参与的现状及其边缘化问题进行了分析，发现女性边缘化问题的产生是由政治、经济、文化等因素综合作用下的行政生态引起的，其中，政治因素是关键，经济因素是根本性的决定力量，文化因素则起着维系作用。④

四 文献评述

由于议会在西方国家中所占据的重要地位，国外学者对女性立法者的探讨相对充分，且基本形成了一套涵盖女性政治参与的现状、作用、影响因素等一套完整研究领域。近年来，尽管有国内研究开始关注影响中国女性政治参与的因素，但数量非常有限，研究结论仍待考证，距离搭建起有关女性政治参与问题的完整研究框架和理论基础更是非常遥远。正如前文所述，尽管西方学者对此议题已有较为全面的探讨，但是，西方学者对性别问题的关注大多在多党制以及选民直接选举的背景之下产生的。而中国除了县级以下人大代表为选民直接选举之外，县级以上的

---

① 郑建君：《不同偏好特征对中国女性政策参与影响的实证研究》，《妇女研究论丛》2014年第6期。
② Su Fubing, "Gender Inequality in Chinese Politics: An Empirical Analysis of Provincial Elites", *Politics and Gender*, Vol. 2, No. 2, June 2006, pp. 143 – 63.
③ 孙晨光、刘茜：《城市女性居民的社会资本对政治参与的影响——基于中国综合社会调查（cgss）的实证分析》，《广州大学学报》（社会科学版）2014年第10期。
④ 周海燕：《行政生态学视野下的女性边缘化问题探究——以女性政治参与为例》，《西安石油大学学报》（社会科学版）2018年第6期。

人大代表都由下级人大间接选举产生。且在中国共产党的集中统一领导下，党派因素对中国女性政治参与的影响也相对单一。因此，由于国情不同，国外的研究结论不能简单地复制到国内，我们需要找到中国语境下女性政治参与的现状和影响因素，真实地描绘中国地方女性人大代表的个体属性特征及形成原因。这将对我们回答谁是中国地方女性人大代表、她们拥有怎样的特征以及她们如何看待女性参政议政行为的问题，提供一份切实的实证数据。有助于我们了解政治舞台上女性这一重要行动者。

第三节　研究假设、数据及测量

一　研究假设的提出

政治生活中女性的代表性不足几乎是普遍现象，政治学研究已经关注并试图解释这一问题。有人指出，女性缺乏代表性的原因可能是女性进入政治舞台相对较晚，体制上的障碍阻碍了女性在政治上的发展，歧视性的社会化经验阻碍了女性进入竞争性选举，等等。

尽管女性在进入政治生活时遇到了无数障碍，但仍有一部分女性取得突破，成为重要的政治人物，问题是：当女性在立法领域获得一席之地时，她们作为立法者与男性立法者相比，履职情况如何？

有文献指出，当女性进入政治舞台后，她们的履职往往比男性同行更好。[1] 事实上，如果女性在获得立法机构席位时面临更高的门槛，那么那些确实取得"突破"的女性可能更有能力。对于政治歧视，先前的文献认为在劳动力市场上面临歧视的工人必须表现得更好，才能获得与其他工人相同的工资。[2]

---

[1] Sarah Anzia, and Christopher Berry, "The Jackie and Robinson Effect: Why Do Women Congresswomen Outperform Congressmen?", American Journal of Political Science, Vol. 55, No. 3, 2011, pp. 478–493.

[2] Gary S. Becker, The Economics of Discrimination, Chicago: University of Chicago Press, 1957.

学者们还发现，作为政治候选人出现的女性往往比男性候选人有更多的政治经验。还有人指出，当女性议员设法筹集到与男性议员相同数量的竞选资金时，她们往往需要也会更加努力工作。[1]

在本章中，我们还将介绍女性代表在地方人民代表大会任职时的履职情况。正如相关文献所指出的，女性当选为人大代表更不容易。因此，在理论上，我们认为由于女性进入政治生活遇到的障碍更多，女性代表一旦上任，可能比男性代表表现得更积极。

另一类文献指出，在一些西方国家，当女性被选入国会时，她们在制定政治议程时更可能倾向于某些公共政策问题。[2] 换句话说，当女性的公共政策偏好被集体看待时，她们在立法机构中描述代表性的增加可能会输出为实质代表性。[3] 例如，人们发现，欧美国家扩大选举权后，政府在某些公共政策领域的支出会增加，特别是针对女性的社会福利项目。[4] 同样，格拉汉德拉·查托帕迪亚等通过印度女性的政治保留名额来研究女性领导对政策决策的影响。在对印度 165 个村务委员会的研究中发现，关于提供公共服务类型，女性更多地投资于与农村妇女需求直

---

[1] Shannon Jenkins, "A Woman's Work Is Never Done? Fund-Raising Perception and Effort among Female State Legislative Candidates", *Political Research Quarterly*, Vol. 60, No. 2, June 2007, pp. 230 – 39.

[2] Noelle H. Norton, "Uncovering the Dimensionality of Gender Voting in Congress", *Legislative Studies Quarterly*, Vol. 24, No. 1, February 1999, pp. 65 – 86. Thomas, Sue, "The Impact of Women on State Legislative Policies", *Journal of Politics*, Vol. 53, No. 4, November 1991, pp. 958 – 976. Swers, Michele L., *The Difference Women Make*, Chicago: University of Chicago Press, 2002.

[3] Timothy Besley, and Anne Case, "Political Institutions and Policy Choices: Evidence from the United States", *Journal of Economic Literature*, Vol. 41, No. 1, March 2003, pp. 7 – 73. Chattopadhyay, Raghabendra, and Esther Duflo, "Women as Policy Makers: Evidence from A Randomized Policy Experiment in India", *Econometrica*, Vol. 72, No. 5, September 2004, pp. 1400 – 1443.

[4] Burton A. Abrams, and Russell F. Settle, "Women's Suffrage and the Growth of the Welfare State", *Public Choice*, Vol. 100, No. 3 – 4, September 1999, pp. 289 – 300. Aidt, Toke S. and Dallal Bianca, "Female Voting Power: the Contribution of Women's Suffrage to the Growth of Social Spending in Western Europe (1869 – 1960)", *Public Choice*, Vol. 134, No. 3 – 4, March 2008, pp. 391 – 417. Lott, J. R. and Kenny, L. W., "Did Women's Suffrage Change the Size and Scope of Government?", *Journal of Political Economy*, Vol. 107, No. 6, December 1999, pp. 1163 – 1198.

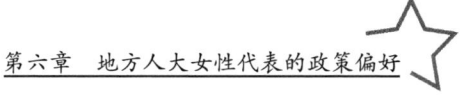

接相关的基础设施（水、燃料和道路），而男性则更多地投资于教育。如果村务委员会的领导是女性，那么妇女更有可能参与决策过程。

先前对国会女性立法者履职情况的研究不断指出，女性立法者和男性立法者在公共政策的偏好上存在明显差异。研究发现，女性国会议员更有可能在国会政治中关注某些公共政策问题，① 这些问题领域包括教育、环境、医疗保健、社会福利和保护弱势群体的权利（仅举几例），而且研究还发现女性议员也更有可能支持政府在女性关注较多的传统政策领域的支出。②

在本章中，我们的理论基础是，考虑到女性参与政治生活面临的制度障碍和女性在地方人民代表大会中的低存在感，女性立法者一旦当选，可能会比男性立法者表现得更积极。此外，我们还认为，尽管在政治文化、政治制度的建立以及执政党可能产生的影响方面存在巨大差异，中国人民代表大会中的女性代表在确定其公共政策偏好时，可能会提出更自由主义的公共政策。

因此，我们在本章中提出了以下假设：

H1：与男性代表相比，女性代表可能在人大工作中拥有更积极的履职记录。

H2：与男性代表相比，女性代表更有可能在人大议程中提出关于

---

① Susan J. Carroll, *The Impact of Women in Public Office*, Indiana University Press, 2001. Dodson, Debra L., and Susan J. Carroll, *Reshaping the Agenda: Women in State Legislatures*, New Brunswick, NJ: Center for the American Woman and Politics, 1991. Michael J. Epstein, et al., "Do Women and Men State Legislators Differ?" in Sue Thomas and Clyde Wilcox, eds., *Women and Elective Office*, New York: Oxford University Press, 2005, pp. 94 – 109. Beth Reingold, *Representing Women: Sex, Gender, and Legislative Behavior in Arizona and California*, Chapel Hill, NC: North Carolina University Press, 2000. Michele L. Swers, *The Difference Women Make*, Chicago: University of Chicago Press, 2002. Thomas Sue, *How Women Legislate*, New York: Oxford University Press, 1994.

② Irene Diamond, *Sex Roles in the State House*, New Haven, CT: Yale University Press, 1977. Dodson, Debra L., and Susan J. Carroll, *Reshaping the Agenda: Women in State Legislatures*, New Brunswick, NJ: Center for the American Woman and Politics, 1991. Reingold, Beth, *Representing Women: Sex, Gender, and Legislative Behavior in Arizona and California*, Chapel Hill, NC: North Carolina University Press, 2000. Thomas, Sue, *How Women Legislate*, New York: Oxford University Press, 1994.

弱势群体及其保护性社会政策领域的公共政策。

二 数据

本章开发了一个原始数据集。我们收集了位于中国中部的湖北省C市第十届和第十一届地方人大会议的记录和人大代表的背景信息。

市级人民代表大会的人大代表平均一届任期为五年，他们通过间接选举进入人大。C市第十届人民代表大会人大代表的任期是5年，即从1998年到2002年。C市第十一届人民代表大会人大代表的任期是从2003年到2006年。第十届人民代表大会有549名人大代表，第十一届人民代表大会有557名人大代表。

课题组共收集了1106名人大代表的人大履职记录，总共有四千多份人大议案建议，并选择了人大代表提交的议案建议来衡量他们的人大参与和公共政策偏好。

虽然代表们的履职情况不仅仅限于提交议案建议，但这些议案建议是对人大代表履职行为和态度最系统的记录。其他类型的人大记录，如会议出席情况和会议记录，在多年后可能变得难以收集，但是这些议案建议在市级人大的图书馆中保存完好，它们提供了一套完整的人大履职情况和每位人大代表的公共政策偏好。此外，在我们与人大代表和人民代表大会常务委员会工作人员的访谈中，他们都认为，人大代表的议案建议通常是经过充分研究并由人大代表自愿提交的，最能体现人大代表的履职情况。鉴于其系统性和一致性，议案建议是迄今为止人民代表大会研究中最受欢迎的人大行为和履职的衡量标准。[①]

在地方人大第十次会议期间，人大代表向地方人大提交了约1895

[①] 黄冬娅、陈川慜：《县级人大代表履职：谁更积极?》，《社会学研究》2015年第4期；何俊志、王维国：《代表结构与履职绩效：对北京市13个区县的乡镇人大之模糊集分析》，《南京社会科学》2012年第1期；刘乐明、何俊志：《谁代表与代表谁？十一届全国人大代表的构成分析》，《中国治理评论》2013年第2期；桑玉成、邱家军：《从代表议案和建议看代表属性及其履职之效率——以十一届全国人大二次会议为例》，《江苏行政学院学报》2010年第1期。

件议案建议；在地方人大第十一次会议期间，人大代表提交了2526件议案建议。

除了作为人大记录的议案建议，我们还收集了相关人大代表的背景信息，如他们的职业背景，以及人口统计学特征，包括党派身份、民族、教育背景、年龄和性别。此外，我们还收集了人大代表以前的人大任职经历，如他们是否曾在第七届、第八届和第九届地方人大上任职。

三　数据测量

（一）因变量

在因变量方面，我们采用了人大代表提交的议案建议总数来衡量人大代表的履职情况。对于人大代表的公共政策偏好，我们根据议案建议的具体内容将其划分为25个不同的公共政策领域。具体包括：（1）经济（包括技术和能源问题）；（2）财政；（3）土地和城市规划；（4）民生；（5）教育；（6）卫生医疗；（7）文化；（8）社保；（9）城市管理；（10）环境；（11）交通；（12）管理体制；（13）新闻媒体；（14）基础设施。（15）城市建设和景观；（16）治安；（17）农业和农民；（18）旅游开发；（19）人事劳动者权益；（20）弱势群体权益保护；（21）军队；（22）谏言；（23）宗教和民族；（24）食品安全；（25）体育。关于这25个公共政策领域的更详细描述，请参考附录一。

在表6-1和表6-2中，我们根据提交的议案建议内容，汇总了地方人民代表大会两次会议的公共政策取向。

表6-1　　　　第十届地方人大代表（1998—2002年）
议案建议的内容分布

内容	数量	占比（%）
经济	108	5.70
财政	19	1.00

续表

内容	数量	占比（%）
土地和城市规划	48	2.53
民生	285	15.04
教育	108	5.70
卫生医疗	52	2.74
文化	54	2.85
社保	33	1.74
城市管理	90	4.75
环境	102	5.38
交通	250	13.19
管理体制	69	3.64
新闻出版	6	0.32
基础设施	248	13.09
城市建设与景观	34	1.79
治安	67	3.54
农业和农民	82	4.33
旅游开发	30	1.58
人事劳动者权益	28	1.48
弱势群体权益保护	27	1.42
军队	20	1.06
谏言	101	5.33
民族和宗教	14	0.74
食品安全	14	0.74
体育	6	0.32
合计	1895	100

表 6-2 第十一届地方人大代表（2003—2006 年）的议案建议内容分布

内容	数量	百分比（%）
经济	174	6.89
财政	47	1.86
土地和城市规划	100	3.96
民生	403	15.95
教育	100	3.96
卫生医疗	63	2.49
文化	61	2.41
社保	110	4.35
城市管理	102	4.04
环境	120	4.75
交通	380	15.04
管理体制	170	6.73
新闻媒体	10	0.40
基础设施	180	7.13
城市建设和景观	38	1.50
治安	88	3.48
农业和农民	90	3.56
旅游开发	29	1.15
人事劳动者权益	54	2.14
弱势群体权益保护	18	0.71
军队	40	1.58
谏言	119	4.71
民族和宗教	5	0.20
食品安全	17	0.67
体育	8	0.32
共计	2526	100

在两届人大代表提交的议案建议中,比例最高的公共政策问题是"民生",分别占15.04%和15.95%。"民生"表示的是与居民日常生活相关的政策领域,如道路铺设、邮政服务、电信服务、有线电视服务、地区层面的小型基础设施问题等。占比位列第二、第三的议案建议内容分别是交通(13.19%,15.04%)和基础设施(13.09%,7.13%)。与交通有关的公共政策领域包括交通改善、运输车辆、道路收费等。基础设施包括市政道路铺设、供水、供电、农村地区的灌溉系统等相关的公共政策。

对于市一级的地方人民代表大会的人大代表来说,我们可以看到,与人民群众日常生活相关的公共政策所占的比重最高。

(二)独立变量

最重要的自变量是性别。

如表6-3所示,在第十届人大中,在地方人民代表大会中任职的女性人大代表占比不足20%;在第十一届人大中,女性人大代表的比例略微提高。

表6-3　　第十届和第十一届地方人大中女性代表的比例

	第十届人大		第十一届人大	
	N=549	N=509	N=557	N=502
女性人大代表	102(18.6%)	97(19.1%)	106(19.0%)	102(20.3%)

注:第一栏表示人大代表的完整组成,第二栏表示不包括那些提前离开人大的代表和军区的代表。

(三)控制变量

本书控制了人大代表的职业背景、人口统计学特征以及人大代表之前的人大任职经历,即他们之前是否在第七届、第八届或第九届人大任职。表6-4和表6-5显示了控制变量的汇总统计。

第六章 地方人大女性代表的政策偏好

表6-4 变量的描述性统计：第十届人大代表

变量	N	均值	标准差	最小值	最大值
女性	509	0.19	0.39	0	1
履职绩效	509	15.27	18.61	0	199
党派（中共党员）	509	0.81	0.39	0	1
人口统计学特征					
年龄	509	48.6	7.54	25	65
汉族	509	0.99	0.1	0	1
受教育程度	509	3.17	0.89	1	5
职业背景（见表6-6）	/	/	/	/	/
履职经验					
退休人员	509	0.03	0.17	0	1
女性退休人员	509	0.03	0.16	0	1
第七届任职	509	0.02	0.15	0	1
第八届任职	509	0.07	0.27	0	1
第九届任职	509	0.24	0.43	0	1
第十届任职	/	/	/	/	/

表6-5 变量的描述性统计：第十一届人大代表

变量	N	均值	标准差	最小值	最大值
女性	502	0.2	0.4	0	1
履职绩效	502	19.04	18.66	0	175
党派（中共党员）	502	0.84	0.37	0	1
人口统计学特征					
年龄	502	48.51	7.03	26	66
汉族	502	0.99	0.1	0	1
受教育程度	502	3.75	0.9	1	5
职业背景（见表6-7）	502	/	/	0	1

续表

变量	N	均值	标准差	最小值	最大值
履职经验					
退休人员	502	0.03	0.18	0	1
女性退休人员	502	0.02	0.13	0	1
第七届任职	502	0.01	0.06	0	1
第八届任职	502	0.04	0.18	0	1
第九届任职	502	0.08	0.27	0	1
第十届任职	502	0.25	0.44	0	1

我们发现，在第十届人民代表大会期间，人大代表平均向地方人大提交了约15.27项议案建议，而在第十一届人民代表大会期间，人大代表平均提交了19.04项议案建议。

对于人大代表的职业背景，我们将信息区分为以下14个类别。（1）主要领导干部；（2）党政领导干部；（3）事业单位领导；（4）人大领导；（5）人大工作人员；（6）国企领导；（7）私企领导；（8）股份合作制与集体企业领导；（9）民主党派和社会团体领导；（10）国企、政府和事业单位中层；（11）知识分子；（12）基层干部；（13）工人和农民；（14）军队成员。我们在表6-6和表6-7中汇总了第十届和第十一届人大代表的职业背景信息。

表6-6　　　　　　　第十届人大代表的职业背景

职务	数量（人）	百分比（%）
主要领导干部	55	10.81
党政领导干部	99	19.45
事业单位领导	35	6.88
人大领导	14	2.75
人大工作人员	25	4.91

续表

职务	数量（人）	百分比（%）
国企领导	95	18.66
私企领导	21	4.13
股份合作制与集体企业领导	14	2.75
民主党派和社会团体领导	20	3.93
国企、政府和事业单位中层	41	8.06
知识分子	31	6.09
基层干部	52	10.22
工人和农民	7	1.38
军队成员	0	0
共计	509	100

表6-7　　　　　第十一届人大代表的职业背景

职务	数量（人）	百分比（%）
主要领导干部	41	8.17
党政领导干部	93	18.53
事业单位领导	33	6.57
人大领导	29	5.78
人大工作人员	28	5.58
国企领导	80	15.94
私企领导	62	12.35
股份合作制与集体企业领导	9	1.79
民主党派和社会团体领导	17	3.39
国企、政府和事业单位中层	22	4.38
知识分子	26	5.18
基层干部	53	10.56
工人和农民	7	1.39
军队成员	2	0.4
共计	502	100

第四节 实证策略与实证结果

一 实证策略

由于本章采用人大代表提交的议案建议数量和类型作为因变量来衡量人大代表履职绩效和政策偏好,本书选择泊松模型作为主要模型。泊松模型被广泛用于分析计数型数据,特别是用来描述服务请求,笔者认为这是目前最适合用来解答本书的研究问题的模型。

我们的模型规定如下:

$$Y = \alpha + \beta_1 * 性别 + \beta_2 * 控制因素 + \varepsilon$$

这里的 Y 代表履职绩效。

性别是关键自变量,我们控制了人大代表的背景信息,其他人口统计学特征,以及人大代表之前的人大任职经历。

在分析中,为了精确起见,我们排除了那些表现"不完整"的人大代表,包括离开选区的人大代表、在任期内死亡的人大代表,以及那些在届中当选的人大代表。此外,C市第十届、第十一届人民代表大会共有13名和16名军区人大代表,他们是根据不同的选举规则当选的,为了保持一致性,我们将这些人大代表排除在分析之外。

二 实证结果

表6-8列出了男性和女性人大代表在人大中履职的泊松分析。研究发现,与男性人大代表相比,女性人大代表在人大的参与要积极得多。平均而言,女性人大代表在每届人大中提交的议案建议要比男性人大代表多4项。尽管女性人大代表在整个人大中的比例不到20%,但与男性人大代表相比,女性人大代表要活跃得多。

表6-8　第十届和第十一届人大代表的履职绩效的泊松分析

	第十届人大		第十一届人大	
	(1)	(2)	(1)	(2)
女性	0.26***	0.23***	0.15***	0.20***
	(0.03)	(0.31)	(0.03)	(0.03)
党派（中共党员）	是	是	是	是
职业背景	是	是	是	是
人口统计学特征	是	是	是	是
履职经验		是		是
常数	-4.33***	-3.79***	0.44	1.27***
	(0.51)	(0.54)	(0.42)	(0.44)
样本量	509	509	502	502
Prob > chi^2	0.00	0.00	0.00	0.00
拟合度	0.21	0.22	0.26	0.27

注：职业背景包括14种类别，其中"工人和农民"作为基线。人口统计学特征包括年龄、年龄平方、汉族和受教育水平。履职经验包括人大代表的退休和在职情况。括号内为标准误差。*** $p < 0.01$，** $p < 0.05$，* $p < 0.10$。

接下来，我们研究了女性人大代表的公共政策偏好，并对上述不同的公共政策取向进行了泊松分析。研究结果如表6-9所示。

表6-9　人大代表的"民生"公共政策的泊松分析

	第十届人大		第十一届人大	
	(1)	(2)	(1)	(2)
女性	0.40***	0.41***	0.47***	0.60***
	(0.08)	(0.09)	(0.08)	(0.08)
党派（中共党员）	是	是	是	是
职业背景	是	是	是	是
人口统计学特征	是	是	是	是
履职经验		是		是

续表

	第十届人大		第十一届人大	
	(1)	(2)	(1)	(2)
常数	-9.41***	-8.20***	-4.25***	-3.98***
	(1.70)	(1.81)	(1.40)	(1.50)
样本量	509	509	502	502
Prob > chi²	0.00	0.00	0.00	0.00
拟合度	0.16	0.17	0.18	0.20

注：职业背景包括14种类别，其中"工人和农民"作为基线。人口统计学特征包括年龄、年龄平方、汉族和受教育水平。履职经验包括人大代表的退休和在职情况。括号内为标准差。*** $p<0.01$，** $p<0.05$，* $p<0.10$。

在表6-9中，我们发现，对于最突出的公共政策问题，即"民生"，女性代表在这个政策领域的参与度要高得多。"民生"包括与本市居民日常生活息息相关的公共政策问题，如修缮当地道路，为居民提供更好的通信或邮政服务，修建行人过街通道以缓解交通压力。有时，问题小到修缮附近的一盏路灯。尽管这一政策领域很小，但在人大代表提交的所有议案建议中，与"民生"有关的内容占据了最大的份额。

我们发现，女性更有可能向当地人民代表大会提出选民的关切，而且她们更努力地工作，努力帮助居民解决问题。这种效应在第十届和第十一届人大都是如此。我们还发现，女性的公共政策取向在"社保"方面也有类似的影响，如表6-10所示。

表6-10　人大代表对"社保"公共政策的泊松分析

	第十届人大		第十一届人大	
	(1)	(2)	(1)	(2)
女性	0.85***	0.70***	0.31**	0.37***
	(0.20)	(0.21)	(0.12)	(0.13)
党派（中共党员）	是	是	是	是

续表

	第十届人大		第十一届人大	
	(1)	(2)	(1)	(2)
职业背景	是	是	是	是
人口统计学特征	是	是	是	是
履职经验	是		是	
常数	-16.92***	-16.36***	-5.76***	-5.66**
	(4.61)	(4.77)	(2.23)	(2.44)
样本量	509	509	502	502
Prob > chi^2	0.00	0.00	0.00	0.00
拟合度	0.11	0.13	0.10	0.10

注：职业背景包括14种类别，其中"工人和农民"作为基线。人口统计学特征包括年龄、年龄平方、汉族和受教育水平。履职经验包括人大代表的退休和在职情况。括号内为标准误差。*** $p<0.01$，** $p<0.05$，* $p<0.10$。

与"社保"有关的公共政策包括提高医保报销比例、降低起付线；为失业者提供更完善的社会保障福利；改善城市居民和农村村民的普通医疗服务网络等。证据表明，女性代表更有可能在这个公共政策领域提出相关的政策议程。

现有文献指出，社会保障或社会福利是女性更关心的传统公共政策领域。本章提出的证据表明，尽管文化传统和政治制度不同，但中西方女性政治家都更注重维护社会中下层利益。

我们发现，女性代表特别关注的第三个政策问题是"环境"。人大代表提出的有关环境的公共政策包括"关于有效保护汤逊湖环境的建议""关于保护城市环境的建议""关于恢复×山绿化的建议""关于缓解吉昌河污染的建议"等。我们在表6-11中报告了统计分析的结果。

表6-11　人大代表对"环境"公共政策的泊松分析

	第十届人大		第十一届人大	
	(1)	(2)	(1)	(2)
女性	0.52***	0.43***	0.23**	0.29***
	(0.10)	(0.11)	(0.10)	(0.11)
党派（中共党员）	是	是	是	是
职业背景	是	是	是	是
人口统计学特征	是	是	是	是
履职经验		是		是
常数	-4.71***	-2.90	-2.05	-1.47
	(1.77)	(1.88)	(1.63)	(1.75)
样本量	509	509	502	502
Prob > chi^2	0.00	0.00	0.00	0.00
拟合度	0.12	0.13	0.12	0.13

注：职业背景包括14种类别，其中"工人和农民"作为基线。人口统计学特征包括年龄、年龄平方、汉族和受教育水平。履职经验包括人大代表的退休和在职情况。括号内为标准误差。*** $p<0.01$，** $p<0.05$，* $p<0.10$。

经验证据表明，与男性人大代表相比，女性人大代表更有可能在"环境"领域提出公共政策问题。女性人大代表比男性人大代表平均多提出0.5条议案建议。显然，女性人大代表更关注市政当局面临的环境问题。

如表6-12所示，我们还发现，女性代表更关注社会弱势群体，更有可能提出有关保护人权的公共政策问题，特别是社会弱势群体权益保护。

表6-12　人大代表"弱势群体权益保护"的公共政策的泊松分析

	第十届人大		第十一届人大	
	(1)	(2)	(1)	(2)
女性	0.40**	0.39*	0.58**	0.57*
	(0.20)	(0.22)	(0.28)	(0.30)

续表

	第十届人大		第十一届人大	
	(1)	(2)	(1)	(2)
党派（中共党员）	是	是	是	是
职业背景	是	是	是	是
人口统计学特征	是	是	是	是
履职经验	是		是	
常数	-22.13***	-24.08***	-17.09**	-17.18**
	(4.54)	(4.89)	(7.24)	(8.52)
样本量	509	509	502	502
Prob > chi^2	0.00	0.00	0.00	0.00
拟合度	0.17	0.17	0.11	0.13

注：职业背景包括14种类别，其中"工人和农民"作为基线。人口统计学特征包括年龄、年龄平方、汉族和受教育水平。履职经验包括人大代表的退休和在职情况。括号内为标准误差。*** $p<0.01$，** $p<0.05$，* $p<0.10$。

有关保护弱势群体权益保护的议案建议包括"关于制定法律保障老年人受教育权利的建议""关于为老年人提供免费公共交通服务的建议""关于为残疾人群体提供优惠电信服务的建议""关于减少香烟广告以保护青少年健康的建议""关于免除儿童福利机构污水处理费的建议"等。

对于"卫生医疗"这一公共政策问题，我们发现女性人大代表的影响力也有类似的效果。经验证据显示，与男性人大代表相比，女性人大代表更有可能提出与该政策领域相关的议案建议。

表6-13　人大代表的"卫生医疗"公共政策的泊松分析

	第十届人大		第十一届人大	
	(1)	(2)	(1)	(2)
女性	0.85***	0.86***	0.30**	0.25*
	(0.17)	(0.20)	(0.13)	(0.14)
党派（中共党员）	是	是	是	是

续表

	第十届人大		第十一届人大	
	(1)	(2)	(1)	(2)
职业背景	是	是	是	是
人口统计学特征	是	是	是	是
履职经验		是		是
常数	-22.06	-21.82	-7.98**	-5.79**
	(694.95)	(1053.15)	(2.52)	(2.67)
样本量	509	509	502	502
Prob > chi^2	0.00	0.00	0.00	0.00
拟合度	0.15	0.16	0.13	0.14

注：职业背景包括14种类别，其中"工人和农民"作为基线。人口统计学特征包括年龄、年龄平方、汉族和受教育水平。履职经验包括人大代表的退休和在职情况。括号内为标准误差。*** $p<0.01$，** $p<0.05$，* $p<0.10$。

与"卫生医疗"相关的公共政策问题包括关于提供医疗服务、保障病人权利、保护医生和医护人员权利的议案建议，例如，"关于制定本市精神卫生法的建议""关于制定医生和医护人员权益保护法的建议"。

鉴于有关"卫生医疗"的公共政策数量有限，我们发现女性人大代表提出有关群众卫生医疗问题的议案建议要比男性人大代表平均多0.2个。这种影响在两届人大会议中都存在。

最后同样重要的是，我们还发现，女性人大代表更有可能对地方政府提出谏言。我们在表6-14中报告了这些统计结果。

表6-14　　人大代表"谏言"公共政策的泊松式分析

	第十届人大		第十一届人大	
	(1)	(2)	(1)	(2)
女性	0.30*	0.41**	-0.01	0.57**
	(0.16)	(0.18)	(0.19)	(0.23)

续表

	第十届人大		第十一届人大	
	(1)	(2)	(1)	(2)
党派（中共党员）	是	是	是	是
职业背景	是	是	是	是
人口统计学特征	是	是	是	是
履职经验	是		是	
常数	-24.48	-19.60	3.03	1.34
	(811.72)	(548.71)	(2.67)	(2.94)
样本量	509	509	502	502
Prob > chi^2	0.00	0.00	0.00	0.00
拟合度	0.14	0.17	0.32	0.36

注：职业背景包括14种类别，其中"工人和农民"作为基线。人口统计学特征包括年龄、年龄平方、汉族和受教育水平。履职经验包括人大代表的退休和在职情况。括号内为标准误差。*** $p<0.01$，** $p<0.05$，* $p<0.10$。

"谏言"指的是直接提出批评当地政府、法院、检察院或当地人民代表大会等机构表现的议案建议。包括"关于改进地方人大对代表提出的议案和建议的处理程序的建议""关于对××国有食品公司经济改革中的严重违规行为展开调查的建议"等具体内容。

第五节 本章小结

一 讨论

除定量分析外，笔者还通过访谈 C 市 20 位女性人大代表，对该主题进行补充。

（一）女性代表的比例

首先，对于性别的认知，大部分人大代表都表示性别因素对履职的影响并不大，或说不太在意人大代表的性别问题。

> 没有这个（代表性别）概念（笑）。不管是男性和女性，只要有尽职尽责的态度，做老百姓的代言人，这是最关键的。所以感觉（性别）配额制度其实并不是很重要。（代表1）
>
> （代表的性别）不重要，虽然女性只占了20%，但是男性是尊重女性的。女性提出的问题，男性也是附议的。（代表2）

其次，人大代表中的男女比例不均衡的问题，很大程度上源于政治体制内部男女比例的失衡。女性代表在拥有实权的党政领导干部中的比例显著少于男性代表，这影响了女性代表的履职积极性和履职影响力。

> 问题是，女性在核心岗位的人数本身就不是特别多。我们中国的女性和男性参政议政的比例一开始就是失调的，女性人数比较少，层级相对较低，参政议政的能力和意愿也比较有限。（代表3）
>
> 可能男代表会说得多一点。因为有时候男代表比例要多一些，政府来的也都是男代表，更高层次的也基本上都是男代表。人脉，认知水平，各方面的层次都会有差别。（代表15）

最后，大部分女性代表希望增加人大代表中的女性比例，但也有女性人大代表提出，在选举人大代表时，相对于性别因素，应更看重其能力。不能因为提高女性比例而降低代表质量。

> 不过20%的量确实低了一点，能提到30%就好了。现在女性参政议政的意愿都越来越强了。（代表8）
>
> 作为女性，我肯定希望增加（女性代表的比例）。（代表15）
>
> 不能因为女性数量少，就不管各项能力指标，硬生生把女性推向参政议政的平台。这对最终的参政效果可能也是有影响的。（代表3）

(二) 女性代表的履职

首先,女性人大代表能够改善政策输出结果。相对于男性,女性往往给选民留下更加真诚、更加关注他人的需求、更有同理心、亲和力、感召力和凝聚力的印象。① 因此,增加女性人大代表的比例可以为社会管理和政策输出增加柔性,女性的这一特征或许是影响女性人大代表政策偏好的重要原因。

> 感觉女代表更关心人一些,人文方面的温情更多一些,比如对弱势群体的帮扶啊,总体也更细腻。所以民生领域的一些小问题的解决是女性的优势。但是男女思维上各有优势,男同志就更有大局观。(代表8)
>
> 女性比较细腻、比较平易近人,她有性别上的优势,容易跟群众交流,群众也更容易和女代表倾诉。(代表11)
>
> 女性和男性的思维角度不一样,女性更细腻一些,切口更加小一点,更加关注民生,这样能对整个社会的管理增加一点柔性的色彩,社会也需要增加一点温柔的东西。(代表15)
>
> 女性看问题也许比较细微,男性比较宏观;而且女性本身就比较温柔,跟人接触的时候更容易一点。(代表16)

正如前文定量分析的结果,女性人大代表有特殊的履职偏好,或是在某些议题上拥有一定的优势。相比于男性人大代表更偏爱宏大的议题,女性人大代表更关注与社会基层民生相关的议题等,这一方面源于女性本身更加细心、更为敏感的性别特征;另一方面也源于基于性别的社会分工和生活经验。

> 比如说在一些社区娱乐方面和家庭方面就是女性比较强势。女

---

① Adam N. Glynn and Maya Sen, "Identifying Judicial Empathy: Does Having Daughters Cause Judges to Rule for Women's Issues?", *American Journal of Political Science*, Vol. 59, No. 1, January 2015, pp. 37 – 54.

提的议案比较关注微观的,男性比较关注宏观的。但这也不是一定的,有些女教授也会关注一些高屋建瓴的、宏观的问题。(代表1)

女性的优势在于她更细心、更加愿意下基层,听取选民意见。然后我觉得女代表更愿意往上面反映问题,更愿意对选民的意见进行反馈。(代表14)

男代表更多想产业转型啊、创意街区啊、怎么来唤醒城市活力啊这些宏大的问题。根据城市的整体建构来提出自己的想法和建议,顶层设计来提出规划,当然这也是泛泛而谈。女性更关注像时间银行、楼道的座椅,地铁里广播的声音太响了,都是城市生活中的细节,正是这些细节容易被人忽略,但是这能让城市变得温情,更有温度。(代表15)

但也有不少人大代表表示,性别因素并不影响履职的偏好。人大代表履职中关注的重点更多地与代表的职业、个人认知、社会的重难点问题相关。

(和性别)没有(关系),这个和行业有关系,只是说某方面问题谁了解得多就会提得更多,或者社会上问题比较严重的。(代表16)

没有差别。代表问题多半跟男性女性没关系,跟职业有关系。比如医疗、财经、建筑,相对来说和自己职业肯定有一定的关联,因为他会了解得更准确,提出更恰当、更合适的建议。(代表5)

同时,人大代表履职的质量与代表性别之间的关系亦值得商榷。很多代表表示,人大代表履职时视野的大小、提出问题的深度与代表本身的职位相关,或者说与代表本身的履历和经历相关。

很多不是说男性女性,而是人大代表里面男性偏多,而且男性职位更高一点,肯定视野更广,和性别没关系。我们代表团里面也

有女性是区级干部,她们的视野也很宽广啊,提出的问题也很深入啊。(代表5)

和性别关系不大,和他的知识面、文化素养、综合素质和职业有相对关系。(代表15)

其次,从人大代表的履职积极性来看,女性人大代表与男性人大代表没有明显的差异。

男女都会畅所欲言,表达自己的观念。没有感觉到男代表和女代表发言次数有什么不同吧,在做决策的时候也是(男女)比较平衡。(代表1)

最后,笔者发现,女性人大代表在履职中并没有因为性别而遭受不公平的待遇。

没有,当时我的学校在黄鹤楼,还有很多群众来我的学校反映问题。这个和男女无关,只要群众觉得你是能够为他们解决问题的,就会选你。(代表15)

(三)女性代表的政治价值

一方面,女性代表能够在参政议政中发挥个人的性别优势,看到更细小的问题。重视女性在地方人大中的比例,不仅是人大代表广泛性的要求,还有利于补充议题。另一方面,女性代表的政治价值体现在"女性代表"本身,她们的存在无关乎履职绩效、无关乎代表的广泛性,就是其个人能力和社会价值的体现,有助于提高女性群体的政治效能感,正如代表15所说:

应该说女性参政议政能够让所有的女性能够感觉到我们也是能

够为人民群众发声的,在社会上也是有地位的,有价值的,不一定都是男性在决定。(代表15)

二 结论

我们在模型规范中使用了几组控制变量,也逐步进行了泊松回归分析,研究结果是非常一致和稳健的。鉴于议案建议是由人大代表作为请求提出,所以泊松分析最适合本书的研究目的,但我们也用传统的OLS回归模型进一步检验了上述分析。回归结果证实了实证结论的方向。

上述结果表明,与男性立法者相比,女性立法者在某些特定公共政策领域的参与度更高,如社会福利、环境问题、保护弱势群体权益,以及有关健康的公共政策。

这些结果在1998—2006年的两届人大中都是稳健的,使我们对研究结果的一致性更有信心。值得注意的是,因为中国地方人民代表大会的平均连任率仍然相当低,只有30%,所以这两届人大是由两组不同的人大代表组成的。尽管这两届人大的女性人大代表的构成基本不同,但我们仍然发现,女性代表提出的公共政策问题是相当相似的。我们认为,这增加了这一发现的稳健性。

一些政策领域(如社会福利和环境)在以往的文献中被认为是女性立法者关注的传统政策领域,而且由于与西方国家巨大的文化差异和中国政治制度的背景,迄今为止,很少有研究对中国地方人民代表大会中女性立法者的公共政策偏好进行研究。实证研究结果表明,地方人民代表大会中的女性代表可能更多地参与社会福利、环境保护以及保护弱势群体权益等公共政策领域。

虽然女性在立法领域的代表人数明显不足,但我们的研究结果表明,作为一个代表人数不足的群体,她们带来了独特的、与众不同的公共政策偏好。她们的存在和积极履职改变了立法机构的公共政策偏好的构成,她们独特的政策偏好提供了一套不同的、可能和男性代表互补的政治议程。简而言之,实证证据表明,女性立法者的描述代表性也可能带来地方人民代表大会的实质代表性的变化。

此外，我们还发现，地方人民代表大会的女性人大代表比男性人大代表表现得更积极，而且这种发现在第十届、第十一届两届人大中都适用。虽然女性进入管理机构的门槛可能很高，但那些确实取得突破并成功当选的女性代表在人大履职上表现得更为稳定。女性代表与男性代表之间的履职差异在统计学上是显著的。

最后同样重要的是，地方人民代表大会中的女性人大代表不仅在人大履职上更加积极，而且更有可能直接表达自己的想法并对政府提出谏言。先前的研究表明，作为知识分子的人大代表更有可能批评政府，而我们的分析显示，在控制专业背景的情况下，女性人大代表也更有可能批评地方治理和行使人大监督权。我们还认为，女性在"谏言"这一公共政策领域的积极性将女性的描述代表性转化为实质代表性。更多女性人大代表的存在可能会促使当地的管理机构更加负责任。

上述统计结果证实了本书对 C 市第十届和第十一届地方人大会议期间人大履职和公共政策偏好的性别差异的发现。虽然在这十年中，人大成员的组成发生了巨大的变化，但实证研究的结果仍然是一致和有力的。值得注意的是，在其他公共政策领域，女性代表和男性代表也表现出一定的差异，而这些结果只在单一的一届人大上成立。简而言之，我们发现，在第十一届人大中，女性人大代表不太倾向于提出与经济有关的市镇公共政策问题；在第十届人大中，女性代表更可能提出与"司法和安全"有关的公共政策问题，她们也更可能关注与"人力资源和劳工"有关的问题。这可能是因为 1998—2002 年，当时国有企业正在进行剧烈的经济改革，许多劳工问题都与工人权利和相关的社会福利政策有关。

三 贡献与不足

本章关注中国地方人民代表大会女性人大代表的描述代表性和实质代表性。

女性代表人数不足几乎是一个普遍现象，地方人民代表大会也是如此。尽管西方民主国家有大量关于女性议员和公共政策偏好的研究，但鉴于政治文化和政治制度的巨大差异，迄今为止，很少有实证研究专门分析中国女性人大代表、女性的人大参与以及她们在地方人民代表大会的公共政策偏好。

事实上，如果女性在政治舞台上面临更多的歧视，她们在当选后的表现如何？此外，与男性相比，中国的人民代表大会中的女性代表在公共政策方面的偏好是相似还是不同？

笔者使用了华中地区市级地方女性人大代表参与人大的原始数据集，试图回答这些问题。研究发现，尽管女性在数量上代表不足，但她们在人大参与方面更加积极，也更有可能关注民生、社会保障、环境、健康和社会弱势群体权益保护等公共政策领域。此外，我们发现，女性人大代表更有可能行使人大监督权，对地方治理的各个方面提出谏言。

其中一些研究结果与西方民主国家关于女性立法者履职和政策偏好的文献一致，而一些研究结果在当代中国社会的背景下被证明是独特的。我们发现，在中国，女性的描述代表性可能会带来立法政治中的实质代表性，而女性作为一个代表人数不足的群体，却将一系列独特的公共政策问题带入了立法议程。她们更加积极，并且关心一系列不同的公共问题。

此外，本章的研究有一些不足之处，我们在此予以承认。首先，我们在本章中只研究了一个市级人民代表大会，未来的研究希望扩大至整个中国去确定研究范围和案例选择。其次，鉴于数据的可得性，我们用提交的议案建议来衡量人大参与的表现。在数据允许的情况下，未来的研究可以考虑对人大履职进行更丰富的测量，并反映出一个更全面的人大参与概念。

本章只是研究中国女性人大代表的人大参与和公共政策偏好的一个开始。未来的研究方向可以比较不同地区或不同人大级别的女性人大代表的表现和政策重点，还可以考虑用定性研究（如访谈）来考察女性人大代表的人大参与和公共政策偏好。

第七章
研究结论与政策建议

第一节 研究结论

本章通过对湖北省C市人大代表的结构变化、行业及选区、党派、性别的分析检验,总结出几点结论,并提出对策建议。

一 人大代表结构的动态变化

人大代表结构不仅反映了代表性,更是一定时期内社会政治经济力量的体现。中国地方人大代表的结构变化符合政治经济社会的变迁,呈现出一定的时代特征。

中华人民共和国成立以来,中国的社会结构发生了翻天覆地的变化,而中国关于人大代表结构的调整也与时俱进。首先,不同职业背景的代表比例反映了中国经济社会的发展趋势。第一,自C市人大组建以来,工人代表便是C市人大代表中占比最多的群体,这很显然与中国的"一五"计划等工业发展规划相关。彼时,为大步推进工业化,中国将大部分精力放在工业建设上,工人则是"主力军"。在此背景下,工人不仅拥有较高的经济地位,政治地位更是举足轻重,体现在人民代表大会制度上,便是"高居榜首"的代表比例。但随着经济社会的发展和经济结构的变迁,一线工人和农民这些来自生产一线的基层代表占比大幅下降，一线工人代表由 18.89% 降至 0.89%；从 C 市第十届人大开始，真正意义上的农民代表完全退出了人大舞台，代表构成更为官僚化和精英化。第二，改革开放以来，有一支力量在人大代表中异军突起：企业管理者。改革开放对中国经济高速发展具有里程碑式的意义，深刻改变了中国经济社会的面貌。国有企业进行"放权"改革、民营企业快速发展、外资大量进入中国市场，中国经济朝着更加开放、包容的方向发展。随着中国特色社会主义市场经济的发展，新兴的企业管理者的地位随之提高，他们表现出较强的参政意愿。因此，企业管理者在人大代表中的占比呈现出大幅、持续增长的趋势，在 C 市，从第六届的 10% 左右增长到第十届的 25% 左右，并持续增长至第十三届的 30% 左右。

值得注意的是，不同职业的时代地位与其代表的比例是相互作用的。时代赋予某个职业较高的地位，体现在政治中便是较高的人大代表占比；而较高的代表比例又使得在人民代表大会中更多地出现与该职业相关的声音，进一步提高了其政治地位。二者相辅相成，我们应看到其相互间的促进和抑制。

其次，不同党派代表的比例反映了中国政治的变化趋势。第一，坚持党对人大工作的全面领导，不是抽象的、空洞的，而是具体的、实在的。20 世纪 80 年代初，对人大代表中共产党员的比例规定在 50% 左右，80 年代末为 70% 左右。[①] 自 C 市人大组建以来，人大代表构成中共产党员的比例呈持续上升状态，第一届人大代表中共产党员 230 名，占比 55.69%，第十三届人大，共产党员代表 471 名，占比超 80%。第二，民主党派代表的比例较低。在 C 市人大民主党派代表中，民建、民盟、民革代表人数最多。随着时间的推移，民主党派代表人数逐渐减少，自第十一届人大以来，维持在 30—40 人，与最初几届相比，减幅接近一半。此外，在前几届人大，根据官方统计，部分人大代表的政治面貌为团员，之后团员代表不复存在，进一步证明了青年代表的退出。

---

① 袁仲国：《浅谈人大代表的构成比例问题》，《楚天主人》1998 年第 11 期。

第七章　研究结论与政策建议

最后，特定群体代表的比例反映了中国对人大代表结构的干预行为。为保证特定群体的政治参与，中国人大采取了"配额政策"，即事先规定某些群体的比例，例如女性。随着社会的发展与女性意识的觉醒，女性越来越多地参与到社会的生产、生活中来，也因此要求更多的政治参与机会，其在社会发展中的重要性逐渐凸显。

> 现在社会发展越来越好，女性受教育程度越来越高，参政议政意愿很强，也希望从女性的角度为社会发展贡献自己的力量。（代表1）
>
> 以前女性都是家庭妇女，现在都是职业女性了，参与到社会劳动中了。所以社会的变化也要求女性要更多地参政议政。（代表8）

在中国政治发展中，初始的男女比例就存在"失调"的问题。女性是政治参与中的弱势群体，通过制度干预，保障其在人大中的话语权。

综上所述，政治经济社会的发展带动了地方人大代表的结构变化，在党派结构和民族结构保持稳定的情况下，C市地方人大代表结构变化表现出以下特征：青年代表和老年代表退出下的中年化态势；工农代表消失下的精英化趋势；党政领导干部代表增加下的领导化现象；企业代表新兴下的经济化模式。这与诸多相关研究的结论相符。

二　人大的制度设计与实际运行

（一）代表的描述代表性和实质代表性间存在良好互动

本章发现，人大代表的结构政策所规定的描述代表性能够在一定程度上转化为实质代表性，部分代表是坚定的地域代表者和行业代表者，激励人大代表积极履职也能够带来更好的实质代表性。

地方人民代表大会是地方国家权力机关，在促进所在区域的政治、经济和社会发展等方面发挥着积极作用。其作用的发挥则主要依赖于作为其主体的人大代表。在地方人大的实践中，人大代表不再被视为

"橡皮图章"，而是努力通过履职活动，展现出实质代表性。一方面，人大代表提出的关于经济社会发展的重大问题的建议和议案通过法定程序转化为地方政府在社会经济领域的政策和具体举措，影响政府公共财政资源的投入，对于推动地方经济社会的发展发挥了重要作用。另一方面，人大代表在履职过程中，通过充当谏议者、立法倡议者、选区利益代表者、全市利益代表者、行业利益代表者等多种履职角色，对所在选区的选民和选举单位进行政策回应、分配回应、服务回应乃至象征回应，表达他们的利益、要求、愿望，为其争取资金和政策支持。总的来说，人大代表通过履行其职责和义务，使人民的利益得到维护与表达、人民当家作主的权利得到真正落实、人民代表大会制度的优越性得到体现。

本书通过实证方法验证了民主党派代表的描述代表性与实质代表性二者之间的转换。民主党派在中国共产党的领导下参加国家政权，参加国家大政方针和国家领导人选的协商决定，参与国家事务管理，参与国家方针、政策、法律、法规的制定执行。研究发现，在地方人大代表中，民主党派成员代表占有一定的比例，他们倾向于关注涉及全局性的议题，代表市级利益，针对某项议题，通过提出政策选项、要求政策供给，将其在人大中的描述代表性转化为实质代表性。这不仅反映了其作为精英群体在代表行为上的创设性以及与要求政治知识储备较高活动的适配性，也体现了民主党派参政议政的政治地位。

（二）制度设计促进了代表广泛性和实质代表性

新制度主义认为，制度的性质以及制度会影响人的行为。在人民代表大会制度中，制度设计影响着代表结构、代表履职。首先，中国对各类代表比例进行规定的制度设计促进了人大代表来源的广泛性。中国对人大代表广泛性的要求，本质上源于由职业、地位、行业等带来的利益多样性。对基层人大代表的重视使得在第十四届全国人民代表大会代表中，基层代表特别是一线工人、农民和专业技术人员代表的比例有所上升。相比于"居庙堂之高"的代表，此类代表能更生动、更有力地为基层发声，体现了人民民主的广泛性和真实性。

其次，中国对各类代表比例进行规定的制度设计有效促进了人大代表由描述代表性向实质代表性的转变。《中华人民共和国全国人民代表大会和地方各级人民代表大会选举法》规定了地方各级人民代表大会代表名额、少数民族代表比例、妇女代表比例等，对于促进人大代表的广泛性、优化代表结构具有重要指导作用。中国明确规定，全国人大代表中的女性比例不低于22%，第十四届全国人大妇女代表所占比重为历届最高，妇女代表790名，占代表总数的26.54%，女性在中国的政治生活和社会生活中发挥更大作用。研究发现，女性代表在履职中往往表现出更为温柔、细心、柔性的一面，能关注到更加细节的民生问题，如健康、福利、公共设施等，且在生育、女性权益等与女性息息相关的问题中表现更加突出，真切促进了国家对女性的重视。同时，女性代表在履职调研中更容易与民众产生联系，取得其信任，有利于工作的开展。这种制度设计，使得女性的代表性不仅体现在"描述比例"上，更实实在在反映在了议题中。虽然中国尚未对地方人大中的女性代表比例做出明文规定，但全国人大的要求一定程度上是地方人大的导向，因此，这些规定在促进地方人大代表的实质代表性上，也发挥了重大作用。

三 代表结构与履职特点

本书通过对湖北省C市十一届人大代表履职行为的回归分析，发现人大代表的职业背景会对代表的地域和行业代表性产生影响。具体来看，主要领导干部背景的人大代表尤其不倾向于代表所在地域和行业发声；职能的特殊性使得基层干部代表成为坚定的地域代表者和行业代表者；党政领导干部代表的地域代表性具有一定的层次性，其热衷于为选区代言，但不倾向于代表单位提出议案建议，而来自股份合作制与集体企业的人大代表善于为单位争取利益。同时，党政领导干部和事业单位背景的人大代表是行业代表者中的重要组成部分，他们乐意从行业的角度提出议案建议。来自企业的人大代表，无论是国企、私企还是股份合作制与集体企业，作为政治互动的受益者皆不倾向于代表行业提出议案建议，但部分企业会为单位代言。

此外，履职积极性会对人大代表的地域代表性和行业代表性产生正向的影响。为了探究其中的潜在机制及地域和行业代表者们的具体行动机理，笔者专门和人大代表进行了访谈，并就典型议案建议的内容进行了文本分析。发现人大代表的地域和行业代表性确实与代表的职业背景有所联系，因为职业往往与人大代表所在选区、单位相勾连，且职业赋予了代表们更为专业的视角，充实了服务地域和行业的力量。除了职业因素之外，责任感也是激励地方人大代表积极履职、充分发挥地域和行业代表性的动力源泉。为了探讨地域和行业代表者是如何为所在地域和行业争取利益的，笔者观察到代表者的行为具有一定的组织性，而组织化的实现依赖于非正式关系和共同需求的输入。这种联盟行为具体通过"要政策、要资金、要项目"这一多元的行动策略来保证组织利益的实现。有趣的是，在访谈中笔者发现少数体制内的官员也会主动为自身争取利益，但由于身份的特殊性，他们往往会采用一种间接的策略来促使行动得以实现。

在党派方面，本书发现，第一，民主党派人大代表更有可能是教育水平较高的女性，更有可能是年龄较小的代表。第二，党派类别一定程度上与职业类别相契合。具体来说，共产党员身份的人大代表更有可能是主要领导干部、党政领导干部、国企领导和基层干部；民主党派人大代表更可能是知识分子；没有党派身份的人大代表更有可能是私企领导。第三，民主党派身份人大代表的参政经验比共产党员身份人大代表的更丰富。分析发现，民主党派身份背景的人大代表在履职中与共产党及没有党派身份的人大代表存在显著差异。

在性别方面，与男性人大代表相比，女性人大代表在某些公共政策领域的参与度更高，如社会福利、环境问题、保护弱势群体的权益，以及有关健康的公共政策。女性人大代表的存在和积极性改变了立法机构的公共政策偏好的构成，她们的偏好提供了一套不同的、可能互补的政治议程。此外，我们还发现，地方人民代表大会的女性代表比男性代表更积极，虽然女性进入的门槛可能很高，但那些确实取得突破并成功当选的女性人大代表在人大履职上表现得更为稳定。最后，地方人民代表大会中的女性人大代表不仅在履职上更加积极，而且更有可能直接表达自己的想法并对政府提出谏言。

第二节　政策建议

一　加强地方人大的制度建设

制度与行为之间存在互动。习近平总书记在中国共产党第二十次全国代表大会上指出，要"支持和保证人民通过人民代表大会行使国家权力，保证各级人大都由民主选举产生、对人民负责、受人民监督。支持和保证人大及其常委会依法行使立法权、监督权、决定权、任免权，健全人大对行政机关、监察机关、审判机关、检察机关监督制度，维护国家法治统一、尊严、权威。加强人大代表工作能力建设，密切人大代表同人民群众的联系。健全吸纳民意、汇集民智工作机制，建设好基层立法联系点"。[①] 中国始终将制度建设放在首位，用制度规范行为，保障民主。

（一）创新竞选和罢免机制，避免人大代表"进退两难"

目前人大代表的选举尤其是间接选举，很大程度上依赖于政党提名，这导致大部分当选的人大代表从选举环节就脱离选民，再加上，选举之初选民对候选人的实际情况知之甚少，信息不对称很可能使选民掉入"逆向选择"的陷阱。因此，把好人大代表的入口关，严格准入机制有助于巩固选民与人大代表的联系，激发人大代表更好地发挥代表性。在访谈中，具有丰富经验且充满履职热情的代表谈道：人大代表中不少代表都是各行各业的优秀人物、模范代表、标兵，他们在本行业取得的成就成为进入人大的"敲门砖"，但这部分代表往往在实际代表工

[①] 习近平：《高举中国特色社会主义伟大旗帜　为全面建设社会主义现代化国家而团结奋斗——在中国共产党第二十次全国代表大会上的报告》，人民出版社2022年版，第38页。

作中履职一般。按照这种政治吸纳的逻辑，成为人大代表本质上是对这部分代表优秀和成功的肯定与嘉奖，并不是出于对选民的负责，因此，笔者认为事业上单纯的成功和优秀不能作为吸纳代表的唯一依据。当务之急应该创新代表竞选机制，让社会上有意愿、有热情、有能力的人参与人大代表的公平竞选，建立相应的考核机制，并在专业素质、文化程度等方面设立门槛，可适当考虑吸纳更多的政治学、法律等相关领域的知识分子，一方面符合现有人大代表立法、审议工作的实际需要，另一方面，知识分子大部分具有"士大夫"的情怀，这将有助于其发挥实质代表性。

保证准入通道公平畅通的同时，完善退出机制也尤为重要，即使中国的人大制度对直接选举和间接选举产生的代表都分别有明确的罢免规定，但该制度仍是人大代表制度中非常薄弱的一环。首先，代表的罢免程序复杂，且缺乏切实保障，相比选举时所投入的大量人力、物力、财力，人大代表的罢免并未受到足够的重视。到目前为止，中国关于人大代表罢免的实例更多是落在司法程序之后，并未走在司法程序之前，这直接导致部分来自企业的代表为了保全自身，想方设法进入人大，把人大当作"保护伞"，完全违背了人大代表回应选民的初衷。相比国外议员行为不端、渎职可直接予以开除的退出制度，中国人大代表的退出制度在某种程度上更多地成为制度摆设，尤其是那些间接选举产生的代表，由于缺乏选民直接监督，即使不作为也很难被组织识别并合理退出人大体制，长此以往不仅会扰乱正常的履职环境，也会从根本上导致人大代表离选民越来越远。因此，选民有权选举代表，也应该对哪些代表应该被罢免具有绝对的话语权，为保障选民行使罢免权可以建立一个第三方保障机构进行仲裁和辅助。

（二）完善监督和保障机制，消除代表履职"后顾之忧"

当人大代表获得准入资格，拥有代表身份，其如何积极履职，如何发挥其实质代表性就成为重中之重。由于人自身存在劣根性，代表履职也需要来自外界的监督，作为委托人的选民是最好的监督主体。为了保证监督的有效性，双向互动尤为关键。一方面，建立常态化的代表述职机制，让职能在阳光下行使，在加强选民与代表之间的联系，满足选民知情权的同时，能够进一步提高人大代表的问责意识。另一方面，在科学述职的基础上建立合理的绩效评估机制，评估可采用自评、选民评议和组织评议共同完成。对于选民来说，有权参与对代表履职行为的评价是对其主人翁地位的肯定，也是其实实在在行使自身权利的政治参与方式的拓展。对于履职平平的"象征性"代表而言，评估机制可督促其积极履职，而对于那些富有热情的地域和行业代表者，突出的绩效能够为其带来更高的政治效能感，这将形成代表积极投身履职工作的良性循环。

配套的履职保障机制是促进人大代表发挥代表性的关键。首先，人大代表议案、建议的提出、质询权的行使，都离不开广泛的调研，访谈中数位代表反映履职成本太高，大部分时候是自己负担成本，这不利于代表积极发挥实质代表性。因此，完善相关履职经费保障机制，实行专款专用，为人大代表的履职效能和质量保驾护航。

人大代表在履职中往往面临人大代表履职工作与实际本职工作冲突的情况，这迫使其不得不在所在单位利益和人大工作之间做出取舍，即使能够得到本职单位的支持和理解，但久而久之会形成一种恶性循环，不仅不利于人大代表的个人职业发展，也可能挫伤人大代表的履职热情。尤其是在当今日益复杂的社会管理活动中，履职工作的难度和压力越来越大，兼职制度下的人大代表必须花费更多的时间和精力来履行职责，这必然挤占其本职工作和休息时间。一旦代表履职政治觉悟和热情不够，很可能出现履职懈怠，转而成为"象征性"代表。因此要保障人大代表的履职时间，可逐步试点推行专职代表制度，从基层人大开始，逐步增加专职代表人数，适时评估和监测可能出现的问题，并及时调整政策。如果人大队伍的组成也能遵循一定的社会分工和职业化的标准，建立起相关的职业规范，这将大大提高代表履职的效率和决策的科学性。

二 因时因势优化人大代表结构

代表结构与履职绩效是否关联？实际上，一些人大制度的观察者和改革者所持有的观点正是二者之间存在关联。例如，一些早期的观察者就认为，大多数的干部代表和干部的多重身份，直接影响到了人大监督权的行使。[①] 因此，优化人大代表的结构，不仅是完善地方人大的重要方向，而且是提高人大代表履职绩效的必要途径。人大代表群体组成结构的优化，是指调整人大代表的来源以达到人大代表所代表的各利益阶层、各利益群体的协调，确保人大代表广泛真实地体现人民意志，进而促使人民代表大会制度正常、有序、稳定、高效地运转。对此，本章提出以下几点优化代表结构的对策。

（一）保证人大代表来源的广泛性

从理论渊源和制度设置来看，中国的人民代表大会制度符合多元主义代表模式的特征。代表的广泛性是人民代表大会制度民主性的保障和体现。中国高度重视从法律源头确保人大代表的广泛性。2010年修正后的《选举法》第6条规定：全国人民代表大会和地方各级人民代表大会的代表应当具有广泛的代表性，应当有适当数量的基层代表，特别是工人、农民和知识分子代表；应当有适当数量的妇女代表，并逐步提高妇女代表的比例。第17条规定：全国少数民族应选全国人民代表大会代表，由全国人民代表大会常务委员会参照各少数民族的人口数和分布等情况，分配给各省、自治区、直辖市的人民代表大会选出。人口特别少的民族，至少应有代表一人。

与人大代表的广泛性最紧密联系的三个维度分别是：代表的数量、代表占总人口的比例以及代表的构成。[②] 而制度设计和选举是保证广泛性的重要举措。第一，在制度设计层面，要设定合理的代表数量和代表

[①] 孙少衡：《论人大代表结构中"三多三少"现象的成因及对策》，《人大研究》2001年第10期。

[②] 李金龙、张艺：《代表广泛性与人代会民主性的张力分析》，《人大研究》2014年第11期。

结构。数量和比例是人大代表广泛性最直观的体现,因此要首先对人大代表的总体数量以及占当地人口总数的比例进行规定,避免代表太多引起的冗余以及代表太少导致的广泛性不足。第二,在人大代表的选举中,要严格把关代表身份,避免因身份界定的乱象而导致的代表结构失衡问题。从第十届全国人民代表大会以来,中国一直强调要多选一些工人、农民做基层代表。但在选举代表的过程中,仍然有一些干部代表冒充其他成分的代表。有中央媒体调查后发现,一些地方在统计代表界别时,将一些领导干部划分为"知识分子",将厂长划分为"工人",将部分民营企业家写成"农民"。这造成了工人、农民等阶层"被代表"的局面,也削弱了他们的政治话语权。为了汇集民意并实现社会公正,确保人大代表的选举能够具有广泛的代表性,[①] 应严把"身份关",杜绝乱界定、模糊界定代表身份的现象,避免代表的广泛性受损。

(二)优化代表组成结构,保障人大代表的代表性

地方人大中部分人大代表积极地为所在选区、单位和行业争取利益,如基层干部,但也不乏履职懈怠的"象征性代表"。笔者利用 C 市第十届、第十一届人大九次会议的代表履职数据,探讨了代表结构和履职绩效的关联,发现代表结构对履职绩效有着显著影响:受教育程度越高的代表、中年代表、女性代表更为积极;就职业背景来看,在人大构成中占据绝大比例的党政领导干部代表和企业代表履职较为消极,占据较小比例的知识分子代表和基层代表履职更为积极。基于此,笔者认为,当前代表结构仍存在优化的空间,政治吸纳策略有待完善。

1. 适当降低主要领导干部代表的比例

人大代表的产生不仅有自下而上的选举,自上而下的推荐代表也是人大代表的重要组成部分。杨云彪从提出议案的代表身份入手,统计了深圳市福田区人大 2006 年第 4 次会议代表提出议案的情况。他发现:在提出议案的数量方面,以"戴帽下达"的方式产出的领导代表,提

[①] 《提高人大代表的广泛性》,《21 世纪经济报道》2012 年 3 月 12 日第 2 版。

出议案的积极性最低;而基层代表和当选过程比较困难的代表,履职积极性相对较高。①

主要领导干部一般拥有更多的政治资源,其履职积极性却十分有限,并没有发挥资源优势。究其原因,可能有以下几点:(1)获得人大代表这一身份是被动"戴帽",而非主动竞争,履职主动性较低;(2)获得人大代表这一身份没有竞争压力,或压力较小,因此对这一身份的珍惜程度较低。而从基层通过层层竞争、选拔的代表,往往为人大代表这一身份付出许多,更加珍惜来之不易的代表身份。体现在履职中,此类代表的履职积极性更高。此外,主要领导干部是因为其政治资源获得了代表身份,而经过选拔的代表很可能是因为代表身份而增加了自身的政治资源。简言之,人大代表这一身份对二者的效价不同,进而对二者产生不同强度的激励,影响了其履职积极性。

另外,在现有人大代表结构中,党政领导干部和企业家代表占据了一半以上席位,代表性突出的基层干部、敢于说真话的知识分子代表的占比相对较少,但前者往往存在"不想说""不敢说"的履职困境,实质代表性有限。因此,可适当减少自政府和企业的代表比例,提高履职更为积极的基层干部、知识分子代表的比例。

2. 提高女性代表的比例

在目前中国的人民代表大会中,女性的代表人数仍然非常不足。全国人大常委会曾于 2007 年对女性代表的比例进行了规定,要求女性比例不低于 22%。但这一规定仅适用于全国人大,对地方人大没有强制性要求。在笔者查阅资料的过程中,也没有找到 C 市关于女性代表比例的任何政策条例。在实践中,女性人大代表的不足和政策的模糊,也使我们忽略了地方政治中的重要公共政策。对此,应提高人大代表中的女性比例。具体如下。

第一,增加女性代表的比例。从 C 市人大代表性别结构的演变过程中,我们发现,女性人大代表的比例始终难以突破 30%,从第八届

---

① 杨云彪:《从议案建议透视人大代表的结构比例》,《人大研究》2006 年第 11 期。

人大到第十三届人大，女性代表的比例被逐步压缩。至第十三届人大，女性代表比例仅为16.31%，远低于全国人大对女性代表22%的要求。以此来看，中国女性的参政情况不容乐观。研究表明，女性政治参与对其参政意识和参政能力的提升具有很大的促进作用。因此，增加女性代表席位，就成为优化人大结构，提升人大代表工作和政策输出结果的重要途径之一。

第二，规定女性代表在领导层中的比例。研究发现，女性代表在拥有实权的党政领导干部中的比例显著少于男性代表。而研究表明，让更多的女性担任领导职务，对打破女性职业发展中的"玻璃天花板"具有十分显著的意义。当女性上升到职业的较高层级时，会为其他女性的上升创造更多的机会，由此形成的女性"网络"有助于消除社会中固有的性别偏见，以及现有制度中性别歧视的部分。此外，增加女性代表在领导层中的比例，有助于更好地推行女性代表所关注的议题，提升议题的重要性。

3. 重视代表的地域性和行业性

中国的人民代表大会制度是地域代表制与职业代表制相结合，以地域代表制为主，绝大多数人大代表在行政区域内划分的若干选区被选举产生。但是，在实际的人大代表选举中，每个地域因特定的特征，如人口属性和工业、农业或商业属性，而具有独特的利益，即使是同一个地域范围内，人们因所属的行业、隶属的社会阶层的不同而具有不同的利益诉求。代表们除了为其所在的选区争取利益，同样也为其所在的行业发声。那么，为了使各地域、各行业都有可以代表自己利益的代表，无论是在代表名额的分配还是在代表候选人推荐提名上，都需要考虑到不同地域、不同行业的群众在利益诉求上的差异，确保经由选举产生的代表们的身份背景尽可能呈现多元化特征，不要过于集中在某些地域或行业之中。

4. 调和特定群体代表比例：完善配额政策

研究发现，首先，一线工人和农民代表的描述代表性严重不足，应该考虑适当吸纳这部分弱势代表。其次，来自教科文卫行业的事业单位代表的行业代表性尤为显著，在这部分代表的吸纳中要注意不同行业领域代表比例的均衡，各方不可偏废，警惕行业政治权利分布的不均衡。最后，人大代表的政治吸纳很大程度上是一种地域吸纳，那么服务所在选区和单位是每一位代表所必须担负的职责，在地域代表者中，少数民族代表和女性代表皆是坚定的选区代言人，而这部分代表的比例一直不受重视，可考虑适度增加此类代表的比例，提高女性和少数民族代表的话语权，以此从需求侧平衡多元利益，保证描述代表性，实现实质代表性。

在人大实践中，为确保各方代表的平衡，会对各类群体进行"配额"，规定其在代表群体中的比例，对特定群体参政议政起到保护和提升作用，例如对女性、民主党派和无党派人士、少数民族、特定职业等的代表比例进行规定。但因为没有规定各个比例之间不可以"重叠"，所以下级人大在具体的操作实践中，为了履行上级人大的配额政策，倾向于寻找可以满足多个比例要求的代表。

需要进一步说明的是，近年来人大代表结构中领导化的趋势日益严峻，因此上级人大常委会在换届选举的指导性文件中也在不断强调控制干部代表比例，增加基层人员的比例。因此，增加人大代表中基层人员的比例，是配额政策对代表职业要求的一部分。

总结来看，由于女性、民主党派和无党派、少数民族以及基层职位均为配额政策的要求，而下级人大在履行配额政策的过程中倾向于选择满足多个配额要求的代表，在一定程度上造成了某些代表所占的实际比例低于规定比例的情况。同时，过度强调配额政策可能在一定程度上损害这些群体在政治系统内的权威，也影响了其对自身参政能力的看法。以女性代表为例，在访谈过程中笔者发现，一些代表认为自己是因为配额政策才能当选为代表。因此，人大代表中的配额政策或许是一把双刃剑，一方面提升了某些群体代表的比例，保护了其参政议政的权利；另一方面，对配额政策的强调又影响了这些代表对自身参政资格的认知和相对自信。与此同时，同一代表可以占用多个配额指标的政治实践，也在一定程度上导致了各类代表在党派、民族、职业以及学历上的差异，使得这些群体的代表在个体属性和综合素质上处于更加弱势的地位。总体来看，中国的配额政策的初衷是好的，或许可以在不断修正中逐步接近调和特定群体代表比例的最优解。

（三）动态调整代表结构

改革开放后随着社会结构的变迁、社会分层的加剧，人民代表大会中的代表结构比例出现了对新社会阶层的倾斜。党的十八大报告指出，要提高一线工人、农民、知识分子代表比例，这是对人大制度实际运作的一种纠偏，也是理论上向多元主义代表模式的回归。人大代表的结构组成，既要吸纳新兴社会力量，也要兼顾传统的民众基础，达到社会各阶层在代表权上的平衡。在实践上，人大代表的结构是一定时间内政治资源向不同群体分配的结果，是社会政治经济力量的反映。因此，人大代表的结构应顺应时代需求，因时因势进行调整。

三 提高代表履职积极性

（一）完善配套激励机制，提升人大代表履职效能感

访谈和回归分析皆发现履职积极性在一定程度上与代表的地域代表性和行业代表性呈正相关性，基于此，可建立相关履职激励机制，鼓励代表积极履职。在西方民主国家，选举联系促使议员为了争取连任而积极地回应选民，并热衷于履行议员职责，而在中国，由于缺乏连任和物质方面的激励，人大代表的履职积极性无法充分释放。因此，应该从物质和精神的角度激发人大代表更多的履职热情，重视代表履职绩效。除了实行人大代表职务津贴制，给予人大代表物质奖励外，还应开展优秀人大代表评选表彰活动以进行精神激励。具体而言，人大常委会可以对执行代表职务比较好、成绩比较突出的人大代表通过一定的形式进行荣誉表彰。如深圳市已建立制度性的优秀人大工作者表彰规定。[①] 另外，

---

① 深圳市人大常委会：《深圳市人民代表大会代表建议、批评和意见办理规定》，2019年10月14日。

还可以将获得的荣誉作为人大代表连任的加分项，以此激发代表的履职积极性，提高人大队伍的整体效能，充分发挥吸纳机制的实质作用。

（二）强化人大代表的责任感和使命感，提高人大代表的自我期望

在缺乏有效的激励—约束机制以及需要付出较大成本的情况下，一些地方人大代表仍然具备较高的履职积极性，其中很重要的一个原因就是人大代表自身所具备的强烈的责任感和使命感，以及为人民服务的情怀和抱负。为此，要引导人大代表强化责任感和使命感，提高其作为人大代表的自我期望。这不仅需要完善保障支持机制以及激励和约束机制，还应从其他方面对人大代表做好工作。首先，要做好思想理念的引领，增强人大代表宗旨意识和群众观念，提升人大代表作为人民代表大会主体、代表人民行使国家权力等方面的主体意识，端正其对政治职务和政治身份的态度和认识。其次，要充分利用传统主流媒体和网络新媒体等，开展经常性宣传教育，广泛深入学习宣传代表法，在全社会形成充分尊重、理解和支持人大代表工作的氛围和环境，使广大民众、党政干部、人大代表及其候选人都清楚地了解人大代表的法定责任、法定职权、法定义务。最后，要尊重代表主体地位，确保代表作用发挥的真正落实。相关部门要推进办理议案建议工作的程序化、规范化、制度化，把办理落实人大代表议案和建议摆上重要议事日程，主动加强与人大代表的联系和沟通，认真研究和吸纳代表意见，采取措施加以改进解决，并及时反馈相关工作进展，紧紧依靠代表做好各项工作，最终让代表感受到其确实在工作中做出了成绩，为其选民和选区争取到了利益和福祉，对地方经济社会发展起到了推动作用。由此，人大代表的履职信心才会逐步提高，对自身的期望自然水涨船高。

（三）加强代表与选民之间的联系，增强代表对选区事务的认知

人大代表这一身份之所以具有合法性，最根本的原因在于选民权利的让渡，正是有了选民的委托，代表才能成为实质意义上的"人大

代表",因此人大代表的一切行为都必须对选民负责,体现选民的意志。人大代表职责的履行并不仅仅在于短暂的开会期间,还在于日常生活中,那么代表履职如何才能体现选民意志?为此,有必要建立代表与选民之间的常态化沟通和互动机制,拉近代表与选民的物理距离。首先,要转变人大代表的工作方式。人大代表不仅要积极参与多种形式的考察、调研工作,也要愿意走入基层,以个人持代表制的方式深入一线、去田间地头了解第一手真实的资料,了解选民所思所想、所忧所虑。其次,完善代表联系选民的制度。地方人大要完善代表联系选民制度,促进代表联系选民工作更加规范化、制度化。例如,对代表联系选民的要求、内容和形式做出更具灵活性和可操作性的规定;建立和完善代表接触选民的约束和激励机制。再次,丰富联系选民的方式。代表可以通过多种方式联系选民。除了依靠固定电话、信函等传统方式外,还应充分运用主流新媒体等方式,实现人大代表移动履职,与选民"零距离"实时沟通和互动;建立代表联系方式等信息公开展示制度,在保障人大代表基本隐私权的前提下,对代表的履历、邮箱进行公示,将代表所提议案建议进行公开,一方面促进选民对代表的监督,另一方面也可以实现代表联系选民渠道的多元化。最后,拓宽代表与选民接触的内容。人大代表把接触选民作为重要的服务手段。与选民接触的内容要广泛,既要听取选民的建议和意见,又要向选民提供党的有关政策和法律法规以及地方经济社会发展状况等信息;了解选民的生活状况和生产情况;加强与选民的联系,与选民交流感情等。

人大代表对选区各项事务的了解同样不可忽视。人大代表提出的议案和建议往往是需要建立在对选区事务深入了解的基础上。没有对选区事务的深入了解,人大代表所提出的议案和建议就会成为无源之水、无本之木。在人大的实践中也发现,那些具有基层经历、对选区事务更了解的人大代表往往能提出更有针对性的议案和建议,具有更好的履职表现。目前,人大代表常态化了解选区事务的机制不足,对选区事务的了解更多源于"道听途说"、个人的日常生活经历,以及选民的反馈,缺乏主动性,对选区事务的了解简单化、片面化。为此,必须建立常态化选区事务了解机制,人大代表要积极参与多种形式的调查、调研工作,深入社区、企业了解第一手真实的资料。除了对"点"的了解,人大代表也要对选区的事务有整体性把握,力求掌握的信息客观、真实、准确、全面。

附　　录

附录Ⅰ：访谈提纲一

一　基本信息

①请问您在哪一年加入民主党派？哪一年当选为市/区人大代表？

②据您了解，成为您所在民主党派的成员，需要具备哪些条件？成为人大代表，需要具备哪些条件？

③请问您是以何理由加入该民主党派的？

④请问您主要是在工作单位还是党派被推举为人大代表的？如果是党派，您认为您所在党派推举您为人大代表，主要是出于什么理由？

⑤请问您在成为人大代表之前，对人大及人大代表的印象是什么？

⑥请问您在当选为人大代表前，是否有过党派提案经历？是不是政协委员？（如是，请问担任过几年的政协委员？）

⑦请问您目前为止一共当选过几次人大代表？分别是市/区第____届人大代表。

⑧请问就您的了解，您所在党派的党派特色是什么？党派成员主要构成如何？（性别、年龄、学历、职业等）

⑨记录或询问补充的信息：出生年月、学历、婚姻状况、工作单位及职位等。

二 参政议政行为

①请您简单介绍一下您所在党派的党派活动的频次、主题内容、参与党员人数，您参与党派活动的频次和对党派活动的评价。

②请问您所在党派是否有和其他党派共同的活动？主要和其他哪些党派一起活动？活动涉及的主要内容是什么？

③请问您与您所在党派分支的上级党派组织关系是否密切？

④请您简单介绍一下您参与人大组织活动的频次、主题内容。平均每次活动中，您能清晰辨认其具有民主党派身份的人大代表数目大致有多少？

⑤您会在人大提交提案时，反映您在党派活动过程（比如调研）中发现的议题吗？

⑥您会将党派年度提案也作为您的个人提案，在人大反映吗？您会在人大反映具备党派特色的议题吗？这些议题与您所在党派成员的利益相关。

⑥您作为第一提案人，在考虑联名提案人的时候，会倾向于找同一党派的人大代表吗？会倾向于具有民主党派身份的人大代表吗？会倾向于同一行业的人大代表吗？会倾向于来自同一个选区的人大代表吗？以上考虑是基于对提案内容，还是其他因素的考虑？

⑦您在向人大提交提案时，您所在党派的其他党派成员或党派领导会向您提供关于提案内容的思路吗？您所在党派会集中在人大或（和）政协的党派成员，共同商量提案内容吗？您是否会采纳党派或其他党员对您提案的建议？

三 情感认知

①请问您觉得以民主党派的身份当选人大代表，意味着什么？

②您和同样具有人大/政协身份的党派成员的联系如何？和那些普通党员的联系是否紧密？

③您觉得民主党派成员在人大参政议政，可以发挥什么样的作用？

④您认为作为民主党派人大代表，在人大履职需要考虑自己的党派身份吗？多大程度上考虑党派身份？

⑤您觉得党派活动对您在人大的履职是否有帮助？可否举一两个例子说明？

⑥在人大代表活动中，您会和具有民主党派身份的人大代表比较亲近吗？为什么？

⑦您觉得作为民主党派人大代表，相比共产党员身份的人大代表，您与他们在参政议政方面有差异吗？有哪些方面的差异？（履职的积极性，对部分议题的看法，对政府的态度等）

⑧您认为目前在市级/区级人大中，具有民主党派身份的人大代表占到了几成？您认为应该占到几成比较合适？是否应该增加比例？为什么？

⑨您觉得参政议政是有成本的吗？体现在哪些方面？如有可能的机会，您是否还会愿意继续以民主党派身份在人大履职？

附录Ⅱ：访谈提纲二

一、访谈对象：C市人大代表若干

二、访谈目的：通过访谈来了解人大代表的当选、人大代表的工作认知、人大代表的代表性及连任意愿等

三、访谈提纲

开场白

1. 访谈任务简要介绍。

2. 请受访者无须顾虑，在数据分析中绝对不会透露个人信息。

3. 一共是25个题目。您的回答可长可短。我可能需要做个简

要记录。

4. 题目中应该没有敏感问题，如果您觉得题目敏感，可以不作答。

代表当选

1. 您是怎么当选人大代表的？是单位推选的，还是党派推选的？您觉得当一个人大代表最重要的原因是（职业，党派，单位，受教育程度，性别等）。是否竞选过？做过哪些努力？

2. 您怎么定义自己的代表？行业代表？单位代表？选区代表？全市代表？

3. 政策制定咨询？

4. 给人大，政府或者法院工作提意见的人？

5. 有没有对您而言最看重的？排在前三的有哪些？

6. 向人大为选民争取资源，比如项目和政策等重要吗？

代表如何理解代表工作

1. 可否谈一谈您当时的代表工作所包括的内容。

2. 您是如何看待代表工作的？您觉得做好代表工作包括哪几个方面？

3. 您认为代表工作应该主要向谁负责，是人民群众（是选区还是全市还是单位还是行业？），还是地方人大/人大常委会，还是这个政权？

4. 在代表工作中，您当时最关注的问题是什么？可否说说您最重视哪些方面的议案建议？

5. 关注这些问题的初衷如何？（自身的行业背景、自己的观察、选民的反映？）

6. 有没有和选民接触的经历，能不能具体说一说？（是否有选民会主动向您反映问题？见面，邮件，电邮，拜访，代表工作站？多不多？您会和选民主动联系吗？）

7. 职业和履职之间的关系：您的职业对履职有什么影响？

8. 注意到您2006年提过，……能不能举一到两个议案例子，说说议案产生的过程？

9. 注意到很多议案是代表一起提出的，比如，本选区中如何和代表一起？（是否存在搭便车或联盟的行为？）少数跨选区的情况呢？（职业背景？）

10. 对于议案办理的情况如何评价。您认为自己提交的议案受到人大的重视和办理情况如何？

11. 您在履职中有没有遇到过困难？如何平衡本职工作和代表工作？

12. 任职期间，您觉得人大整体工作情况怎么样？人大的政治地位如何？人大是否可以发挥重要作用？

13. 如果还能重新来一次，您希望做到哪些？

14. 回头想来，当时人大工作可以改进的有哪些？

15. 作为人大代表中的一员，人大制度在您看来有没有可以改进的地方？

连选连任

1. 您的连选连任。谈谈连选连任的过程？您当时的态度怎样？有没有试着争取一下？

2. 在您看来，哪些因素会对一个代表连任起着重要作用？个人履职还是别的。

3. 如果代表有个人意愿，履职又比较积极，是否就可以成功当选？

4. 您从事代表工作的主要动力来源是什么？

访谈结束后为下个准备

结束

可否介绍一下别的代表，特别是不同选区或者行业背景的代表？并

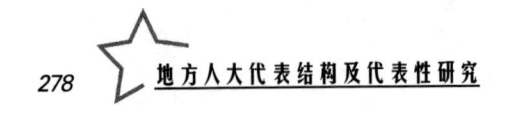

表示感谢!

附录Ⅲ：访谈提纲三

1. 您是怎么当选人大代表的？是单位推选的，还是党派推选的？您觉得当一个人大代表最重要的原因是（职业，党派，单位，受教育程度，性别）？您是否竞选过？做过一些努力？

2. 您怎么定义自己的代表？

3. 你认为向人大为选民争取资源，比如项目和政策等重要吗？

4. 可否谈一谈您当时的代表工作所包括的内容。

5. 您是如何看待代表工作的？您觉得做好代表工作包括哪几个方面？

6. 您认为代表工作应该主要向谁负责，是人民群众（是选区还是全市还是单位还是行业），还是地方人大/人大常委会，还是这个政权？

7. 在代表工作中，您当时最关注的问题是什么？可否说说您最重视哪些方面的议案建议？

8. 有没有和选民接触的经历，能不能具体说一说？（是否有选民会主动向您反映问题？见面，邮件，电邮，拜访，代表工作站？多不多？您会和选民主动联系吗？）

9. 职业和履职之间的关系：您的职业对履职有什么影响？

10. 我们注意到很多议案是代表一起提出的，比如，本选区中如何和代表一起（是否存在搭便车或联盟的行为）？

11. 对于议案办理的情况如何评价。您认为自己提交的议案受到人大的重视和办理情况如何？

12. 您在履职中有没有遇到过困难？如何平衡本职工作和代表工作？

13. 任职期间，觉得人大整体工作情况怎么样？人大的政治地位如何？人大是否可以发挥重要作用？

14. 回头想来，当时人大工作可以改进的有哪些？

15. 作为人大代表中的一员，人民代表大会制度在您看来有没有可以改进的地方？

参考文献

专著

《中华人民共和国地方各级人民代表大会和地方各级人民政府组织法》，人民出版社1954年版。

《中华人民共和国全国人民代表大会及地方各级人民代表大会代表法》，中国法律出版社2010年版。

蔡定剑：《中国人大制度》，社会科学文献出版社1992年版。

蔡定剑：《中国人民代表大会制度》，法律出版社2003年版。

蔡定剑：《中国选举状况的报告》，法律出版社2002年版。

陈志瑞、石斌：《埃德蒙·柏克读本》，中央编译出版社2006年版。

何俊志：《制度等待利益——中国县级人大制度模式研究》，重庆出版社2005年版。

李适时：《地方组织法、选举法、代表法导读与释义》，中国民主法制出版社2015年版。

彭宗超：《公民授权与代议民主》，河南人民出版社2002年版。

浦兴祖：《中华人民共和国政治制度》，上海人民出版社1999年版。

邱家军：《代表谁？——选民与代表》，复旦大学出版社2010年版。

《中华人民共和国宪法》，中国法制出版社2004年版。

史卫民、雷兢璇：《直接选举：制度与过程》，中国社会科学出版社1999年版。

史卫民、刘智：《间接选举》下，中国社会科学出版社2004年版。

孙哲：《全国人大制度研究》，法律出版社 2004 年版。

王浦劬：《选举的理论与制度》，高等教育出版社 2006 年版。

王晓燕：《私营企业主的政治参与》，社会科学文献出版社 2007 年版。

王伊景：《人大代表论》，中国民主法制出版社 1996 年版。

应奇：《代表理论与代议民主》，吉林出版集团有限责任公司 2008 年版。

赵宝煦：《民主政治与地方人大》，陕西人民出版社 1990 年版。

赵丽江：《中国私营企业家的政治参与》，中国经济出版社 2006 年版。

中共中央文献研究室：《十八大以来重要文献选编》上，中央文献出版社 2014 年版。

周洪宇：《怎样做人大代表——一个人大代表的思考与实践》，中国人民大学出版社 2008 年版。

周叶中：《代议制度比较研究》，商务印书馆 2014 年版。

邹平学：《中国代表制度改革的实证研究》，重庆出版社 2006 年版。

［法］卢梭：《社会契约论》，杨国政译，陕西人民出版社 2003 年版。

［法］罗伯特·达尔：《多头政体——参与和反对》，谭君久、刘惠荣译，商务印书馆 2003 年版。

［法］罗伯特·达尔：《民主及其批评者》，曹海军、佟德志译，吉林人民出版社 2006 年版。

［法］孟德斯鸠：《论法的精神》，商务印书馆 1961 年版。

［美］皮特金：《代表的概念》，唐海华译，吉林出版集团有限责任公司 2014 年版。

［美］塞缪尔·亨廷顿：《变革社会的政治秩序》，李盛平、杨玉生等译，华夏出版社 1988 年版。

［美］戴维·杜鲁门：《政治过程——政治利益与公共舆论》，陈尧译，天津人民出版社 2005 年版。

［美］戴维·伊斯顿：《政治生活的系统分析》，王浦劬译，华夏出版社 1999 年版。

［美］曼库尔·奥尔森：《集体行动的逻辑》，陈郁、邦宇峰译，上海人

民出版社 1995 年版。

［英］柏克:《自由与传统》,蒋庆、王瑞昌、王天成译,译林出版社 2012 年版。

［英］伯奇:《代表》,朱坚章译,台湾:幼狮文化事业出版公司 1978 年版。

［英］霍布斯:《利维坦》,黎思复译,商务印书馆 1986 年版。

［英］洛克:《政府论》下篇,叶启芳、瞿菊农译,商务印书馆 1983 年版。

［英］密尔:《代议制政府》,商务印书馆 2009 年版。

Barrett L. McCormick and Jonathan Unger, eds., *China after Socialism: In the Footsteps of Eastern Europe or East Asia*? Armonk, New York: M. E. Sharpe.

Gary S. Becker, *The Economics of Discrimination*, Chicago: University of Chicago Press, 1957.

Cameron M. A., Hershberg E., and Sharpe K. E., *New Institutions for Participatory Democracy in Latin America*, New York: Palgrave Macmillan, 2012.

Carroll, Susan J., ed., *The Impact of Women in Public Office*, Bloomington, IN: Indiana University Press, 2001.

Charles Louis de Secondat and Baron de Montesquieu, *The Spirit of Laws*, Complete Works, Vol. 1, A Project of Liberty Fund, Inc., 1748.

Cho, Young Nam, *Local People's Congresses in China: Development and Transition*, New York: Cambridge University Press, 2009.

David R. Mayhew, *Congress: The Electoral Connection*, New Haven and London: Yale University Press, 1974.

Diamond, Irene, *Sex Roles in the State House*, New Haven, CT: Yale University Press, 1997.

Dodson, Debra L., and Susan J. Carroll, *Reshaping the Agenda: Women in State Legislatures*, New Brunswick, NJ: Center for the American Woman and Politics, 1991.

Epstein, Michael J., Richard Niemi, and Lynda W. Powell, *Do Women and Men State Legislators Differ?* New York: Oxford University Press, 2005.

Richard Fenno, *Home Style: House Members in Their Districts*, Classics Series Longman, 2009.

Gandhi, Jennifer, *Political Institutions under Dictatorship*, Cambridge University Press, 2008.

Hanna Fenichel Pitkin, *The Concept of Representation*, University of California Press, 1972.

Manion, Melanie, *Information for Autocrats: Representation in Chinese Local Congresses*, New York: Cambridge University Press, 2015.

Donald R. Matthews, *United States Senators and Their World*, University of North Carolina Press, 1960.

David R. Mayhew, *Congress: The Electoral Connection*, Yale University Press, 1974.

O'Brien J. Kevin, *Reform without Liberalization: China's National Congress and the Politics of Institutional Change*, New York: Cambridge University Press, 1990.

Pitkin, Hanna F., *The Concept of Representation*, University of California Press, 1967.

Reingold, Beth, *Representing Women: Sex, Gender, and Legislative Behavior in Arizona and California*, Chapel Hill, NC: North Carolina University Press, 2000.

Rory Truex, *Making Autocracy Work: Representation and Responsiveness in Modern China*, New York: Cambridge University Press, 2016.

Rosenstone, Steven J., and John Hansen, *Mobilization, Participation, and Democracy in America*, Macmillan Publishing Company, 1993.

Swers, Michele L., *The Difference Women Make*, Chicago: University of

Chicago Press, 2002.

Thomas, Sue, *How Women Legislate*, New York: Oxford University Press, 1994.

Sidney Verba, and Norman H. Nie, *Participation in America: Political Democracy and Social Equality*, NewYork: Harper & Row, 1972.

Gregory Wawro, *Legislative Entrepreneurship in the US House of Representatives*, University of Michigan Press, 2010.

期刊

胡锦涛：《坚定不移沿着中国特色社会主义道路前进　为全面建成小康社会而奋斗——在中国共产党第十八次全国代表大会上的报告》，《人民日报》2012年11月18日。

蔡定剑：《论人民代表大会制度的改革和完善》，《政法论坛》2004年第6期。

蔡永飞：《让部分民主党派代表委员先专职化起来》，《团结》2012年第2期。

陈斌：《县级人大代表身份属性与履职状况研究——以510件县级人大代表的议案、建议为例》，《人大研究》2015年第3期。

陈钊、陆铭、何俊志：《权势与企业家参政议政》，《世界经济》2008年第6期。

杜西川：《人大代表应代表谁的利益——行使权力的身份问题研究》，《法学杂志》1989年第1期。

郭杰妮：《人大代表的结构分析》，《法制与社会》2010年第23期。

郭天玲：《民主党派参政与人大代表工作的关系》，《前进论坛》1999年第5期。

韩大元：《"城乡按相同人口比例选举人大代表"的规范分析及影响》，《国家行政学院学报》2010年第2期。

何俊志：《中国地方人大代表构成的变化趋势——对东部沿海Y市的考

察》,《南京社会科学》2015 年第 2 期。

何俊志:《中国地方人大的三重属性与变迁模式》,《政治学研究》2016 年第 5 期。

何俊志、霍伟东:《从嵌入到规范:中国地方人大制度化路径的新模式》,《华中师范大学学报》(人文社会科学版) 2018 年第 4 期。

何俊志、刘乐明:《全国人大代表的个体属性与履职状况关系研究》,《复旦学报》(社会科学版) 2013 年第 2 期。

何俊志、王维国:《代表结构与履职绩效——对北京市 13 个区县的乡镇人大之模糊集分析》,《南京社会科学》2012 年第 1 期。

洪开开、王钢:《完善人大代表构成划分的若干思考》,《人大研究》2009 年第 10 期。

黄冬娅、陈川慜:《县级人大代表履职:谁更积极?》,《社会学研究》2015 年第 4 期。

黄学贤、朱中一:《论人民代表代表性的完善》,《政治与法律》2005 年第 4 期。

加茂具树:《人民代表大会:角色与功能的变迁》,《复旦政治学评论》2008 年第 6 辑第 1 期。

景跃进:《代表理论与中国政治——一个比较视野下的考察》,《社会科学研究》2007 年第 3 期。

景跃进:《中国政治学的转型:分化与定位》,《政治学研究》2019 年第 2 期。

雷伟红:《改善人民与人大代表关系的法律思考》,《江西行政学院学报》2008 年第 1 期。

雷伟红:《改善人民与人大代表关系的法律思考》,《人大研究》2008 年第 5 期。

李力:《关于优化代表结构的探讨》,《吉林人大》2002 年第 9 期。

李翔宇:《人大代表行动中的"分配政治"——对 2009—2011 年 G 省省级人大大会建议和询问的分析》,《开放时代》2015 年第 4 期。

李一文:《民主党派中的人大代表以何种身份参加人大活动》,《四川统一战线》2003年第9期。

林伟、鲁开垠:《地方民主党派代表性问题研究——以广东省江门市人大议案和政协提案的实证分析为基础》,《中共浙江省委党校学报》2014年第2期。

刘长泰:《没有民主就没有合作——谈谈民主党派在"人大"提议案问题》,《民主与科学》1989年第2期。

刘刚:《民主场域下"代表性"之惑及重构——以人民代表大会制度为例》,《成都理工大学学报》(社会科学版)2014年第22期。

刘欢:《人大代表"代表性问题"的生成逻辑与优化路径》,《辽宁行政学院学报》2014年第3期。

刘乐明、何俊志:《谁代表与代表谁?十一届全国人大代表的构成分析》,《中国治理评论》2013年第2期。

刘杉、刘晓玉、胡丹菲:《海外中国人民代表大会研究新动态》,《国外社会科学》2016年第5期。

龙太江、龚宏龄:《论人代表的利益冲突》,《同济大学学报》(社会科学版)2004年第6期。

路运占:《改革开放以来政党协商的发展与基本经验——以北京市为例》,《天津市社会主义学院学报》2016年第4期。

罗清俊、廖健良:《选制改变前选区规模对立委分配政策提案行为的影响》,《台湾政治学刊》2009年第1期。

罗清俊、张皖萍:《立法委员分配政治行为分析:选区企业与立法委员企业背景的影响》,《政治科学论丛》2008年第35期。

彭龙:《中国人民代表大会制度的代表性问题及对策研究》,《党政研究》2015年第1期。

秦立海:《民主党派成员参与人大工作初探》,《陕西社会主义学院学报》2011年第3期。

任斌:《我国人大代表履职问题》,《人大制度研究》2008年第8期。

桑玉成、邱家军：《从代表议案和建议看代表属性及其履职之效率——以十一届全国人大二次会议为例》，《江苏行政学院学报》2010 年第 1 期。

沈艳：《新世纪新阶段民主党派代表性问题研究》，《辽宁省社会主义学院学报》2010 年第 3 期。

孙少衡：《论人大代表结构中"三多三少"现象的成因及对策》，《人大研究》2001 年第 10 期。

孙莹：《论我国人大代表结构比例的调整优化——以精英主义和多元主义代表模式为分析框架》，《中山大学学报》（社会科学版）2013 年第 4 期。

孙莹：《论我国人大代表结构比例的调整优化——以精英主义和多元主义代表模式为分析框架》，《中山大学学报》（社会科学版）2013 年第 4 期。

谭君久、龚宏龄：《选举视角下人大代表的代表性浅析》，《湖湘论坛》2010 年第 2 期。

王广辉：《人大代表结构优化的基本思路与对策》，《江汉大学学报》（社会科学版）2017 年第 2 期。

王继宣：《中国民主党派在立法中的作用》，《中央社会主义学院学报》2005 年第 4 期。

王进芬：《美国选民与国会议员的关系及其启示》，《当代世界与社会主义》2005 年第 6 期。

王利民：《关于南京市人大代表履职情况的调研报告》，《中共南京市委党校南京市行政学院学报》2007 年第 3 期。

王龙飞：《政治资本：作为县级人大代表的私营企业家》，《上海大学学报》（社会科学版）2016 年第 4 期。

王雄：《地方人大代表的选择性回应偏好及其原因——以 M 市人大为例》，《社会主义研究》2017 年第 1 期。

王宗礼：《浅论人大代表的责任问题》，《人大研究》1996 年第 7 期。

魏姝:《我国基层人大代表的代表性分析》,《江苏行政学院学报》2014年第6期。

吴锦旗:《论权力分享和运作机制下的民主党派参政议政》,《陕西行政学院学报》2010年第4期。

徐理响、黄鹂:《人大代表结构与代表身份选择合理性问题探析》,《中南大学学报》(社会科学版)2016年第22期。

杨光斌、尹冬华:《我国人民代表大会制度的民主理论基础》,《中国人民大学学报》2008年第6期。

杨云彪:《从议案建议透视人大代表的结构比例》,《人大研究》2006年第11期。

袁廷华:《论民主党派政治参与的双重功能》,《中央社会主义学院学报》2007年第6期。

张英健:《为什么民主党派成员中的人大代表不能以民主党派的身份在人大进行活动》,《中国统一战线》2003年第11期。

赵晓力:《论人大代表的构成》,《中外法学》2012年第2期。

郑劲松:《对人大中民主党派成员作用发挥问题的思考》,《江苏省社会主义学院学报》2013年第5期。

中共中央宣传部、全国人大常委会办公厅:《县级以上地方各级人民代表大会换届选举工作宣传提纲》,《人大工作通讯》1997年第17期。

朱海英:《全国人大常委会组成人员结构分析:比较的观点》,《人大研究》2014年第8期。

Burton A. Abrams, and Russell F. Settle, "Women's Suffrage and the Growth of the Welfare State", *Public Choice*, Vol. 100, No. 3, 1999.

Aidt, Toke S. and Dallal Bianca, "Female Voting Power: the Contribution of Women's Suffrage to the Growth of Social Spending in Western Europe (1869 – 1960)", *Public Choice*, Vol. 134, No. 3 – 4, 2008.

Aidt, Toke S., et al., "Democracy Comes to Europe: Franchise Extension and Fiscal Outcomes 1830 – 1938", *European Economic Review*, Vol. 50,

No. 2, 2006.

Oscar Almén, "Only the Party Manages Cadres: Limits of Local People's Congress Supervision and Reform in China", *Journal of Contemporary China*, Vol. 22, No. 80, 2013.

Almffen, Oscar, "Only the Party Manages Cadres: Lmits of Local People's Congress Supervision and Reform in China", *Journal of Contemporary China*, Vol. 22, No. 80, 2013.

Ames, Barry, "Electoral Rule, Constituency Pressures, and Pork Barry: Bases of Voting in the Brazilian Congress", *Journal of Politics*, Vol. 57, No. 2, 1995.

Anderson, S. E., et al., "Legislative Institutions as a Source of Party leaders' Influence", *Legislative Studies Quarterly*, Vol. 41, No. 3, 2016.

Anderson, William D., et al., "The Keys to Legislative Success in the US House of Representatives", *Legislative Studies Quarterly*, Vol. 28, No. 3, 2003.

Anzia, Sarah and Christopher Berry, "The Jackie and Robinson Effect: Why Do Women Congresswomen Outperform Congressmen?", *American Journal of Political Science*, Vol. 55, No. 3, 2011.

Arnesen, Sveinung, and Yvette Peters, "The Legitimacy of Representation: How Descriptive, Formal, and Responsiveness Representation Affect the Acceptability of Political Decisions", *Comparative Political Studies*, Vol. 51, No. 7, 2017.

Barberá, Pablo, et al., "Who Leads? Who Follows? Measuring Issue Attention and Agenda Setting by Legislators and the Mass Public Using Social Media Data", *American Political Science Review*, Vol. 113, No. 4, 2019.

Timothy Besley, and Anne Case, "Political Institutions and Policy Choices: Evidence from the United States", *Journal of Economic Literature*, Vol. 41, No. 1, 2003.

Bianco, William T., and Wilkerson, John D., "The Electoral Connection in the Early Congress: The Case of the Compensation Act of 1816", *American Journal of Political Science*, Vol. 40, No. 1, 1996.

Kathleen A. Bratton, "The Behavior and Success of Latino Legislators: Evidence from the States", *Social Science Quarterly*, Vol. 87, No. 5, 2006.

Bratton, Kathleen A., and Stella M. Rouse, "Networks in the Legislative Arena: How Group Dynamics Affect Co-sponsorship", *Legislative Studies Quarterly*, Vol. 36, No. 3, 2011.

Gregory A. Caldeira and Samuel C. Patterson, "Political Friendship in the Legislature", *The Journal of Politics*, Vol. 49, No. 4, 1987.

Carnes, Nicholas, and Noam Lupu, "Rethinking the Comparative Perspective on Class and Representation: Evidence from Latin America", *American Journal of Political Science*, Vol. 59, No. 1, 2015.

Chattopadhyay, Raghabendra, and Esther Duflo, "The Impact of Reservation in the Panchayati Raj: Evidence from A Nationwide Randomized Experiment", *Economic and Political Weekly*, Vol. 39, No. 9, 2004.

Chattopadhyay, Raghabendra, and Esther Duflo, "Women as Policy Makers: Evidence from A Randomized Policy Experiment in India", *Econometrica*, Vol. 72, 2004.

Chen, Bin, "A Study on the Identity attribute and Performance of the deputy of the Chinese People's Congress at the County Level", *People's Congress Studying*, Vol. 3, 2015.

Chen, Chuanmin, "Getting Their Voices Heard: Strategies of China's Provincial People's Congress Deputies to Influence Policies", *The China Journal*, Vol. 82, No. 1, 2019.

Cho, Young Nam, "From 'Rubber Stamps' to 'Iron Stamps': The Emergence of Chinese Local People's Congresses as Supervisory Powerhouses", *The China Quarterly*, Vol. 171, 2002.

Cho, Young Nam, "Public Supervisors and Reflectors: Role Fulfillment of the Chinese People's Congress Deputies in the Marker Socialist Era", *Development & Society*, Vol. 32, No. 2, 2003.

Cho, Young Nam, "The Politics of Lawmaking in Chinese Local People's Congresses", *The China Quarterly*, Vol. 187, 2006.

Cho, Y. N., "Public Supervisors and Reflectors: Role Fulfillment of the Chinese People's Congress Deputies in the Market Socialist Era", *Development and Society*, Vol. 32, 2003.

Clayton, Amanda, and Pär Zetterberg, "Quota Shocks: Electoral Gender Quotas and Government Spending Priorities Worldwide", *Journal of Politics*, Vol. 80, No. 3, 2018.

Cox, Gary W. and William C. Terry, "Legislative Productivity in the 93d-105th Congresses", *Legislative Studies Quarterly*, Vol. 33, No. 4, 2008.

Crisp, Brian F., et al., "The Role of Rules in Representation: Group Membership and Electoral Incentives", *British Journal of Political Science*, Vol. 48, No. 1, 2018.

Ruth Dassonneville, and Ian McAllister, "Gender, Political Knowledge, and Descriptive Representation: The Impact of Long-Term Socialization", *American Journal of Political Science*, Vol. 62, No. 2, 2018.

Desposato, Scott W., "Legislative Politics in Authoritarian Brazil", *Legislative Studies Quarterly*, Vol. 26, No. 2, 2001.

Dickson, Bruce J., "Cooptation and Corporatism in China: The Logic of Party Adaptation", *Political Science Quarterly*, Vol. 115, No. 4, 2000.

Dongya Huang and Qualin He, "Stricking A balance between contradictory roles, the Distinctive sense of Congressional Reprension in China", *Modern China*, Vol. 44, No. 1, 2018.

Dunning, Thad, and Janhavi Nilekani, "Ethnic Quotas and Political Mobilization: Caste, Parties, and Distribution in Indian Village Councils", *American Political Science Review*, Vol. 107, No. 1, 2013.

Olle Folke, "Shades of Brown and Green: Party Effects in Proportional Election Systems", *Journal of the European Economic Association*, Vol. 12, No. 5, 2014.

Fossen, Thomas, "Constructivism and the Logic of Political Representation", *American Political Science Review*, Vol. 113, No. 3, 2019.

James H. Fowler, and Cindy D. Kam, "Beyond the Self: Social identity, Altruism, and Political Participation", *The Journal of politics*, Vol. 69, No. 3, 2007.

Fox, Richard, and Jennifer Lawless, "Gendered Perception and Political Candidates: A Central Barrier to Women's Political Equality in Electoral Politics", *American Journal of Political Science*, Vol. 55, No. 1, 2011.

Fox, Richard, and Jennifer Lawless, "Uncovering the Origins of the Gender Gap in Political Ambition", *American Political Science Review*, Vol. 108, No. 3, 2014.

Fox, Richard L., and Jennifer L. Lawless, "If Only They'd Ask: Gender, Recruitment, and Political Ambition", *Journal of Politics*, Vol. 72, No. 2, 2010.

Fox, Richard L., and Jennifer L. Lawless, "To Run or Not to Run for Office: Explaining Nascent Political Ambition", *American Journal of Political Science*, Vol. 49, No. 3, 2005.

Frantzich, Stephen, "Who Makes Our Laws? The Legislative Effectiveness of Members of the US Congress", *Legislative Studies Quarterly*, Vol. 4, No. 3, 1979.

Gilardi, Fabrizio, "The Temporary Importance of Role Models for Women's Political Representation", *American Journal of Political Science*, Vol. 59, No. 4, 2015.

Grossman, Guy, et al. , "Descriptive Representation and Judicial Outcomes in Multiethnic Societies", *American Journal of Political Science*, Vol. 60, No. 1, 2016.

Hassell, Hans J. G. , "Party Control of Party Primaries: Party Influence in Nominations for the US Senate", *Journal of Politics*, Vol. 78, No. 1, 2016.

Hertel-Fernandez, Alexander, et al. , "Legislative Staff and Representation in Congress", *American Political Science Review*, Vol. 113, No. 1, 2019.

Shannon Jenkins, "A Woman's Work Is Never Done? Fund-Raising Perception and Effort among Female State Legislative Candidates", *Political Research Quarterly*, Vol. 60, No. 2, 2007.

Juenke, Eric Gonzalez, and Robert R. Preuhs, "Irreplaceable Legislators? Rethinking Minority Representatives in the New Century", *American Journal of Political Science*, Vol. 56, No. 3, 2012.

Kamo, Tomoki, and Hiroki Takeuchi, "Representation and Local People's Congresses in China: ACase Study of the Yangzhou Municipal People's Congress", *Journal of Chinese Political Science*, Vol. 18, No. 1, 2013.

Kassarjian, Harold H. , "Content Analysis in Consumer Research", *Journal of Consumer Research*, Vol. 4, No. 1, 1977.

Kevin Croke, et al. , "Deliberate Disengagement: How Education Can Decrease Political Participation in Electoral Authoritarian Regimes", *American Political Science Review*, Vol. 110, No. 3, 2016.

King, Ronald F. , and Cosmin Gabriel Marian, "Minority Representation and Reserved Legislative Seats in Romania", *East European Politics & Societies*, Vol. 26, No. 3, 2012.

Kirkland, Justin H. , and Williams R. Lucas, "Partisanship and Reciprocity in Cross-Chamber Legislative Interactions", *The Journal of Politics*,

Vol. 76, No. 3, 2014.

Lawless, Jennifer, and Kathryn Pearson, "The Primary Reason for Women's Underrepresentation? Reevaluating the Conventional Wisdom?", *Journal of Politics*, Vol. 70, No. 1, 2008.

Lawless, Jennifer L., and Kathryn Pearson, "The Primary Reason for Women's Underrepresentation? Reevaluating the Conventional Wisdom", *Journal of Politics*, Vol. 70, No. 1, 2008.

Jeffrey R. Lax, et al., "The Party or the Purse? Unequal Representation in the US Senate", *American Political Science Review*, Vol. 113, No. 3, 2019.

Li, Hongbin, et al., "Why do Entrepreneurs Enter Politics? Evidence from China", *Economic Inquiry*, Vol. 44, No. 3, 2006.

Lott, John R., and Kenny, Lawrence W., "Did Women's Suffrage Change the Size and Scope of Government?", *Journal of Political Economy*, Vol. 107, No. 6, 1999.

Lowi, Theodore J., "American Business, Public Policy, Case-Studies, and Political Theory", *World Politics*, Vol. 16, No. 14, 1964.

Luqiu, et al., "A 'New Social Class' or Old Friends? AStudy of Private Entrepreneurs in the National People's Congress of China", *Journal of East Asian Studies*, Vol. 18, No. 3, 2018.

Lv Xiaobo, et al., "Policy Coalition Building in an Authoritarian Legislature: Evidence from China's National Assemblies (1983 – 2007)", *Comparative Political Studies*, Vol. 53, No. 9, 2020.

MacFarguhr, Roderick, "Reports from the Field: Provincial People's Congresses", *The China Quarterly*, No. 155, 1998.

Magaloni, Beatriz, "Credible Power-Sharing and the Longevity of Authoritarian Rule", *Comparative Political Studies*, Vol. 41, No. 4 – 5, 2008.

Edmund Malesky, Paul Schuler, "Nodding or Needling: Analyzing Delegate Responsivenessin an Authoritarian Parliament", *American Political Science Review*, Vol. 104, No. 3, 2010.

Edmund Malesky, Paul Schuler, "The Single-Party Dictator's Dilemma: Information in Elections without Opposition", *Legislative Studies Quarterly*, Vol. 36, No. 4, 2011.

Melanie Manion, "'Good types' in Authoritarian Elections: The Selectoral Connection in Chinese Local Congresses", *Comparative Political Studies*, Vol. 50, No. 3, 2017.

Manion, Melanie, "Authoritarian Parochialism: Local Congressional Representation in China", *The China Quarterly*, Vol. 218, 2014.

Mansbridge, Jane, "Rethinking Representation", *American Political Science Review*, Vol. 97, No. 4, 2003.

Mansbridge, Jane, "Should Blacks Represent Blacks and Women Represent Women? A Contingent 'Yes'", *Journal of Politics*, Vol. 61, No. 3, 1999.

Mansbridge, Jane, "What is Political Science for?", *Perspectives on Politics*, Vol. 12, No. 1, 2014.

McCormick, Barrett L., "China's Leninist Parliament and Public Sphere: A Comparative Analysis", 1996.

Meier, Kenneth John, "Representative Bureaucracy: An Empirical Analysis", *American Political Science Review*, Vol. 69, No. 2, 1975.

Warren Miller, and Donald Stokes, "Constituency Influence in Congress", *The American Political Science Review*, Vol. 56, No. 1, 1963.

Minta, Michael D., "Legislative Oversight and the Substantive Representation of Black and Latino Interests in Congress", *Legislative Studies Quarterly*, Vol. 34, No. 2, 2009.

Michael K. Moore and Sue Thomas, "Explaining Legislative Success in the US Senate: The Role of the Majority and Minority Parties", *Western Political Quarterly*, Vol. 44, No. 4, 1991.

Noelle H. Norton, "Uncovering the Dimensionality of Gender Voting in Congress", *Legislative Studies Quarterly*, Vol. 24, No. 1, 1999.

O'Brien D. Z. and Rickne J., "Gender Quotas and Women's Political Leadership", *American Political Science Review*, Vol. 110, No. 1, 2016.

O'Brien J. Kevin, "Agents and Remonstrators: Role Accumulation Theory by Chinese People's Congress Deputies", *The China Quarterly*, No. 138, 1994.

O'Brien, Kevin J., "Local People's Congresses and Governing China", *China Journal*, Vol. 61, 2009.

O'Brien, Kevin J., and Laura M. Luehrmann, "Institutionalizing Chinese Legislatures: Trade-offs Between Autonomy and Capacity", *Legislative Studies Quarterly*, Vol. 23, No. 1, 1998.

O'Brien, Kevin J., and Lianjiang Li, "Chinese Political Reform and the Question of 'Deputy Quality'", *China Information*, Vol. 8, No. 8, 1993.

Pande, Rohini, "Can Mandated Political Representation Increase Policy Influence for Disadvantaged Minorities? Theory and Evidence from India", *American Economic Review*, Vol. 93, 2003.

Paolo Parigi, and Laura Sartori, "The Political Party as A Network of Cleavages: Disclosing the Inner Structure of Italian Political Parties in the Seventies", *Social Networks*, Vol. 36, 2014.

Reingold, Beth, and Adrienne R. Smith, "Welfare Policymaking and Intersections of Race, Ethnicity, and Gender in U. S. State Legislatures", *American Journal of Political Science*, Vol. 56, No. 1, 2012.

Rohini Pande, "Can Mandated Political Representation Increase Policy Influence for Disadvantaged Minorities? Theory and Evidence from India", *The American Economic Review*, Vol. 93, No. 4, 2003.

Rory Truex, "Representation by Design: Preference Congruence in Authoritarian Parliament", Working Paper, 2012.

Saalfeld, Thomas, "Parliamentary Questions as Instruments of Substantive Representation: Visible Minorities in the UK House of Commons, 2005 – 2010", *Journal of Legislative Studies*, Vol. 17, No. 3, 2011.

Schiller, Wendy J., "Senators as Political Entrepreneurs: Using Bill Sponsorship to Shape Legislative Agendas", *American Journal of Political Science*, Vol. 39, No. 1, 1995.

Schuit, Sophie, and Rogowski, Jon C., "Race, Representation, and the Voting Rights Act", *American Journal of Political Science*, Vol. 61, No. 3, 2017.

Seymour, James D., "China's Satellite Parties Today", *Asian Survey*, Vol. 26, No. 9, 1986.

Shotts, Kenneth W., "Does Racial Redistricting Cause Conservative Policy Outcomes? Policy Preferences of Southern Representatives in the 1980s and 1990s", *Journal of Politics*, Vol. 65, No. 1, 2003.

Simon Chauchard, "Descriptive Representation Change Beliefs about A Stigmatized Group? Evidence from Rural India", *American Political Science Review*, Vol. 108, No. 2, 2014.

Slapin, Jonathan B., et al., "Ideology, Grandstanding, and Strategic Party Disloyalty in the British Parliament", *American Political Science Review*, Vol. 112, No. 1, 2017.

Sophie Schuit and Jon C. Rogowski, "Race, Representation, and the Voting Rights Act", *American Journal of Political Science*, Vol. 61, No. 3, 2017.

Thomas, Sue, "The Impact of Women on State Legislative Policies", *Journal of Politics*, Vol. 53, No. 4, 1991.

Thomas, Sue, "Voting Patterns in the California Assembly: The Role of Gender", *Women & Politics*, Vol. 9, No. 4, 1989.

Tomoki Kamo, Hiroki Takeuchi, "Representation and Local People's Congresses in China: A Case Study of the Yangzhou Municipal People's Congress", *Journal of Chinese Political Science*, Vol. 18, No. 1, 2013.

Rory Truex, "The Returns to Office in A 'Rubber Stamp' Parliament", *American Political Science Review*, Vol. 108, No. 2, 2014.

Tsai L. Lily, "Bringing in China: Insights for Building Comparative Political Theory", *Comparative Political Studies*, Vol. 50, No. 3, 2016.

Wang, Yuhua, "Relative Capture: Quasi-Experimental Evidence from the Chinese Judiciary", *Comparative Political Studies*, Vol. 51, No. 8, 2018.

Wilson, Walter Clark, "Descriptive Representation and Latino Interest Bill Sponsorship in Congress", *Social Science Quarterly*, Vol. 91, No. 4, 2010.

Woo, Ae Sil, and Courtenay R. Conrad, "The Differential Effects of 'Democratic' Institutions on Dissent in Dictatorships", *The Journal of Politics*, Vol. 81, No. 2, 2019.

Wright, Joseph, and Abel Escribffa-Folch, "Authoritarian Institutions and Regime Survival: Transitions to Democracy and Subsequent Autocracy", *British Journal of Political Science*, Vol. 42, No. 2, 2012.

Xia, Ming, "China's National People's Congress: Institutional transformation in the Process of Regime Transition (1978 – 98)", *Journal of Legislative Studies*, Vol. 4, No. 4, 1998.

Xia Ming, "Political Contestation and the Emergence of the Provincial People's Congresses as Power Players in Chinese Politics: A Network Explanation", *Journal of Contemporary China*, Vol. 9, No. 24, 2000.

学位论文

傅琴：《乡镇人大代表履职能力提升研究——以K市B镇第十九届人大代表履职为例》，硕士学位论文，苏州大学，2020年。

郭起飞：《詹姆斯·麦迪逊多元主义政治思想研究》，博士学位论文，大连理工大学，2012年。

何秋燕：《地方人大代表议案建议履职研究——基于广东省阳江市六届人大代表分析》，硕士学位论文，华南理工大学，2018年。

刘莉：《基于混合研究方法的地方人大代表性别结构差异分析——以湖北省A市为例》，硕士学位论文，武汉大学，2019年。

刘倩：《当代中国地方人大代表的角色扮演与代表行为研究》，硕士学位论文，陕西师范大学，2015年。

刘昕诺：《地方人大代表履职能力提升研究——以延安市五届人大为例》，硕士学位论文，延安大学，2021年。

邱晶：《H市人大代表履职的问题与对策研究》，硕士学位论文，兰州大学，2017年。

孙浩：《人大代表履职的保障与监督问题研究》，硕士学位论文，中国海洋大学，2007年。

王晓珊：《代表的逻辑》，博士学位论文，吉林大学，2011年。

闫飞飞：《理解代表：从主权、政府和社会三个层面深化对代表的认识》，博士学位论文，吉林大学，2013年。

颜政：《地方人大代表履职问题及对策研究——以泰安市为例》，硕士学位论文，山东财经大学，2016年。

杨曙亮：《我国人大代表履职制度研究》，硕士学位论文，郑州大学，2009年。

于丽丽：《监督人大代表：思想基础与操作性机制研究》，硕士学位论文，华中师范大学，2008年。

张惠敏：《我国人大代表代表性研究》，硕士学位论文，中共中央党校，2006年。

赵坤领：《代表理论的发展历程研究》，硕士学位论文，吉林大学，2011年。

周建明：《卢梭与密尔代表理论比较研究》，博士学位论文，中国政法大学，2011年。

Yue Hou, et al., *Participatory Autocracy: Private Entrepreneurs, Legisla-*

tures, *and Property Protection in China*. [Ph. D.]. USA: Massachusetts Institute of Technology, 2015.

Jansenius, Francesca, *Power*, *Performance and Bias*: *Evaluating the Electoral Quotas for Scheduled Castes in India*. [Ph. D.]. University of California at Berkeley, 2013.